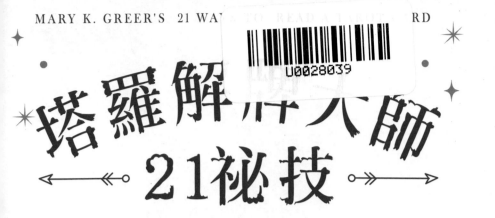

MARY K. GREER'S 21 WAYS TO READ A TAROT CARD

U0028039

塔羅解牌大師
←≪—・21祕技・—≫→

獨創互動式解讀技巧，
掌握聯想關鍵詞，創造個人解牌風格

ATS「國際塔羅終生成就獎」得主
Mary K. Greer 瑪莉・K・格瑞爾 ／著

林惠敏 ／譯

suncolor
三采文化

本書獻給所有仰賴塔羅牌
尋求人生旅程的洞見、靈感和情誼的人。

目
次 CONTENTS

前　言　歡迎來到魔法與共時性的王國　　　　　　　　　　　　　8
如何使用本書　　　　　　　　　　　　　　　　　　　　　　　20

步驟 0 ／ 勇敢跨出第一步　　　　　　　　　　　　　　　　　25

　　　請對意料之外的事保持開放之心，直覺隨時都可能出現。
　　　你正前往一個任何事都可能發生的非理性之地。

步驟 1 ／ 名稱　　　　　　　　　　　　　　　　　　　　　27

　　　說出某物的名稱有助於駕馭它，
　　　因而讓你連結至自己對它的認識。

步驟 2 ／ 描述　　　　　　　　　　　　　　　　　　　　　32

　　　所有進一步的動作都以這個步驟為基礎。在精準描述一張牌卡
　　　的景色時，就打開了一扇大門，通往充滿感官體驗的世界。

步驟 3 ／ 情緒　　　　　　　　　　　　　　　　　　　　　42

　　　這是解讀牌卡和與問卜者互動的核心，可以想成是「來自靈魂的
　　　使者」，讓你知道何時可以從體驗中建立深刻且有意義的個人連結。

步驟 4 ／ 故事　　　　　　　　　　　　　　　　　　　　　55

　　　塔羅占卜師在解牌的過程中大多就是在講故事。這麼做將讓你發現，
　　　為自己講述的故事如何反映出內在真相。

步驟 5 ／ 數字　　　　　　　　　　　　　　　　　　　　　65

　　　自塔羅牌問世以來，數字和位階就一直是塔羅牌不可分割的一部分。
　　　數字可讓一切變得清晰明瞭。

步驟 6 ／ 模式、花色、元素   83

物質元素分為四種：火、風、水和土，它們都是永恆的，
但會透過混合和分離而改變主體和不足之處。

步驟 7 ／ 整合   99

整合是找出不同牌卡間的相似性，並判斷它們在現實生活事件
中的相關性，將這些內容合併對應問卜者的議題。

步驟 8 ／ 隱喻   110

深入了解以符號和原型描繪的隱喻，將常見的字句轉化為對個
人有意義的字句，建立個人的隱喻語庫來搭配牌卡。

步驟 9 ／ 提問和快照   125

透過描述、故事和關鍵詞來提問能更深入了解牌卡。
心理快照則像相簿中的照片，顯示受到觸發因而得以被看見的
地方。

步驟 10 ／ 意義   143

占卜時翻閱塔羅書查詢意義並不是作弊。但如何知道哪種牌義
將與特定情況相關？注意身心或直覺提供的弦外之音。

步驟 11 ／ 範圍   162

一張牌卡從最正面到最負面的所有意義，呈現了它可能的所有
相關特質、概念、活動和價值，並顯示變化的程度。

步驟 12 / 修正　　　　　　　　　　　　　　　　　177

牌陣是用來回答問題的牌卡組合，可以探索更詳細的背景、確認資訊。
然而，各種因素如何相互影響而調整了牌卡的意義？

步驟 13 / 象徵　　　　　　　　　　　　　　　　　195

塔羅牌就是一本象徵之書。解牌中，除非你釐清象徵代表的意義，
否則其代表的事物無法立即顯現或被感知。

步驟 14 / 尊貴與主題　　　　　　　　　　　　　　224

尊貴是找出兩張或多張牌間是相吸（即相合）還是互斥。
占卜主題則會透過重複的符號或設計而顯現。

步驟 15 / 對話　　　　　　　　　　　　　　　　　245

與牌卡上的人物交談。你將從這些對話中讀取到的，
是自己投射的隱藏感受和內在的心理特質。

步驟 16 / 繪製　　　　　　　　　　　　　　　　　260

透過繪製牌卡的草圖，不僅能探索以前從未發現的細節，
還能挖掘什麼地方是牌卡訊息的重點。

步驟 17 / 體現　　　　　　　　　　　　　　　　　273

透過身體實際演出塔羅牌人物的姿勢、手勢和動作，
關注體內發生的事，就能從中獲取資訊。

步驟 18 / 想像力　　　　　　　　　　　　　　　　284

在這個步驟中，你將著重在想像力的實際層面，
因為目的是為自己或他人解讀。

步驟 19 / 神話與原型

299

你看待和描述塔羅牌的方式反映了你的個人神話。
由此產生的故事，定義了你的自我意識，並賦予你意義、身分和目的。

步驟 20 / 牌組比較

326

這個步驟將你選定的牌與多副牌組中的同一張牌進行比較。
這個有趣的過程會帶出過去沒發現的可能性，擴展了牌卡的潛在意義，
並增加重要的象徵意義。

步驟 21 / 可能的自我

343

現在是時候將牌卡中你最欣賞的特質和特徵，
轉化為描述你已經成為理想自我的肯定語了。

步驟 00 / 回到原點

355

人生的重點就在於你是生活中的愚人，你扮演著這個角色，
做出了各式各樣的嘗試。

附錄 A：情緒關鍵詞　　　　　　　　　　　　　359

附錄 B：數字和位階關鍵詞　　　　　　　　　362

附錄 C：模式、花色、元素關鍵詞　　　　　370

附錄 D：元素尊貴組合　　　　　　　　　　　379

附錄 E：皇后牌的觀想練習　　　　　　　　　383

附錄 F：原型中心思想表　　　　　　　　　　387

附錄 G：解牌風格步驟表　　　　　　　　　　397

附錄 H：R.I.T.E. 解讀的四十個迷思與解決方案　401

附錄 I：21 種方法工作表　　　　　　　　　　414

詞彙表　　　　　　　　　　　　　　　　　　417

參考資源　　　　　　　　　　　　　　　　　437

致謝

儘管花費許多時間獨自寫作，但這樣的著作是與許多人互動的結果。我最深切地感謝我所有的學生，以及曾讓我進行塔羅牌解讀的問卜者。我從你們身上學到了很多。

我要感謝象徵群組（Symbols Group）中，親愛的朋友們在各個層面上的慷慨和支持——你們知道自己是誰。還有我在塔羅牌社群的同伴們——感謝你們每個人帶給我的靈感和美好時光。

最後，感謝傑出的編輯艾德‧伯林（Ed Buryn）：我無法表達有多感激你為了讓這本書成為傑作所做的一切。最終，我感謝利韋林（Llewellyn）出版商持續推廣塔羅解讀技巧實際應用的深入著作，尤其是麗貝卡‧辛斯（Rebecca Zins）的建議、耐心和支持。

引言｜
歡迎來到魔法與共時性的王國

認識自己很難；給別人建議很容易。

—— 米利都的泰利斯（Thales of Miletus）

　　《塔羅解牌大師 21 祕技》充滿大量深入了解塔羅牌解讀的技巧，每種方式或步驟都提供了解讀牌卡的獨特方法。有些你會借鑑傳統意義，有些則是用圖像來喚起自己的反應。你從單張牌卡中獲得的資訊，就和從整個牌陣中獲得的資訊一樣多。你還會發現一張牌如何影響其他牌，以及如何被其他牌影響，而這會讓你度過美好時光！

　　我大約在四十年前開始進行塔羅牌解讀。在這段期間，我發現人們對自身問題的答案遠比他們意識到的還要多。因而對人類與生俱來的智慧感到敬畏。身為解讀者，我稱自己為「靈魂的助產士」（這個術語最初由西格蒙德‧佛洛伊德所創），因為我利用自己的牌卡技巧和知識來提問，讓問卜者的回答「孕育」出他們自己的智慧。你也將探索如何成為促使自己和他人產生洞見的助產士。

　　我研發出一種稱為「R.I.T.E.：互動式轉化賦權解讀

法」，也就是使用本書中的二十一個技巧。當我開始為他人解讀時，儘管進行了接地和淨化等儀式，但我經常發現自己頭痛或精疲力盡。在我意識到，這是因為自己承擔了為他人解決問題或滿足他人的責任，以減輕自己的同理心反應時，我便能設計出一種解讀方式，而且已經透過問卜者和我在諮詢後的感受來證明其價值。如今，透過使用R.I.T.E.，解讀結束後我不再精疲力盡，而是愉快地放空、開放和充滿活力。如果我沒有這樣的感受，那我會確認發生了什麼事，看看可以採取什麼不同的做法。

這本書既是個人資源，也是可以為你的解讀體驗增添趣味和深度的工具手冊。先從簡短的核心步驟開始，你很快就會自動進展到可自行選擇且更能深入探索的步驟。你將學習如何與他人合作，幫助他們探索自己的個人化意義，然後整合至呈現主要生活模式的大局中。這種將資訊逐漸累積成全面性觀點的方式，就是塔羅牌解讀過程的核心。

這二十一種方法將成為一種「百寶袋」，可以喚起深刻的覺察和個人智慧。愚人將這些法寶扛在肩上，卻不知道它們的用途。在古老的歐洲牌組中，魔術師桌子的桌腳放著一個打開的袋子；現在，法寶已經擺在桌面上供人使用。法寶是特殊的技能或訣竅，它們可能帶來誤導和驚

喜，讓人獲得意想不到的洞見，以及驚奇和喜悅的感覺。

它們也可能喚醒內心的真理和隱藏的欲望。當你突然從某張牌發現意義時，會生出一種溫暖的成就感。這會激勵你尋求更多見解，並有助於你將能量聚焦於做出明確的選擇，因而會改變你看待生活事件的方式，並建立對自己能力的信心。

我在本書中為你提供自己豐富的經驗，但你可以靈活地使用這二十一種方法，並根據自己的風格調整。

我建議你僅使用隨機抽取的一張牌，作為完成所有步驟的核心重點。這張牌將在你的生活中發揮重大的意義，因為它的象徵、課題和主題會出現在最令人驚訝和意想不到的地方，並在你所做的每一件事中產生迴響。歡迎來到魔法與共時性的王國。

R.I.T.E.：互動式轉化賦權解讀法（Reading Interactively for Transformation and Empowerment）

R.I.T.E. 運用了所有二十一種解讀牌卡的方法，並以〈附錄 H〉中的「迷思與解決方案」為範例。儘管這是以為他人解牌所演化出來的方法，但實際上也教會了我如何為自己解牌。

當所有參與者共同行動，並對彼此產生動態影響時，這就是「互動式解讀」，而其中包括解讀者、問卜者、牌卡，以及牌卡上的人物。

當解牌促進真正的改變時，它就具有轉化的功用。這經常發生在解牌本身的過程中，並涉及你對情勢和選擇的看法。它的作用是揭開無效的制約態度和反應，以便用更真實、自發性的體驗來取代。

賦權解讀意味著掌控且有意識地參與自己的命運，也就是從自己身上找到應對這種情況的最有效態度。你無法為他人賦權。當問卜者有強大的洞見並為自己做出決定時，就會產生自己的智慧。解讀者只是嚮導或助產士。

R.I.T.E. 解讀情境的五大特色

無論是為自己或他人解讀，打造有效的解讀情境有五大重點：

一、神聖的空間裡與愛同在

你打造一個不受其他事物打擾的時間和地點，一切活動都在神聖的信任下進行（未經許可不得分享）。這需要積極聆聽。而愛的同在意味著向問卜者敞開心房，並密切注意對方所說的話。當你出現評斷時，請小心地放下

評斷，完全專注在當下，並且清楚地聆聽問卜者自己的用詞，才能在有需要時重述。

二、好奇心

讓自己像孩子般保有高度興趣。不要假設自己知道某件事的意義，以新奇有趣的心態來體驗這一切，當作眼前是一個你有疑惑卻沒有解答的謎題或謎團。

三、探索

探索問卜者的想法。他或她的看法如何可能成真？接著考慮其他觀點，並嘗試想像這些情況，尋找連結和模式。

四、肯定

肯定問卜者的經驗和洞見，樂於接受以情緒作為個人意義的關鍵。尋找一個包含並整合所有情緒與模式的全新人生故事。

五、啟動

協助問卜者找到方法，以新的建議、指引在這世上展開行動，通常是透過特定的具體任務或儀式。

同理心的作用

解讀者通常具有強烈的同理心，能夠感受問卜者的情

緒。他們會察覺到微小的跡象，顯示他們何時可以或無法達成目標。但同理心的反應遠不止於此，還可用來看見他人的真實和高尚之處，並以無條件、正向的態度面對平凡生活的勇氣。

當你努力用客戶自己的言語表達時，這會變得更容易。尊重他人的感受並表揚對方目前的能力是關鍵。如果有人說塔牌「讓她很震撼」，那麼當你討論這張牌時，請使用這個字句——即使過去你從未用過這種方式來形容這張牌。

具有同理心的解讀會找到將受苦轉化為幸福的方法，將痛苦的情緒轉化為療癒的途徑。身為解讀者，你的工作是找出每張牌如何擴展問卜者當下的認知。無條件地假設所有問卜者都是誠實、高尚且勇敢的，這會鼓勵他們超越立場限制。

為何人們會想尋求塔羅牌的指引？

我認為人們尋求占卜是為了緩解焦慮、協助實現願望，並尋找意義。解讀者面臨的主要問題之一，就是到底要提供解決方案，還是讓問卜者自己探索答案比較好？

卡爾‧榮格在《人及其象徵》中提供了他對這個問題的看法：

我不想把自己的意志強加在別人身上。我希望療癒過
程來自於病患自己的個性，而非來自於我的建議，因
為這些建議只會產生短暫的效果。我的目標是保護和
維護病患的尊嚴和自由，讓他能按照自己的意願生活。

《塔羅解牌大師 21 祕技》是引導人們認識自我的過
程，並支持他們更有能力做出促進幸福的決策。人們在
局勢有所變化且一般規則無法發揮作用時，就會想尋求塔
羅牌占卜。他們告訴自己關於「就是什麼」或「應該是什
麼」的故事，但有時，這些故事並非正在發生的事。

拜倫‧凱蒂（Byron Katie）在她的《一念之轉：四句
話改變你的人生》（Loving What Is）一書中表示，在展開
探索之前，每個故事都會讓你看不到真相。人們會選擇符
合自己故事的看法，而忽略不符合的看法。同樣地，人們
想透過塔羅牌來確認自己的想法應該是對的。當細節不再
吻合時，他們面臨的是一個不確定的宇宙，並在希望和恐
懼之間起伏不定（正如凱爾特十字牌陣中倒數第二個位置
的探索）。

透過選擇如何應對某個情況，占卜、解牌應能改善
你的生活品質。塔羅牌是一種創意工具，有助於你更清楚
地看到真實的自我，並充分展現自己。解讀塔羅可以幫助
你過著和諧的生活，而且不管發生任何事，也都能充實生

活，因為你接受一切作為自己的目的、宿命和命運。是你的努力、選擇、願景造就了你，而身為解讀者，你可以幫助他人發現這一點。當你有意識地對自己的生活有更廣泛的了解時，你會感到自己真正地活著。

最後，人們尋求解讀是為了交流、分享經驗，即使和他們交流的「其他人」只是一副牌。

你能從解讀中得到什麼？

塔羅牌是一種多功能的視覺和觸覺工具，可使用最常見的牌陣位置來檢視以下一個或多個問題：

一、你是誰

二、你來自哪裡

三、你要前往哪裡

四、如何到達那裡

五、為何這麼做很重要

六、過程中會遇到什麼人事物

這個目標是確保你的幸福，並將自己的生活視為充滿意義的故事。

尋找意義

人類需要把「小故事」變成「大故事」。在小故事方面，潘蜜拉‧科爾曼‧史密斯（Pamela Colman Smith）是一位藝術家和說故事的人，據說她沒有獲得任何商業上的成功、從未結婚、去世時身無分文且默默無聞。相反的是，她的大故事將她描述為「女巫的教女和仙女的姐妹」，運用自己的聯覺天賦來描繪音樂家在創作音樂時所看到的事物，並繪製出二十世紀最受歡迎且最具影響力的塔羅牌。人類的大故事充滿意義、人生目的、可能性和靈感，而且為行動提供方向。

從經驗中尋找意義不僅可以幫助我們忍受生活中不可避免的痛苦，還可以為日常生活提供靈感和能量。例如，一名女性可能會繼續從事一份令人不滿意的工作，因為這為她的孩子提供了自己所沒有的教育和機會。一旦了解這一點，可能就會出現其他能為她的孩子獲得最好教育和機會的方法。

個人意義來自於尋找為自己的生活賦予意義的模式和連結。人是創造模式的生物，對人來說，「客觀性」實際上是相對的，取決於是誰定義了這些模式並賦予它們價值。當你定義模式，並為它們賦予自己的價值時，這就是賦權。塔羅牌是一面鏡子，可以讓你看到並探討心靈中最

重要的模式。

編織意義

關於塔羅牌的詮釋具有多種學派，有人認為每張塔羅牌及其象徵成分都存在正確且絕對的意義，因此透過書籍或老師學習正確的意義變得勢在必行。

反對派則認為，不需要預先設定的意義或特殊知識，占卜師只要看著牌並說出腦中浮現的任何內容。在這種情況下，意象成了一種投射墨跡或心靈刺激。這種方法建議扔掉書籍。

你會發現，透過在這兩個極端方法之間來回移動，就能各取所長。第一種方法提供了可驗證或約定俗成的結構，第二種則提供真實、個人的聲音和個人化的詮釋。將它們編織在一起，就會產生充滿豐富細節的象徵性圖像。例如，錢幣十可能意味著繼承，但在特定情況下，它可能指的是繼承打棒球的天賦，以及你家人對此的期望。

象徵的價值

麥可・布朗（Michael H. Brown）在網路文章〈圖像與象徵：自我實現之路〉（Image and Symbol: A Path to the Realization of Self）中，出色地概述了塔羅牌象徵對於我們

過去、現在和未來的價值：

> 圖像和象徵……當被喚醒並得到理解時，可以為我們
> 提供解決過去議題的指引、幫助我們探索並發展才能
> 和潛力、賦予當下力量，並讓我們意識到鼓舞人心的
> 願景，進而在我們的一生中實現個人、職業和靈性上
> 的成長。

塔羅牌的解讀揭開了被隱藏的事物，而這是透過對象徵的詮釋，使無意識變得有意識，使世俗變得神聖，並使機會變得具有明確的目標和意義。最終，這是對帶來滋養和更新的靈性泉源的探索。

療癒的成果

解讀提供了辨別衝突元素，並以有意義的角度來看待這些元素的機會。例如，五張不同的宮廷牌可能代表你自己五個相互衝突的部分。從這個角度來看，療癒意味著接受衝突、矛盾和不確定性。接納可以緩解壓力，如此便能做出正向的調整。

在解讀中，你可以嘗試想像各種可能性，並在遠離危險或壓力的情況下檢視可能的發展和結果。預測可以緩解焦慮，讓你放鬆。焦慮會抑制有效的行動，而緩解焦慮便會增加成功的可能性。

　　解牌是透過為苦難賦予意義和目的，來幫助我們處理苦難。斯賓諾莎（Spinoza）在《倫理學》（Ethics）中表示：「情感是一種折磨，一旦我們對它形成清晰而準確的描繪，它就不再是折磨了。」塔羅牌揭露了大局，使你能夠從所有經歷，甚至是從負面的經歷中得到一些好的收穫。

如何使用本書

在《塔羅解牌大師 21 祕技》中,你將使用從傳統塔羅牌中選擇的一張牌,目的是讓你以二十一種技巧中的每一種來解讀這張牌。關於選擇牌卡的具體說明,則會於之後章節提供。由於許多步驟都會請你直接對圖像做出反應,因此你需要使用所有牌卡上都帶有比喻場景(訴說故事的圖片)的牌組。自 1910 年的萊德偉特史密斯塔羅牌問世以來,大多數牌組都包含這類型的圖片。

從許多不同的角度來研究單張牌卡,你可以同時了解這張牌和自己,這是無法透過任何其他方式達成的。在這二十一種方法中,有些方法只需要幾秒鐘,而有些則可能需要長達二十分鐘。根據牌組、問卜者、問題、牌陣或情勢的不同,從同一張牌中獲得的資訊和洞見也可能會截然不同。從這二十一種方法中,你將發展出一系列獨特的詮釋步驟,而這些步驟將成為你的個人風格。

這本書將你視為既是解讀者也是問卜者的雙重角色。我們假設問卜者(無論是你自己還是其他人)正在進行大部分的步驟,而解讀者則擔任引導這整個過程的嚮導,負責提供關鍵詞和基本解釋,並吸引對方留意帶有能量的敘述。整體而言,解讀成了一個合作過程。

本書的目標是：

一、擴展從牌卡獲取資訊的方式

二、加深個人洞見

三、發展個人化的解讀風格或技巧

例如，使用一組固定的意義只是二十一種方法中的其中之一，但這是大多數書籍和占卜程式解讀的基礎。正如出色的料理所需的不僅僅是一份食材清單，出色的塔羅牌解讀也是如此。在實際的實踐中，大多數時候你只會使用其中部分的步驟，但在極少數情況下，你可能會用上所有步驟。

嘗試這些方法將拓展你的思維並開啟新的可能性，找出哪些方法可以讓生活看似更有價值，讓塔羅牌對你來說更有趣。最重要的是，請帶著遊戲的精神來完成這件事。

探索等級：新手與行家

這二十一種方法各自有兩種使用等級，分為「新手」與「行家」。新手等級帶你快速升級，提供概覽並快速查看牌卡訊息。在這個等級時，請嘗試所有的二十一種方法。

行家等級將帶你更深入了解概念、提供範例，並提供每個步驟的變化。你可以在閒暇時探索這些步驟，並選擇

自己最感興趣的部分。

在熟悉前十個步驟的原理後，你便能自行選擇、按任意順序探索其餘方法。

塔羅日記

許多塔羅書建議持續書寫塔羅日記是有充分理由的，因為這有助於你與牌卡建立關係、提供意見回饋，並記錄自己的想法以供日後參考。日記可以用任何形式書寫，包括從活頁紙到一本空白筆記，或是電腦檔案。就我個人而言，我發現三環活頁夾的效果最好。它們可靈活運用，你可以從電腦上列印資料，或是將寫在餐巾上的筆記貼在紙上，或是夾入自己影印的筆記。

日記內可寫入以下部分或全部的內容：

- 每張塔羅牌（書籍筆記、群組討論、你自己的想法、相關圖像）

- 數字（1 到 10）

- 四種花色與元素

- 象徵

- 牌陣示意圖

- 個人解讀

- 為他人解讀

- 歷史資訊

- 儀式與冥想

- 創作過程

- 素描原始牌卡

解讀風格和概述表

〈附錄 I〉是一份表格，概述了塔羅牌的二十一種解讀方法。這不是必須履行的清單，而是提醒你有哪些選擇。在開始實行本書的方法之前，你可能需要註記已經使用過的方法。增加清單中未列出的任何技法，這會是你目前解牌風格的關鍵。

你會如何描述自己註記的項目？當你讀完這本書，請選擇想添加至自己「百寶袋」中的步驟。你的解讀風格有改變嗎？如果有，你現在會如何描述自己的風格？

迷思與解決方案

本書的一大特色是我所稱的「迷思與解決方案」，請參見〈附錄 H〉。這些方案著重於使用 R.I.T.E（互動、轉

化、賦權）方法進行解牌，它們指出了可能使解讀者陷入
困境的典型迷思，並指出跳脫這些迷思的方法。

詞彙表

　　如果有不熟悉的用語，可能會列在本書最後的詞彙
表。在解讀時翻閱、查看，將讓你更熟悉它的作用。

步驟 0 ｜勇敢跨出第一步

沒有號碼的牌卡經歷所有有號碼牌卡的歷程，並在每個歷程中產生了變化。

——亞瑟·愛德華·偉特（A. E. Waite），《牌卡占卜手冊》
（manual of cartomancy）中的「靈魂的進展」

　　本章節是二十一種塔羅牌解讀法的初步介紹，就像愚人行囊中的「訣竅」。它提醒我們要像愚人（或 0 號牌）一樣，以開放、信任和玩樂的精神來採用這些方法。

　　愚人在告訴你，請對意料之外的事保持開放之心，直覺隨時都可能出現。你正前往一個任何事都可能發生的非理性之地，這是個有別於日常關注的領域，可加深你的覺察並讓你專注在意識上。愚人只是體驗當下，不去思考背後的意義，也不帶偏見或意見。

　　作為未編號的牌卡，愚人無處不在。它有時與發音不明確的希伯來字母 aleph [א] 相關，代表無聲的呼吸——隨著每次吸氣和吐氣進出實體。

　　現在，深呼吸幾次，均勻地呼吸，利用呼吸與腳下的大地建立連結。想像自己從腳底和頭頂吸氣，將氧氣帶入

身體的每個細胞，然後進入心臟；敞開心胸，吐氣，和周圍的世界建立連結。

　　均勻的深呼吸可為血液和大腦帶來更多的氧氣，穩定呼吸和心率，有助於你專注於當下正在進行的事。用呼吸將注意力集中在當下的時空，暫時放下所有其他的煩憂。你的緊張將會舒緩，個人界限將會擴張。這讓你像愚人一樣，隨時準備好靈活地朝任何方向移動，無論是精神上還是身體上。這讓你可以無所拘束地投身於牌卡的世界。

　　做完練習後，你會發現牌卡提供了更詳盡的資訊，而且變得更生動、多元且充滿生命力。你將意識到與人們之間的連結更深刻，個人的幸福感也更強烈。正如威廉・布萊克（William Blake）所述，執意做蠢事的愚人確實變得更有智慧。

步驟 1 | 名稱

沒有名稱，沒有「相關人士」署名的行動是沒有意義的。
　　——漢娜・鄂蘭（Hannah Arendt），《人的條件》（The Human Condition）

新手之道

準備工作：選擇你的牌卡

現在，是時候挑選你要用二十一種方式解讀塔羅牌的牌卡了。沒錯，你大可以直接開始，選擇一副所有牌卡上都有故事圖像的牌組，然後充分洗牌，同時詢問：「我現在的生活中最需要留意的是什麼？」

抽出三張牌，翻到正面，且以正位呈現。請參考詞彙表。哪一張牌最引起你的注意？哪一張牌最令人不安？哪一張牌的細節最豐富？哪一張牌的細節最少？決定三張牌中哪一張是你的「選定牌卡」。這張牌應有足夠的象徵意義讓你可以深入探索，而且或許比起令人滿意，你還會感到有趣。

王牌不是你的最佳選擇，也不會是權杖八，因為它們通常沒有太多細節。如果圖像中有一個以上的人物主動在

進行某件事會有幫助。如果沒有把握，可挑選一張大阿爾克那牌。

在整本書中，你都將使用自行選擇的牌卡。在到達第十步驟之前，請不要去查詢牌卡的意義。如果你真的想這麼做，可以隨時更換牌卡，但請記住：挑戰越大，潛在的成長就越大。如果你更換牌卡，請返回先前的步驟以大致了解新的牌卡，然後再從上次中斷的地方繼續進行。

練習 1:1

大聲說出你選擇牌卡的名稱：

「我抽到 10：命運之輪。」

「你拿到的是錢幣四。」

「這張牌是聖杯國王。」

「我抽到 13，轉變，通常被稱為死神牌。」

以上就是第一個步驟，說出牌卡的名稱。看似平淡無奇，但不要忽略這步驟。我一次又一次地看到學生們絕望且沉默地看著一張牌卡，不知道該說什麼或從何開始。

說出牌卡的名稱有助於你開口說話——我稱之為「啟

動水泵」（priming the pump），或者說：讓想法流動。然後你會發現，這讓自己更容易接著說下去，而且持續不斷。說出某物的名稱有助於駕馭它，因而讓你連結至自己對它的認識。這就像是一把鑰匙，可以打開資訊之門（有時甚至讓你有如打開防洪水閘般滔滔不絕）。

練習 1:2

如果你是塔羅牌的新手，或才剛購入一副奇特的牌組，請先洗牌，然後一張一張地檢視這些牌卡，同時說出它們的名稱。這個簡單的練習將有助於你熟悉這組特定的牌卡。

行家之道

你現在可以繼續探索這個步驟，或是在嘗試其他的塔羅牌解讀法之後再回來。

在開始解讀之前，你應該先讓自己的心靈穩定下來，注意呼吸，然後洗牌。第一步是建立解讀必要的特質：專注的狀態。現在請將注意力集中在單張牌卡上，以及牌卡所提供的資訊。說出牌卡的名稱是對當下能量的正式介紹，也是對牌卡的認可。

說出牌卡名稱時，使用的語氣和強調本身就傳達了大量訊息。你可能會意外發現自己出現了過去未發現的感受。例如可能會在抽到皇后牌時感到失望：「喔，是皇后。」後來才意識到你想抽到更有活力和堅定的牌卡。

如果是為問卜者解讀，你可以透過用自己說出牌卡名稱的方式來消除他們對牌卡的假設。例如在面對令人焦慮的牌卡時，你可能會興高采烈地喊道：「多令人興奮啊，你抽到了塔！」接下來的任務就是要傳達這張牌卡為何如此令人興奮。不要太誇張，而且絕對不要虛偽回應。一般而言，你最好保持開放態度，並好奇為何此時此地會出現這張特定的牌卡。無論是幫自己解讀還是和問卜者一起解讀，永遠都要密切留意第一印象。

在為他人解讀時，請對他們對於牌卡的第一反應發揮同理心，先認可並支持他們的反應後再繼續進行。

練習 1:3

洗牌。然後提問：「我是誰？」接著翻開一張牌卡，說出牌卡名稱。當你第一次看到這張牌卡並說出名稱時，請留意自己是否出現任何身體反應。是屏住氣息，還是吸氣，彷彿要吸收牌卡一樣？你是否稍微向後或向前移動？

有沒有緊張或放鬆的感覺？你的第一感官印象是什麼，是否會臉紅、發冷、心跳加速、驚訝、失望、滿足，還是引發懷舊的情感？也可嘗試用兩張或三張以上的牌卡進行。

練習 1:4

讓另一個人抽出一張牌，詢問同樣的問題，說出牌卡的名稱，同時留意這個人一開始的身體反應。告訴對方你的觀察，然後詢問他的第一印象是什麼。例如艾咪（Amy）抽了一張牌，我告訴她：「這是錢幣十。」接著說：「你看到這張牌時，身體稍微往前移動，似乎在微笑。怎麼了嗎？」艾咪回答：「我想擁有那麼多的錢和自己的家庭。」這是你預期會聽到的答案嗎？

步驟 2 | 描述

我們可以協助詢問者區分切身體驗（「是什麼」）和對該體驗的心理詮釋。

——約翰·威爾伍德（John Welwood）的釋義，
《覺醒風：東方與西方的心靈交會》（Toward a Psychology of Awakening）

新手之道

這個步驟在本書中是最重要的，因為所有進一步的動作都以這個步驟為基礎。在此，你只是從字面上且客觀地描述這張牌卡，不帶入任何意義或詮釋。在實際操作中，是由問卜者（無論是你自己還是其他人）描述，解讀者的作用只是引導。

以口頭詳述圖像做好準備，讓解讀者和問卜者都能探索想像力豐富的環境。在精準描述一張牌卡的景色時，就打開了一扇大門，通往充滿感官體驗的世界。

由於要區分字面上的描述和詮釋性描述可能很困難，因此以下範例會有幫助。

讓我們來看看安娜—瑪麗·弗格森（Anna-Marie

Ferguson）的亞瑟王傳奇塔羅牌
（Legend: the arthurian tarot）中
的聖杯國王。問卜者可能會說：
「這張牌是關於離開，並前往安
靜的地方。」儘管這是揭露問卜
者心態的陳述，但指出這件事並
非此步驟的要求，只要詳述牌
卡和其中的人物即可。

Legend: the arthurian tarot

　　「背景中的瀑布從一些岩
石的縫隙中流入一個由樹木、
岩石和植物所環繞的水池中。
在前景中，一名蓄鬍的男子坐在岩石上釣魚。」

　　此時，身為解讀者的我可能會插嘴問：「你怎麼知道
他在釣魚？」這是可能的假設，但我發現請對方不帶成見
地單純看看圖片裡有什麼，其實會有幫助。

　　「他拿著一根長竿，一根繩子從竿上垂向水面。一隻
黃胸藍鳥棲息在他右邊的樹上，看向那名男人的方向，而
他穿著……」

　　要求某人更直接地描述，並不意味著他或她的描述是
「錯的」。重點是要以全新的視角來看待，不抱持任何假

33

設。詢問「圖片中的什麼讓你有這樣的想法？」有助於重新聚焦於細節，即使是塔羅牌的資深解讀者，當他們自己成了問卜者時，也會發現當下就像是第一次看到這一張牌一樣。看到過去從未看見的事物、先前沒有發現的資訊是很常見的。

　　由於牌卡是平面且靜態的，因此許多動作（例如跑步或說話）會被視為理所當然，可試著評估哪些元素能夠得出結論。張嘴和舉手可能意味著這個人物正在說話，但是否還有其他事情正在發生？有時某個人物的性別是模糊的，那是什麼細節讓你認為這是男性或女性呢？

　　有些人無法停留在純粹的感官細節領域，而是陷入了圖像所暗示的內容：「這是我的老闆，他認為自己掌管一切，但從不讓任何人靠得太近。」也有些人則像是在記流水帳般記錄極細微的細節：「只有前臂和左小腿上有盔甲⋯⋯」在這個步驟中，你要做的就是記錄。有時只需要一些細節，有時你會想要完整地描述一張牌，甚至是陽光或長袍上皺褶的數量。顏色、數字、形狀、物體，以及兩個物品之間的相對位置，都提供了基礎。

練習 2:1

一、拿出你選擇的牌卡，盡可能完整地描述它，不帶入任何意義或詮釋。大聲說出你的描述，也可以錄下來，或是寫在日記裡。在工作坊，我會留兩分鐘的時間進行口頭描述；如果是寫下來，你最多可能只需要五分鐘。如果你已經不知道要說什麼，請去尋找第一次沒有注意到的微小細節。

二、用第一人稱現在式重複自己剛才說的話。你可以把自己想像成牌卡上的一個或多個人物。如果牌卡上沒有人物，請把自己當成其中一個（或多個）描繪的物體去敘述。

例如：「在我的右邊，瀑布從一些岩石的縫隙中流入一個由樹木、岩石和植物所環繞的水池中。我坐在水池邊的一塊岩石上。我拿著一根長竿，一根繩子從竿上垂向水面。一隻黃胸藍鳥棲息在我右後方的樹上。」（或是「我是一隻藍色的鳥，棲息在樹上，看著一名男人……」）

透過以第一人稱說話，你就成為故事中的角色，這些物體成為你現實中的一個面向，無論是字面上還是象徵上的意義。

小提醒：如果視力不足，而有些牌組印刷的字體很小或不清楚，良好的照明、放大鏡或老花眼鏡會有幫助。

行家之道

你現在可以繼續往下探索，或是在嘗試其他的塔羅牌解讀法之後再回來。

為他人解讀

本書假設你會先自行練習，也試著傳授為他人解讀牌卡或一起解讀牌卡的技巧。這個步驟介紹了學習互動解讀時最重要的技能之一：即不帶批判性但仍具洞察力的傾聽技巧。

為了增強傾聽他人的能力，請平靜且端正地坐在椅子上，雙腳平放在地板上，雙臂不交叉，掌心向上並張開。進行幾次淨化呼吸，在吐氣時釋放所有先前的想法和擔憂，並在吸氣時向他人敞開心扉。接納並肯定他人，留意出現的任何意見或態度，然後放下。你不必對這些想法做任何事。

有時，默默對自己複誦對方說的話會有幫助，尤其是當你分心或卡住時。你可以用問題來提示他們，例如：這

張牌中有人嗎？衣服是什麼顏色的？前景是什麼？那是什麼（指向一個物體）？如果他們說某個人物是國王，可詢問：「他的什麼讓你認為他是國王？」（「他戴著王冠，拿著權杖。」）

用你的呼吸持續覺察問卜者的存在，注意聲音的變化、手勢和臉部表情。聆聽重要的字句，以及語氣和節奏的變化，這些會指出這個人心靈中最顯著的素材。在為自己解讀時，留意何時較快浮現詞語或想法，或是呼吸變得急促和有所變化，或是感到興奮。這些變化提升了意識，並強化了專注力。

注意這個人是否沒有提及這張牌卡某些明顯的面向，例如在描述宮廷牌時，卻沒有提及牌卡上的人！這代表某些未解之謎，或許是日後值得探索的豐富心境。

練習 2:2

回顧練習 2:1 中以第一人稱描述聖杯國王的範例。該描述中的哪些項目值得視為重要象徵並進行研究？在這個步驟的最後提出了一些可能性。

客觀與主觀覺察

彼得·金斯利（Peter Kingsley）在《現實》（Reality）一書中寫道：「所謂的客觀，只是我們的意識受到我們甚至沒有意識到的力量所吸引，而沿著某些途徑，朝相當具體的方向前進的結果。」也許不存在純粹的客觀，但這仍然有用。有些人認為很難對牌卡進行單純的感官描述，他們無法將外部世界的事物與自身對這些事物的概念分開。人類總是在詮釋感官輸入，因此能夠意識到客觀事實和主觀意見之間的差異非常重要。然後你可以觀察自己的想法，看看它們是否基於實際資訊。

矛盾的是，在這個步驟的第二部分中，你將成為描述的一部分，讓你意識到沒有什麼是真正與你自己分離的。也就是說，如果是皇帝牌，你可能會形容自己就像「一個長著白色長鬍鬚、穿著盔甲的老人」。這會促使當事人意識到：「沒錯，儘管我是十八歲的女性，但有時我的行為和感覺就像個穿著盔甲且留著鬍子的老人。事實上，我表現得就像我父親一樣。」

塔羅牌解讀者透過仔細聆聽問卜者的描述，了解對方的詞彙和概念架構。成為細心的傾聽者，你便可以進入另一個人的世界和思維方式，能夠懷抱著同理心與對方進行有效的溝通。此時只需留意何時所說的內容是真的。

練習 2:3

這項練習將有助於你釐清關於圖像的客觀陳述和主觀陳述之間的差別。

一、請將下列句子標記為客觀觀察（O）或主觀假設（S）。此步驟的最後將會提供答案。

（一）這個人的右手拿著一個杯子，裡面有一隻魚。

（二）杯中的魚滿足了這個人的三個願望。

（三）她正等著有人來救她。

（四）十把劍從某人的背後豎起，而這人面朝下地倒在地上。

（五）他提著燈籠，讓其他人可以跟隨。

（六）她的雙臂交叉在胸前，握著兩把朝上的劍。

（七）被劍刺穿的人已經放棄掙扎。

（八）黑斗篷男子打算撿起那兩個仍滿溢的杯子。

（九）這個人注視的不是從雲中伸出的手所拿的杯子。

二、如果你還沒有完成描述選定牌卡的基本練習，那麼請立刻開始。可留意自己是否真能保持客觀。

在進行下一步之前，很重要的是要理解，在實際操作中，不同步驟之間的轉換應是順暢的。要在描述階段停留多久，都取決於你。進行這項練習將幫助你找到過去從未在牌卡中發現的內容，並協助你培養將牌卡的所有細節形象化的能力。

步驟 2 的練習可能會收到的回應

練習 2:2

可從聖杯國王的描述中探究的圖像包括：

- 背景中的水（情感的故事背景）
- 岩石中的縫隙（堅固建築物正面的孔洞）
- 周圍環境（問卜者周圍有什麼？）
- 權杖（保持距離的事物？）
- 釣魚（為了什麼？）
- 鳥（是靈性使者、「幸福的青鳥」，莫非是擅長捕魚的翠鳥？──記住這張牌被稱為「漁人國王」）

練習 2:3

（一）客觀：物理描述

（二）主觀：你可以僅從圖像確定這一點嗎？

（三）主觀：是什麼讓你這麼想？

（四）客觀：物理描述

（五）主觀：你如何知道他的意圖？

（六）客觀：物理描述

（七）主觀：這個人可能已經死了或裝死，或是……

（八）主觀：這是對未來行動的假設

（九）客觀：物理描述

詢問：「是什麼讓你這麼想？」可導回至客觀的細節，或顯示你的假設只是幾種可能的選項之一，即使看起來合理，但沒有一個是已經確認的。

步驟 3 ｜情緒

將情緒轉化為圖像，也就是說⋯⋯找到隱藏在情緒中的圖像。

卡爾‧榮格（C. G. JUNG），《榮格自傳：回憶‧夢‧省思》
（Memories, Dreams, Reflections）

情緒可能會反映在圖像中，但情緒也會改變我們的圖像，而我們的圖像可以改變我們的情緒。

維瑞娜‧卡斯特 (Verena Kast)，《榮格心理治療中的象徵》
（The Dynamics of Symbols : Fundamentals of Jungian Psychotherapy）

新手之道

較之步驟 2，這個步驟更深入要求你描述牌卡人物可能展現出的情緒、感受和態度，以及環境的色調和氛圍。

在這一步，你將開始揭開為當下情境賦予重要性的情感因素。例如，如果老闆對你咆哮，但你並不介意（或許你知道他是對遺失的貨物而焦慮），那麼你就不太可能尋求相關占卜。另一方面，如果老闆對你咆哮，而你崩潰了，考慮離職，回家後也對孩子咆哮，那麼占卜可以幫助你更深入了解情況。

情緒會渲染你所有的感知。它們是價值判斷的隱藏來源，也是影響行動和決策的主要因素。真正客觀的態度並不存在。即便是最客觀的決定，也是受到情緒所影響。當你沒有察覺到任何緊張或矛盾時，便以為自己的行為是客觀的。然而，這可能只是習慣性的接受。並沒有客觀的真理，即使在最好的情況下，你也還是帶有或多或少的主觀。

為了確定你的牌卡所代表的情感特徵，請充分發揮自己的想像力，描述其中的情感因素。因為牌卡反映出你的生活，也反映了你自己的感受。

我將使用勞倫・歐賴瑞（Lauren O'Leary）創作的世界精神塔羅牌（The World Spirit Tarot）中的寶劍五作為範例。

World spirit tarot

「環境看起來寒冷且暴風雨即將來襲，雪地上露出幾處荒涼的草地。遠處左方有一場雪風暴，頭頂上是不祥且積雪的低雲層，只有一小塊清澈的藍色。前景中的男人似乎處於難以承受的悲傷和沮喪。從他頭上的繃帶看來，我會說他感到受傷，正

經歷著內在或外在的痛苦。他看起來既寒冷又孤單，
除了像破碎的希望般圍繞著自己的斷劍，他對任何事
都一無所知。他的態度就像是『可憐的我，一切都不
會好轉』。背景中，有個黑色人影正歡欣鼓舞，或是
活蹦亂跳，而且正在炫耀毫髮無傷的劍。他看起來驕
傲、快樂，而且由於他在陰影中，他幾乎就像是以別
人的痛苦為樂的討厭人物。」

有時很難分辨這是什麼情緒，一部分是因為語言中存
有矛盾詞，「覺得冷」可能指的是體溫低（感覺），或是也
可能指的是缺乏情感（情緒）；「我認為這很美」可能是
情緒上的愉悅，而非理性思維。正如你即將看到的，許多
氣象和感官術語可隱喻地形容一個人內心的情緒狀況。在
〈附錄 A〉中，你將找到一些情緒用詞列表，可能在進行
這些練習之前需要參考一下。

練習 3:1

一、使用你選擇的牌卡（同步驟 2），描述牌卡人物似
乎展現出的情緒、態度和感受，以及環境的色調和氛圍。
大聲說出自己的觀察，也可寫下或錄下來。再次強調，請
至少預留兩分鐘的時間進行不間斷的敘述。如果是書寫的

話，需要更長時間。

二、請重複自己剛才說的話，但是用第一人稱現在式，彷彿你正在體會這些感受，你正具備這些態度，並處於有這種情緒和氛圍的環境中。你可以是牌卡中一個以上的元素，就如同以下的寶劍五描述。

例如：

「我身處看似寒冷、暴風雨即將來襲且荒涼的環境。霰從遠處飄落，感覺就像低沉、不祥的烏雲籠罩在我的頭頂上，只有一小塊清明。我感到無比悲傷和沮喪。我感到受傷，而且正在經歷內心的痛苦。我寒冷、孤單，只剩下破碎的希望，其他一概不知。我的態度是『可憐的我，一切都不會好轉』。在這一切的背後，我的陰暗面正歡欣鼓舞、活蹦亂跳，而且得意洋洋。我這部分的陰暗面感到驕傲且快樂，對我自己或他人的痛苦抱持著心滿意足的態度。」

三、根據你對自己選擇牌卡的重述，找出最近你和周遭環境出現這類性質或特性的情況。

行家之道

你現在可以繼續往下探索，或是在嘗試其他的塔羅牌

解讀法之後再回來。

情感在塔羅牌解讀中的作用

正如引言所述，人們會透過塔羅牌的解讀來緩解焦慮、實現願望，並透過感知模式來找到意義。除非受阻，否則這個過程可促進覺察或提升意識。情緒是這一切需求的核心，因此也是解讀牌卡和與問卜者互動的核心。以圖像形式出現的情緒，我們可以想成是「來自靈魂的使者」，讓你知道何時可以從體驗中建立深刻且有意義的個人連結。你可以透過將個人的感受投射至牌卡上來探索這些連結。

塔羅牌，尤其是所有牌卡都附有圖像的塔羅牌組，帶有情感的隱喻。例如，可想想你在描述牌卡時使用的常見詞語。聖杯五中的人們「在戶外受凍」，這表示他們感到疏離且沮喪。權杖五中的人物很「激動」，從熱情到憤怒都有可能。

表達情緒的不僅僅是臉部表情或身體動作，紅色帽子或紅色斗篷暗示帶著熱情，水意味著深厚情感的流動或湧現。事實上，沒有情感成分就不可能有感知，因此牌卡圖像的所有感知元素都會為你帶來影響。強烈、真實的情感具有力量，而且會以理智永遠做不到的方式影響你。

神經生理學家安東尼歐‧達馬吉歐（Antonio Damasio） 在《發生的感覺》（The Feeling of What Happens）中將情緒定義為：

> 化學和神經反應的複雜集合，形成一種模式：所有情緒都發揮著某種調節作用，以某種方式創造出利於有機體的環境⋯⋯它們的作用是協助有機體維持生命。

情緒試圖尋找更有利的條件。作為生存的技能，情緒竭盡所能地保護我們、達到體內平衡、促進成長，並使物種永存。隨著時間，在對類似的模式做出反應時，就會形成習慣和制約，而這些總是需要調整。

例如，有人說了一些難聽的話，你就會做出防禦性的反應（正如你已經學會的那樣）；他們道歉，你就放鬆了。情緒會形塑我們看待世界的方式，並為生活賦予意義，解牌則讓我們看到這個運作過程的剖面。

塔羅牌圖像引發的情緒與你的問題相關且具有某種意義，同時試圖改善你的生活狀況。如果圖像的能量確實是為了觸動自我，並成為改變的源頭，那麼無論使用什麼手段，我們都必須運用情感而非理智來體驗這些圖像。

同理心

儘管在不同文化中存在無止境的差異，但我們可以成功預測某些刺激會產生相應的情緒，這就是塔羅牌如此強大的原因。圖像會透露塔羅解讀者的情緒，而這在某種程度上是可以預測的。由於大多數的塔羅牌解讀者都具有高度的同理心，這使得塔羅牌的解讀又更有力量。

同理心是你對他人情緒感同身受的反應，讓你能夠理解並回應他們獨特的經歷。艾倫・肖爾（Allan Schore）在他的網路文章〈右腦、正常思維與精神分析〉（The Right Brain, The Right Mind, and Psychoanalysis）中，將同理心解釋為「從一個人的右腦到另一個人右腦的無意識共振交流」。近期的研究顯示，這是透過大腦中所謂的鏡像神經元所帶來的影響。同理心讓你可以透過自己的記憶或想像的動機和態度等經驗來理解他人的行為，也讓你彷彿可以從內在去理解他人。

情緒通常只和聖杯牌組有關，但任何牌卡都可能引發某種程度上可預測的情緒反應。正如我們所見，人們會向塔羅牌或塔羅占卜師求助，通常是出於情感因素。最出色的塔羅牌占卜師通常有與生俱來的同理心，他們會有意識或無意識地運用自己的情感天賦，作為直覺和溝通技巧的主要素材。

運行中的能量

　　情緒的核心，有時被形容為「運行中的能量」或情緒能量（e-motion），是採取行動的準備。在解牌中，你可以評估過去、現在和未來的行動和計畫。由於人類不可能思考所有的可能性，因此情緒成為應對意外和未知的方式。它們激勵我們，促使我們有所動作並採取行動。

　　符號與情感的結合創造了意義。卡爾・榮格（Carl Jung）在《心理疾病的精神起因》（The Psychogenesis of Mental Disease）中明確指出了這點：「符號是對我們而言有特殊意義的圖像，它們為具有情感意義的情況提供了最佳表達。」情感透過符號化為現實。情感告訴你精神能量是如何處理且在哪裡處理的。

　　卡拉・麥克拉倫（Karla McLaren）在她關於情感直覺作用的書：《情感天才》（Emotional Genius）中描述了這一點：

> 情緒會提醒我們注意特定議題，而且它們會毫不掩飾地這麼做。如果我們有足夠的覺察……情緒將為我們提供所需的能量，讓我們進入和離開任何可以想見的情況，因為這些情緒提供了我們治癒自己所需的特定能量和資訊。

由於情緒是可以用於建設性目的的能量來源，因此在解讀牌卡時如果有情緒出現，它們會告訴我們能量的所在，以及哪裡最有可能有所發展和變化。情緒是能量顯現為意識的形式。

為他人解牌

在為他人解牌時，你的職責就是仔細聆聽，敏銳注意所述內容潛藏的情緒和意向。無論是客觀還是主觀的描述，都顯示出這個人的狀態及其關注的訊息。記住，情緒是運作中的能量，請留意能量何時發生變化，或是何時聽起來真實而直接。現在讓我們來練習辨別描述的情感特徵。

練習 3:2

一、請列出下面以第一人稱描述寶劍五所出現的情緒狀態。在括弧中用問號來註記對你來說可能有意義之處。問號表示這些是可能值得進一步探索的謎團。例如，問卜者形容環境「寒冷、暴風雨即將來襲、荒涼」，這可能與這個人生活中令他孤獨、焦躁或沮喪的事有關。其他可能的回應將列於步驟 3 的最後。

「我身處看似寒冷、暴風雨即將來襲且荒涼的環境。

霰從遠處飄落，感覺就像低沉的、不祥的烏雲籠罩在我的頭頂上，只有一小塊清晰。我感到無比悲傷和沮喪。我感到受傷，而且正在經歷內心的痛苦。我感到寒冷、孤單，只剩下破碎的希望，其餘一概不知。我的態度是『可憐的我，一切都不會好轉』。在這一切的背後，我的陰暗面正歡欣鼓舞、活蹦亂跳，而且得意洋洋。我這部分的陰暗面感到驕傲且快樂，對我自己或他人的痛苦抱持著心滿意足的態度。」

二、快速查看你放在括弧裡的評語，並承認這些是你自己的假設和意見。無須進一步探究，這些假設和意見可能適用，也可能不適用於問卜者。在步驟 9 的「提問和快照」中，你將深入探索這些假設。

認識你的牌組

每套牌組都有自己的個性和風格，具有自己獨特的情感力量。這說明了為何有些人偏好藝術表現看起來較拙樸的的牌組，而非更細緻的牌組；或是為何有些人被「陰暗」的牌組所吸引，而非明顯明亮樂觀的牌組。

在我用萊德偉特史密斯牌組進行的塔羅牌與情感研究計畫中，六十五名受訪者最常用來形容牌卡的情緒詞彙包括：期待（適用於三十五張不同的牌卡）、決心、希望、

堅決、擔心、謹慎、接受、自我懷疑、傲慢、自滿、滿足、無奈、安全、嚮往、小心翼翼和奇妙。

請注意，即使是困難的情緒也會以溫和的形式出現。最少用來形容牌卡的詞語（平均 6.5 次）包括內疚、怨恨、嫉妒、厭惡、恐懼和憤怒，即帶有強烈負面情緒的字眼。這充分說明了使用者在這副牌組上所體驗到的共鳴性同理，顯示偉特牌組提倡懷抱希望的解決方案和謹慎履行的期望，但同時也帶有一絲傲慢的自滿。真正困難的情緒是存在的，只是被淡化了。

練習 3:3

如果你想探索自己最愛的塔羅牌的情緒特徵，請複製附錄 A 中的情緒詞彙表，並將每個詞語剪成小紙條。將牌組中的所有牌卡攤開，然後將每張牌卡與一個最符合的情緒詞彙配對。請忽略牌卡的意義，只針對圖像。提示：根據類似的情緒將牌卡分組（某些牌卡可重複出現在兩個不同的分組）。為每組牌卡放上相關的詞語，接著做出最終選擇。

你可從兩個角度（由你自行選擇）進行這項練習：

一、根據一般大眾可能的看法來選擇詞彙。

二、為每張牌卡選擇最接近你個人反應的詞彙。

最後，請思考以下幾點：

- 你沒有使用哪些詞彙？這些情緒是否沒有在牌組中獲得充分表達，或是其他詞彙已足以涵蓋？

- 在配對時，某些情緒是否比其他情緒更強烈、更常出現？這樣的傾向是否夠強烈，足以描述整個牌組的特色？

- 每種花色和數字的主要情感特徵是什麼？

- 哪些牌卡最難分配情緒詞？

步驟 3 的練習可能會收到的回應

練習 3:2

- 感覺有不祥的事物（即將帶來威脅？）

- 有低空雲（未知或不明朗的事物？）

- 小範圍的清晰（已知且帶來希望的部分很少？）

- 這個人因某事而感到悲傷和沮喪

- 有些事似乎令人難以忍受

- 這個人獨自一人（無法與他人交談？）
- 這人受傷了（被某人傷害？）
- 希望破滅，感覺一切都不會好轉（絕望、自憐？）
- 對痛苦感到快樂（可能的獎勵或滿足？）

步驟 4 │ 故事

人必須從仍有能量流的地方開始，即使只是一股細流，即使看起來很愚蠢。

——瑪麗 - 路薏絲 · 馮 · 法蘭茲（Marie-Louise von Franz），
《童話中的阿尼姆斯與阿尼瑪》（Animus and Anima in Fairy Tales）

新手之道

步驟 4 包含了「講故事」。用你選擇的牌卡進行，將發生的事編成童話故事。這麼做將讓你發現，為自己講述的故事如何反映出內在真相。

塔羅占卜師在解牌的過程中大多就是在講故事。這些故事大部分的開頭都是「這就像是當……」、「這可能是……」或「如果這是……」。故事所描述的場景有些來自解讀者自己的生活和觀察，有些是牌卡創作者和作者為了解釋一張牌而編造的故事。例如，偉特告訴我們，權杖二是「亞歷山大大帝在這個浩瀚世界之中的悲傷」。

這個步驟是將神話視為比世俗事件更真實的事件，而這可為之後神奇的轉化工作奠定基礎。在講述你的故事時，你需要展現出自然、狂野，甚至有點瘋狂。不要害怕

太誇張，事實上，這就是你的目標。由於這是童話故事，所以動物會說話，但一切都和一開始看起來的不同。你能想像男主角或女主角在吃早餐之前，正在做三件不可能的事嗎？

這裡有個例子，以麗莎·杭特（Lisa Hunt）所描繪的變形塔羅牌（Shapeshifter Tarot）中的愚人牌（稱為 0，啟蒙）為背景：

Shapeshifter tarot

「從前，有一名小男孩住在某個小漁村的小島上。他會在小海灣和小港之間漫步，尋找要帶回家的龍蛋，並作為自己的龍蛋飼養。但這只是天方夜譚，雖然他的世界裡有龍，但從來沒有人找到過龍蛋。

「他的母親說，你為什麼會想接近龍？牠們是可怕的野獸，有著奇怪的欲望，牠們遠離家鄉，不關心自己的親人。別管牠們了！你有聽到嗎，孩子？

「有一天，在這個男孩極度飢餓時，他看到一顆完美

的蘋果掛在樹上，但太高了，他摘不到。他竭盡所能地拉長身體，想伸手去摘，但還是摘不到。他舉起一根長棍，試圖將蘋果打下來，但沒有成功，他變得非常沮喪和憤怒。然後他發現自己的手看起來不一樣了。他的手變成綠色且帶有鱗片。當他拉長身體且伸出手時，他感覺自己的背部變長。突然間，他發出一聲狂野的吼叫聲，肩膀上長出了翅膀，飛到了樹頂，抓起了蘋果。蝴蝶和蜻蜓在他翅膀掀起的風中翻滾，他帶有利爪的綠色手中握著的棍子開始隨著力量而散發出光芒。

「突然間，他意識到這是他與生俱來的權利，而他的母親一直試圖阻止他。因為龍並非從蛋中誕生的，而是來自海邊村莊的小男孩，他們長大後變成了龍。他們會在離開後再度返家，只是為了與其中一名海女交配，然後再次出發去探索冒險。」

你的故事不必一致，也不必總是合理，因為你可能到最後才會意識到一開始很重要的事（在這種情況下，村裡不會有成年男性），這絕對沒問題。最好讓你的故事變得愚蠢（愚人的屬性之一），而不是合乎邏輯、生硬和缺乏想像力。現在是時候做出你想要的所有假設，盡情天馬行空，讓所有的願望成真，並從帽子裡變出大象。

練習 4:1

讓自己進入嬉戲的心情，跳舞、唱歌或扭動身體。想像一下，你正在哄孩子們睡覺，但除非你講床邊故事給他們聽，否則他們拒絕睡覺。你唯一可以作為圖示的就是一直在使用的塔羅牌。拿出你的塔羅牌並舉起來，讓孩子們看得到。這時，請盡可能使用牌卡上的細節，告訴他們你所能想像的最狂野、瘋狂的故事。

你當然可以超越牌卡的範圍，任憑故事自由發展。如果有人能聽你說故事，那會很有幫助，即使是家裡的狗或貓也行。或是進行十分鐘不間斷的限時寫作，不要停下來思考接下來要說什麼寫什麼，全程不停筆（或是持續用手指敲鍵盤）。

這時，請用「從前……」作為開頭。

練習 4:2

去掉「從前」，用第一人稱現在式重複你剛才所說（或所寫）的話，彷彿你正活在這個故事中。記住，你可以扮演牌卡中的多個人物。例如：

「我是住在小漁村的小男孩。我四處遊蕩，尋找我可

以自行飼養的龍蛋。這是瘋狂的幻想。我的母親想知道我為何對龍如此著迷。她告訴我，牠們是可怕的野獸，有著奇怪的欲望，牠們遠離家鄉，不關心自己的親人。她說我必須聽她的，別管牠們了。我餓了，我看到一顆完美的蘋果，但它太高了，我摘不到。我使勁將手伸長，但就是摘不到。我試圖用一根長棍將蘋果擊落，但失敗了。我越來越生氣。這時，我注意到我的手變成綠色且帶有鱗片。我感覺到自己的背部變長，我發出了狂野的聲音。翅膀從我的肩膀上長出來，我飛到樹頂，抓起了蘋果。我的翅膀產生足以將其他人吹倒的強風，我的棍子隨著力量而散發出光芒。我知道這是我與生俱來的權利，但卻一直受到我的母親阻撓。我從小男孩變成了龍。我飛走了，只會回來與海女交配，然後再度離開去探索冒險。」

個人故事

在本練習中，你將從單純的描述及重新架構，進展至個人的故事講述。像上面的故事提出了幾個值得個人思考的問題——你是如何追求一個夢想，卻被告知這只是異想天開？你覺得什麼事情被隱瞞了？是什麼促使你離開家？你與生俱來卻隱藏起來的權利是什麼？生氣時，你會如何轉換心態？是什麼讓你實現不可能的目標？在你發揮全力

時會發生什麼事？這些問題中的任何一個都能展露你經歷的個人情境或生活模式。

先描述牌卡的情感和態度後再進行這個步驟，情感能量將會爆發，並增加圖像喚醒的情感深度。例如，如果在先前的步驟中，這個人描述了驚奇或喜悅的情緒，那麼我們就會有豐富的組合，可以展現憤怒如何帶來突破，接著帶來正向的可能性。

練習 4:3

根據你對故事的複述，以及在前兩步驟的第一人稱描述，這些故事在你自己的生活中有多真實？哪裡發生過類似的事？花幾分鐘時間說出或寫下你所發現的關聯。有些關聯可能很乏味，但讓自己思考各種想到的可能性。

行家之道

你現在可以繼續往下探索，或是在嘗試其他的塔羅牌解讀法之後再回來。

故事的力量

童話故事可以包含以下任何內容：一個或多個英雄、

對手、幫手、挑戰、任務、魔法用具、奇幻生物、超能力、通俗語言、大量的老套劇情，以及與表面有落差的事物。童話故事可以讓你探索眼前的場景前後發生的事——這個人物是如何到達那裡的，他／她想要什麼，採取的行動會帶來什麼樣的結果？

　　故事為日常行為（例如摘蘋果）賦予了極大的重要性和意義。同樣地，塔羅牌也讓我們個人的故事變得重要。大衛・布拉澤（David Brazier）在《感受佛陀》（The Feeling Buddha）中告訴我們：「如果我們所經歷的故事不重要，那麼生活就會逐漸變得淡漠，我們將無法抵禦專橫和壓迫。」

　　你所想的、所做的、所希望的，或發生在你身上的一切，都是你人生故事中的另一個插曲。但每個章節都充滿了隱藏的象徵和意義，這是你展開旅程或目的的一部分。你為自己述說的故事，就是你在生活中親自上演的故事。

　　在塔羅牌的解讀中，你將注意力從人物轉移至牌卡的圖像上。這將讓你暫時以超然的角度來看待狀況和情緒。就像在為朋友提供建議，然後你意識到這也適用於你自己。透過描述和軼事，我們建立了所謂的魔法「對應」和科學的「同構共振」，即牌卡上的場景和人物與現實生活之間的平行關係；也就是一個領域的洞見和行動對應到另

一個領域的洞見和行動，因此你永遠可以從自己講述的圖像和故事中找到所需的資源。

例如，你可以描述一連串解決衝突的事件，並達到你想要的結果。透過將牌卡的故事推演至現實生活中，你就能懷抱全新的可能性與結果。

為他人解讀

解讀的成功並不取決於事實，而是取決於這對問卜者的影響，以及它以有益的方式感動和改變一個人的力量。牌卡的圖像和意義用來講述故事，而透過隱喻的詮釋，可能會為問卜者帶來有力的洞見。

然而，如果塔羅牌解讀者希望問卜者認為解讀者的詮釋令人信服，那麼解讀者就必須成為說服者，但這真的是解讀者的任務嗎？

解讀者可以幫助問卜者思考，他或她可以從自己的故事中獲得什麼樣的智慧，而不是說服和勸說。

練習 4:4

與其他人（陌生人或你不熟悉的人，也許是朋友的朋友）一起嘗試，並讓他理解這是個實驗。

一、首先讓這個人（問卜者）詢問這個萬用問題：
「我現在的生活中最需要留意的是什麼？」請問卜者洗
牌，並透過切牌或攤開形成扇形來抽出一張牌。將牌卡以
正位擺放。這時請執行步驟 1 至 3，向對方深入描述牌卡
及其情緒。接著，將這些資訊轉化為與問卜者有關的現在
式陳述，並以「你」為開頭。例如關於聖杯三的簡短陳述
可能聽起來像是：

> 「這張牌顯示你與兩名女性一起共舞，並將杯子高舉
> 在空中。腳下有收穫的水果和蔬菜。你正高興地慶祝
> 某件事，並享受與朋友相聚的時光。」

接下來是關於這張牌既狂野又瘋狂的童話故事，然後
將它轉化成關於問卜者的現在式陳述。這是許多所謂「直
覺」塔羅占卜的基礎，而且效果往往很好。

最後，請問卜者告訴你關於他或她的生活的哪些內容
是準確的，然後告訴你哪些內容看起來不準確或不適當。

二、接下來，使用同樣的萬用問題，請問卜者抽第
二張牌。這次引導問卜者完成三個步驟（描述、情感和童
話），提示他或她以「我」為開頭的陳述形式重複每個步
驟。

你的工作是主動積極且不帶偏見地傾聽這個人所說

的話，同時不添加任何自己的解釋。注意自己的想法和意見，然後就放下。如有需要，在問卜者以第一人稱現在式複述第一部分所述的內容時，可提醒他或她相關的部分。如果問卜者的情緒被勾動，請全神貫注在當下（記得呼吸！），但不要做或說任何事。

完成全部三個步驟後，詢問問卜者這些事發生在生活中的哪個領域。傾聽，接著詢問是否有看似不相關的事。

三、最後，你們兩人一起討論這兩種解讀。哪一種產生了最相關的資訊？哪種流程對問卜者而言更有效？你偏好哪一種，為什麼？

步驟 5 | 數字

上帝根據形狀和數字創造了事物最初的樣貌。

——柏拉圖，《蒂邁歐篇》（Timaeus）

新手之道

步驟 5 是要找出一至三個與你選擇牌卡的數字或宮廷牌位階相關的關鍵詞。在解讀時可忽略圖像，完全專注在以牌卡的數字和花色為基礎的關鍵詞上。步驟 5 將數字的原理作為一種牌卡意義的層次。

宮廷牌可按位階——侍衛、騎士、王后、國王（或相同等級），以及花色來辨識。牌組創作者大多都會將符合西方傳統文化習俗的數字和位階意義納入考量。這些習俗大多出於本能，為牌卡的意義提供了基準。

這個步驟請你只單純考慮這些特殊意義，牌卡的其他面向接著將根據數字調整。步驟 6 和 7 會發展這個概念，並為你提供一切所需；無論插圖或主題如何，你都能做出任何標準塔羅牌提供的基本解釋。

所有可相加至同一個個位數（從 1 至 9）的數字都具

有共同性質。所謂「簡約」的生命靈數概念，讓我們將個位數的意義與大阿爾克那的意義相連，因此你只要學習九個數字的關鍵詞即可。任何的兩位（或以上）數都可將數字相加至個位數。

因此：

$$18 = 1+8 = 9$$

$$21 = 2+1 = 3$$

$$2012 = 2+0+1+2 = 5$$

$$1998 = 1+9+9+8 = 27 = 2+7 = 9$$

$$19 = 1+9 = 10 = 1+0 = 1$$

由於有十張（而非九張）不同的數字牌，因此數字 10 既被視為結束，又被視為新的開始。

數字的象徵意義可以是終生的研究，但在這個步驟中，我們將只關注一些核心概念。

練習 5:1

說出你牌卡的名稱，並依據數字或位階說出一至三個關鍵詞。從〈附錄 B〉中選擇你認為與特定數字或位階最

相關的關鍵詞。

例如：

「我抽到了聖杯二。數字 2 和二元性及選擇有關。」

「你抽到了錢幣國王。國王就是要統治大眾。」

行家之道

你現在可以繼續往下探索，或是在嘗試其他的塔羅牌解讀法之後再回來。

熟悉你的牌組

使用大桌子或地板，將你的牌如下所示地排成幾列。觀察所有數字或位階相同的牌卡。

「大阿爾克那」

[19]　20　21

[10]　11　12　13　14　15　16　17　18　19

　1　2　3　4　5　6　7　8　9　10

「小阿爾克那」

權杖 1 2 3 4 5 6 7 8 9 10 侍衛 騎士 王后 國王

聖杯 1 2 3 4 5 6 7 8 9 10 侍衛 騎士 王后 國王

寶劍 1 2 3 4 5 6 7 8 9 10 侍衛 騎士 王后 國王

錢幣 1 2 3 4 5 6 7 8 9 10 侍衛 騎士 王后 國王

我建議在你的塔羅日記中為 1 到 10 的每個數字建立一個頁面，也可以選擇從 11 到 22 的數字。在這些頁面中，收集與每個數字相關的關鍵詞與概念。目前的做法是，在檢視與每個數字相關的牌卡時，請參考下方討論的每個數字的理論，以及〈附錄 B〉中的關鍵詞，之後則可以從其他書籍和網站增加資訊。

為任何特定的數字選擇一個對你來說最有意義的關鍵詞，並看看它如何適用於每張相關的牌卡，例如所有包含數字 1 的牌卡。每張牌卡與該關鍵詞都有其獨特的關係。對某些牌來說，關鍵詞似乎很容易發揮作用，而對其他的牌卡來說，則可能缺乏這樣的特質、很難獲得這樣的特質，或是帶來某種挫折。

帶有數字的大牌代表發揮作用的較大原則，而小牌則代表該原則內在的禮物和挑戰，也就是讓我們從中培

養覺察的情況。例如，在阿萊斯特・克勞利（Aleister Crowley）的托特（Thoth）牌組中，關鍵詞的標題呈現了需要解決的議題。

練習 5:2

一、「整合」這個詞如何應用於權杖三、聖杯三與寶劍三這三張牌卡上？記住，大阿爾克那 12 號牌「倒吊人」和 21 號牌「世界」，兩個號碼分別加總至個位數為 3（1+2=3）。整合的是什麼？比較你的回應和我在本步驟最後提供的回應。不要認為我的答案比你的好。

其他人的關鍵詞可以提供起點，之後則只是作為確認的角色，看看你是否遺漏了什麼內容，或是你的想法是否與一般的準則有很大差異。

二、現在來思考數字 2。在你自己的牌組中，每張數字 2 是如何做出或不做「選擇」？

三、「平衡」對數字 2 而言是合適的關鍵詞嗎？還是它也同樣適用於所有的偶數（4、6、8）？如果是後者，2 與每個偶數相關的平衡類型有何不同？

關鍵詞說明

關鍵詞究竟是什麼？基本上，它開啟（解鎖）了意義。詞語象徵並傳達意義，就像一把通往意義的鑰匙（開啟意義），同時蘊含意義的範例（解釋意義）。從隱喻的意義來說，鑰匙就像關鍵，可以解決一個謎團或問題、解碼、顯示模式，或揭露未察覺的意義。關鍵詞是你可以從網路或圖書索引中輕鬆查閱的內容，這往往使它們更一致和通用，也通常會解鎖整個相關意義的領域。

好的關鍵詞具有某些特徵：

要素：關注牌卡的本質或原型，並維持傳統用法。（選擇，是數字 2 的關鍵詞，表示有不止一個選項。）

相似性：強調適用的所有牌卡之間的相似性（儘管有些牌卡可能展現出的是缺乏或追求這項特質，而非明顯擁有這項特質）。（每個數字 2 都展現出對選項的回應或處理方式。）

對比：允許變化和獨特性。（數字 2 的選擇可以是平行、交叉、對立、交融或混雜的。）

特異性：無法同樣或更適當地用於任何其他分組。（如果同樣適當，則該關鍵詞適用於更廣大的牌卡分組。）

可擴展性：開啟廣大的潛在意義領域，並激發更深入

的直覺。（在做選擇〔數字 2〕時，運用直覺〔女祭司〕和理性〔正義〕的平衡是做出良好判斷〔審判〕的必要條件。）

連鎖效應：每張牌卡或標的（數字、花色、符號等）的多個關鍵詞，顯示了牌卡上無法僅靠單一關鍵詞所涵蓋的面向。每個關鍵詞都強調一個面向，同時也忽略或隱藏其他面向。（在偉特的寶劍二中，劍是雙刃的，而且雙臂交叉，這表示選擇可能是同一件事，卻具有目的相反的兩個面向。）

代表性的／有助記憶的：關鍵詞和牌-卡中的圖像可讓人聯想到彼此（雖然並非必需，但這非常有幫助）。（在聖杯二中，聖杯在視覺上融合在一起，兩條蛇交織在一起。）

練習 5:3

為十個數字和四張宮廷牌各自至少選擇一個關鍵詞，並觀察它如何應用於該組中的每張牌。看看你是否可以從該數字組的每張牌卡中，找到能讓你想起數字關鍵詞的圖像或象徵。

數列

塔羅牌的原理假定，每個數字的發展都與其之前和之後的數字相關。4 源自 3，並導致 5。在聖杯的花色中，你可以想像和飲酒有關的一連串事件：在聖杯三中有聚會，在聖杯四中宿醉，在聖杯五中因自己的不節制行為所導致的損失而悲傷失落。或是你可能會在聖杯三中慶祝一份新工作，在聖杯四中發現工作有點無聊，並在聖杯五中因為希望落空而悲傷。

練習 5:4

依序思考每種花色的數字，是否有起伏的節奏、外在和內在的焦點、活躍與不活躍？僅根據數字的特色來描述每種花色可能發生的一連串事件。

數字和位階

本章節接下來的部分說明宮廷牌的位階，並探討了數字 1 到 10 的象徵意義，這些都概括在〈附錄 B〉中的數字和位階關鍵詞列表中。

宮廷牌位階

正如數字顯示了發展的進程，宮廷牌的位階也有相同

意涵，只是方式不同。不同牌組的位階有很大的不同，因
此請注意你使用的牌組特性，而不是完全遵照本書的建議。

**侍衛（僕從、公主、孩子、女兒、學徒、地
位……）**：就位階而言，侍衛和新手有關。它代表努力的
開始、嘗試性的體驗以及為他人服務；代表起始、不成
熟、天真、開放和好奇的能量。侍衛可能會帶來訊息。

**騎士（王子、戰士、兒子、兄弟、探索者、理解
者……）**：騎士就像青少年，正在突破界限、拓展經驗和
測試能力。這個位階代表冒險、探索、革命和目標明確的
能量，暗示行動、移動和發展。騎士也可能代表旅程。

**王后（母親、女族長、女人、嚮導、女祭司、禮
物……）**：王后是成熟、權威的陰性或女性能量，擅長培
育、支持和管理，往往與同情、理解和直覺有關，代表從
內在或人際層面上展現出的熟練和專業。

**國王（父親、族長、男人、賢者、薩滿、演講
者……）**：國王是成熟、權威的陽性或男性能量，負責指
揮、定義和保護，往往與男子氣概、侵略性和理性相關，
並代表以外在或公開的方式（但有時是靜態的）展現出的
熟練和專業。

數字的重要性

最早的大牌是沒有編號的,最初用於一種名為塔羅奇（tarocchi）的遊戲,這是橋牌的前身,具有固定的大牌花色,因此玩家必須同意使用一致的大牌順序。早期這樣的順序依城鎮而異,反映出不同的文化態度,並形成當地遊戲的特色印記。最終大牌的數字變得標準化。

小牌總是有編號,但「宮廷」牌除外,後者以位階區分。最初分配給大牌的數字是否具有象徵意義,仍是懸而未決的問題。1781 年,安托萬・考特・哥伯林（Antoine Court de Gébelin）將塔羅牌描述為充滿神祕意義的古老文獻。自從他的「探索」以來,辨別大牌的「正確」順序和數字的意義就被賦予了重要意義。

數字最早的象徵意義似乎與單手或雙手的手指有關,也來自於古代對數字的視覺理解,即以對稱圖案排列的點。古代的神祕學派教導數字和幾何學是神聖的,具有源自宇宙力量的魔力。儘管文字表達了人類的想法,但人們相信數字的純粹才是永恆的本質,不僅表達了上帝的實相,萬物都可以簡化為數字。

巴比倫人將數字與天體的影響相連結。薩摩斯島（Samos）的畢達哥拉斯（公元前六世紀）創立了學派和具宗教性質的兄弟會,採用的教義包括輪迴和素食主義。他

的數學和幾何原理被視為宇宙神聖計畫與和諧的象徵，在這個宇宙中，我們的星球皆繞著太陽旋轉。人們相信「萬物皆數」是他提出的學說。

畢達哥拉斯的許多想法都來自他曾研習的亞歷山大（Alexandria）埃及神祕學教派（Egyptian mystery schools）。他影響了柏拉圖和亞里斯多德。正如信奉畢氏學說的作家斯托拜烏斯（Stobaeus）在《畢達哥拉斯原始資料與叢書》（The Pythagorean Sourcebook and Library）中的引述：

> 確實是數字的本質教會我們理解，為我們提供了指引，並教會我們每個人原本都難以理解和未知的一切事物。因為如果缺乏數字或數字的元素，就沒有人能夠對事物本身及其關係具有清晰的概念。

自塔羅牌問世以來，數字和位階就一直是塔羅牌不可分割的一部分，而且可能在最初的設計中發揮了核心作用。兩個骰子所有可能的投擲總數為二十一次，而三個骰子所有可能的投擲總數為五十六次；再加上沒有編號的愚人，就得出塔羅牌的七十八張牌。這表示自古代就開始使用，且在中世紀就有大量文獻記載的骰子占卜，可能是塔羅牌的前身。此外，骰子經常出現在早期魔術師牌的桌子畫面中。

數字的象徵意義

常言道，數字可讓一切變得清晰明瞭。與其只是研究數字，想像它們最純粹的形式反而更有幫助。在你的腦海中看著它們像電影動畫般變化。當一切都只是一個單純發光的點，沒有結束、沒有維度、沒有邊界或差異，那會是什麼樣子？當一個人渴望了解自己時會發生什麼事？

正如我們永遠無法直接看到自己的眼睛一樣，一個人需要透過其他人的眼睛才能看到自己，因此需要兩個人。那當兩個人渴望重新結合，但卻沒能統一，而是創造出完全獨立的第三個存在時，又會發生什麼事呢？因此出現了數字 3。數字 3 需要數字 4 來建立深度、穩定度和方向。數字 5 破壞了這種穩定性，因而帶來了變動。數字 6 重新建立和諧，而數字 7 則挑戰和諧。8 是 4 的兩倍，是物質等級的加倍。9 是 3 的三倍三位一體，代表個位數字中的完成。10 讓我們返回 1，但是在另一個維度。

以下是與每個數字相關的一些基本概念。

1：一是有位置但沒有維度的點，被稱為單子，代表神性、萬物的開始或原因、創造的原始力量。1 表達的是統一、自我、同一性、獨特性、完整性和無限。作為種子，1 代表著所有的潛力。它意味著創始、意圖、理性和不變。正如赫爾墨斯（Hermes）的《翠玉錄》（Emerald Tablet）

所述：「萬事萬物皆來自 1，透過 1 的調解，萬事萬物都從這『1』中誕生。」

　　2：2 由兩點組成，並從中形成直線，進而得出延伸原理。2 是在他人面前反映的神性，因此也是二元性，也是分離和對立，人們相信墮落也是從中而生。畢達哥拉斯定義了二元性的基本概念和對立理論（經常出現在大牌的象徵意義中）。二元性意味著平衡、選擇和決定。2 是分離的假象，卻提供了關係的可能性。基本的二元性包括：

奇數	偶數
男性	女性
我	非我（他人）
光明	黑暗
善	惡
主動	被動
生	死
歡樂	悲傷
年輕	年老
健康	疾病

3：三個點可形成一個三角形，並定義一個平面。作為第一個有形的形式，3 是第一個實數，因此是現實的象徵。代表多樣性、眾多。有些文化中只有「一」、「二」和「多」的詞語。我們從 3 中找到各種的三位一體：女神的三張臉、月相的三個階段、基督教的三位一體、原色和身心靈。還有正 - 反 - 合題辯證法、開頭 - 中間 - 結尾、主動賓語序等過程，這意味著經驗不可分割的整體性和統一性。

數字 3 暗示調解和整合，透過統一與多樣性來恢復和諧。當對立的事物相結合，就會創造出第三個事物（孩子）。3 經常被視為是創造力、靈魂和精神的數字。

4：4 可增加深度，因此形成第一個立體（四面體），代表完美的秩序和持久，與物質世界和物質存在的創造有關 —— 四種元素、方位、季節、風、一個月中有四個禮拜，以及動物的四肢。

4 是「基礎」，代表公平，因為 4 是同等事物（2+2）的產物。上帝的四字神名稱為 Tetragrammaton，代表神祕和力量。此外，我們還發現有聖經的四樞德（cardinal virtues）、四福音書，以及天堂四河。

5：5 就像五角星，可以畫成無止境的結。5 代表移動、時間，因此也代表變化和更改。5 代表生命，更具體地說，

5 代表人類，因為一隻手有五根手指，身體的五個延伸（手臂、腿、頭）和五種感官。從基督的五處傷口來看，5 暗示著痛苦和傷害。

5 改變或破壞了 4 的穩定，造成危機。作為第五元素，5 統一並超越了元素，代表著健康、活力和新的可能性。對畢達哥拉斯學派來說，5 是「婚姻」數之一，即第一個偶數 2 和第一個奇數 3 的總和（1 是未分化的，在這裡既不被視為奇數，也非偶數）。

6：6 是畢達哥拉斯學派的第二個「完美數」，是 1+2+3 的總和，6 的完美在於上帝花了六天創造這世界。6 代表意識的顯現和淨化。六角星是由兩個相對的三角形組成，象徵著火和水，帶來靈性和物質的統一意識，從而促進和諧。因此，6 與性和世代相關，也被視為是「婚姻」的數字，因為 6 是 2×3 相乘的結果。6 形成立方體上的表面數量。

7：7 是與眾不同的數字，因為 7 無法透過乘法得出。既代表理性，也代表機會——既代表勝利，也代表可能擾亂勝利的最輕微的干擾。7 存在於七種音調、色彩光線、可見行星、母音、脈輪和一個禮拜的日子中，將截然不同的事物聚集成一個整體。

作為上帝休息的日子，也是神聖的三位一體（靈魂）加上四重世界（身體）的總和，通常被稱為神聖或神祕數字，代表啟蒙或覺醒狀態；也包含所有行星的力量，因此代表著智慧。存在於七種美德和七種罪惡、七種聖禮和七種死罪中。7 代表完美，但也代表一切可能破壞這種完美的事物。

8：8 又名八元神（ogdoad），可以描繪成兩個正方形：世俗元素和天體秩序（因此包含更高意識）的交集。作為八度音階，它會返回到自身，但是以新的層次或頻率，因而代表所有的節奏和循環。第八天被稱為正義日或審判日，緊接在世界的七個階段（seven ages of the world）之後，因此存在比物質（數字 4）更高的正義。它代表邁向完成的進展，以及為了實現這個目標所需進行的最終調整。

9：9 是 3 的二次方，是完美的數字 3 的完美形式。9 是循環數，因為在相乘時，9 會不斷地在數字的總和中自我複製。正因如此，作為最後的根數，9 代表著限制、邊界和力量，但也代表著智慧。天使有九個等級，人類的懷孕期有九個月。這是一個週期的完成和結束，儘管相對於 10 來說，這種完成被視為仍少了些什麼。

10：10 和 1 在神祕學上有相同意義，代表萬物的整體，因為所有其他數字都是由 10 為一組的成員產生的。因

此，10 是無限且沒有邊際的，是更高層次的統一。10 既是理想的顯現，也是理想的消亡。

對於畢達哥拉斯主義者來說，10 是完整且完美的數字，既稱為宇宙，又稱為信仰。在卡巴拉中，有十條神聖的放射性路徑。埃及人將天空分為三十六個區間，每個區間有十度。作為十誡的數字，10 代表正直和履行。10 解決並鞏固了數字 9 的完成所缺乏的部分。

幾乎所有宗教都有自己的數字象徵，而這些象徵往往也作為用來記憶基本原則和教義的手段。在塔羅牌的黃金黎明協會系統詮釋中，與十個質點（希伯來卡巴拉中形成生命之樹的神聖放射路徑）相關的數字尤其重要。其他生命靈數相關的著作也提供了關於數字意義的概念，但略有不同。

步驟 5 的練習可能會收到的回應

練習 5:2；項目 1

3

· 權杖：意志、機會和手段的整合可以推動事情的發展

- 聖杯：和諧的融合是充滿喜悅且值得慶祝的

- 寶劍：當融合受到阻撓時會產生痛苦和悲傷

- 錢幣：需求、技能和意圖的融合會帶來生產力

- 皇后：原始男性和女性的融合（1+2）產生了第三個元素（孩子或富有創造力且多產的世界）

- 倒吊人：透過犧牲、臣服或新觀點，實現對立面（上方和下方）或新觀點（主角的上下顛倒）的整合。

- 世界：元素的融合帶來統一（融合的自我）

步驟6│模式、花色、元素

他將物質元素分為四種：火、風、水和土，它們都是永恆的，但會透過混合和分離而改變了主體和不足之處。

—— 恩培多克勒（Empedocles）

新手之道

步驟6要請你說出與選定牌卡的模式、花色和元素相關的關鍵詞。為此，你需要為每組找出一到三個關鍵詞，而這些關鍵詞適用於該組中的每張牌。

牌組的四種模式為：

- 宮廷牌

- 數字牌（2 到 10）

- 大阿爾克那或大牌

- 王牌

根據牌組的不同，這四種花色有不同的名稱。此後將使用以下名稱：

- 權杖

- 聖杯

- 寶劍

- 錢幣

這些花色通常與四種元素有關：

- 火

- 水

- 風

- 土

　　大多數書籍都使用一套既定的花色和元素對應關係，以及關鍵詞系統。在我著重最普及系統的同時，我也提供了關於其他系統的資訊，讓你可以自行選擇，或是可以更靈活地掌握各種牌組的相關性。〈附錄 C〉則提供了概括的關鍵詞。

練習 6:1

　　對四種花色的深入討論可參考步驟 6 的行家之道部分，但你可能會想要先閱讀這個部分再進行此活動。

　　一、選擇一到三個最能展現你牌組中每種花色特質的

關鍵詞或語句。建議使用的關鍵詞請參閱〈附錄 C〉。

　　二、哪些花色／元素的關鍵詞最能展現你選擇牌卡的特質？

塔羅牌的四種模式

　　在描述解讀的情況時，牌組的四種模式都各自有自己的任務。了解這些任務將有助於你了解如何解讀牌卡。沒有哪種模式比其他模式更重要，每種模式都強調不同類型的體驗。

　　宮廷牌：宮廷牌回答的是關於「誰？」的問題。它們顯示這種情況涉及哪些人格層面。它們也可能代表行為風格或所扮演的社會角色。根據位階，你可以判斷這個人是表現得年輕天真還是成熟負責。宮廷牌可能有額外的意義，例如消息、旅程或某件事的結束。

　　小阿爾克那數字牌（2 到 10）：數字牌回答的是關於「什麼？」的問題。它們描述了「誰」所處的情況和事件。它們告訴你正在發生什麼狀況，以及「誰」正在處理什麼狀況。它們還能描述俗世的現象和影響。

　　大阿爾克那：大阿爾克那回答的是與「為什麼？」相關的問題。它們描述了你在這種情況下需要學習的課題，

以及所展現的原型能量。它們告訴你「為什麼」、「誰」在「什麼」的主題中。大阿爾克那代表原則、法則、原型和精神靈性需求。它們也被稱為神聖起因。例如，皇后和權杖王后可能指的都是你母親的來訪，但權杖王后會描述她的行為風格或個性態度，而皇后則可能會暗示你與「母親」的整體關係。

王牌（Ace）：王牌卡可包含在數字牌中，但它們具有自己的特殊功能，即用來回答與「在哪裡？」相關的問題。王牌卡會顯示最具潛力的情境元素、領域或範圍，尤其是在創造新事物方面。十九世紀，法國魔術師艾利馮斯・李維（Éliphas Lévi）在《超驗魔法》（Transcendental Magic）中說明了王牌卡的特殊意義：

> 錢幣王牌……是世界的靈魂；寶劍王牌是積極行動的智慧；聖杯王牌是愛的智慧；梅花（權杖）王牌是創造性智慧；王牌也是移動、進步、繁殖力和力量的原則。

練習 6:2

一、視四種模式中的每一種模式，選擇一至三個在解讀中對你有特殊意義的關鍵詞。可視需求參考〈附錄 C〉。

二、將你的牌組分為四種模式。你選擇的牌卡來自何
處？這表示它有什麼特殊意義？

行家之道

你現在可以繼續探索這個步驟，或是在嘗試其他的塔
羅牌解讀法之後再回來。

小阿爾克那的花色

小阿爾克那的花色從性別的二元性和元素的四位一體
中得出它們的關聯。然而，這四種元素中的每種元素都與
幾乎所有花色相關（參見〈附錄 C〉中的圖表）。

儘管將花色與元素相連並非必要，但卻很有幫助。從
歷史的角度來看，一切存在就像是一個分成四塊的餡餅，
每一塊都包含自己獨特的成分。這些關聯可追溯至恩培多
克勒和西方哲學的基礎，其中元素代表了物理世界不可簡
化的成分。在醫學上稱為四種體液和氣質，並形成了如魔
法、占星學和煉金術等形上學系統的基本類別。如今，四
元素也以卡爾・榮格的四種功能出現在現代精神分析中，
並隱含在邁爾斯－布里格斯性格分類表（Myers-Briggs
Personality Inventory）中。

符應說（Doctrine of Correspondences）是神祕的形上學和魔法的基本原則或「法則」，認為宇宙中具有相同或相似振動的一切事物之間，皆存在符號的類比和雷同，而且可以透過符號的連結為某事帶來影響。這原則在赫爾墨斯公理（Hermetic axiom）中被概括為「如其在上，如其在下」（As above, so below）。占星學、數字、字母表，以及近來的塔羅牌提供了連結其他對應關係的基本框架。符應說提供了一套早已確立的方法，可將所有經驗與塔羅牌相連，即使在具體細節上並不總是完全一致。新的對應關係挑戰你擴展意義和延伸定義的能力。

　　形上學有一條重要的規則，如陰陽的符號所示，每個部分都包含其他部分的種子。同樣地，據說每個元素都由其自身的一半和所有四個元素的一半所組成，因此整體有八分之五是純元素，其他元素則各占八分之一。這就像一片蘋果派，同時含有少量櫻桃、大黃和桃子。這項因素有助於我們找出牌卡之間的關係。

二元性

　　這些花色展現出基本的二元性：權杖和寶劍具男性特質，而聖杯和錢幣具女性特質。這基本的劃分可以追溯至最早的塔羅牌描述，在玩遊戲時，王牌（Ace）到 10 的價

值在男性花色中上升，在女性花色中下降。

元素的二元性

男性／陽性：活力、積極、進取、外在

* 權杖—火

* 寶劍—風

女性／陰性：接受、被動、持續、內在

* 聖杯—水

* 錢幣—土

在思考二元性時要小心，勿陷入關於個人性別特徵的過時觀念。這就是為何許多人偏好用「陰」和「陽」這兩個詞作為一個整體的對立面，而且每個對立面都包含對方少許的特質。

四位一體

英語國家最普遍應用的塔羅牌對應方式，是由黃金黎明協會（Hermetic Order of the Golden Dawn）所開發的，並制定了一套融合西方魔法傳統的綜合體系。他們認為權杖是火（燃燒的火炬），寶劍是風（敏銳的智力），而聖杯是水，錢幣／五角星（過去的硬幣）是土。他們

將神祕學傳統改造成塔羅牌的花色，例如科尼利厄斯·
阿格里帕（Cornelius Agrippa），他認為四元素來自於
Tetragrammaton 或上帝的四字神名：

花色	聖名	元素	元素特質
權杖	Yod [י]	火	光芒四射、精力充沛、 勇敢、渴望、 積極進取、任性、樂觀
聖杯	Heh [ה]	水	滋養、接受、維持、感覺、 同理心、保護、融合、 流動、順從、祕密
寶劍	Vau [ו]	風	思想、邏輯、理性、溝通、 好奇、機敏、公平、聰明、 緊張、客觀
錢幣	第二個 Heh [ה]	土	務實、腳踏實地、現實、 可靠、感官、固執、謹慎、 堅持、占有欲、多產

　　請參閱〈附錄 C〉中的圖表，該圖表列出了其他花色
和元素的相關方式。不論使用的是哪個牌組，你都可以選
擇在創造牌組時使用想要的系統，也可以永遠應用同一套
系統（儘管意象存有衝突）。正因如此，有些人更喜歡不
帶元素特性的牌組。

　　以下的花色說明強調了黃金黎明協會系統的元素關聯。這些關鍵詞和具替代元素關聯的關鍵詞可在〈附錄C〉中找到。

　　權杖（法杖、桿、節杖、指揮棒、棍棒、短棍、矛、箭）：最初的權杖是馬球桿，但當牌卡來到歐洲時，它們變成節杖（義大利）或短棍（西班牙），因為當地人並不認識皇家的馬球遊戲。在撲克牌中，通常與梅花牌有關。在歷史上，權杖與農民或僕人階級的勞工有關。

　　權杖象徵對成長的渴望、推動事物的靈感、引領潮流的渴望，以及發起行動的未來憧憬。他們顯示每項行動背後的目的，而且主要在體驗的意義中尋找價值，但缺乏對表現形式的欣賞。

　　權杖王牌的陽具形象代表單一的目的，以及「我」或自我個體化的感覺。權杖激發自我成長和創造力的渴望。儘管開始時一頭熱，但他們可能沒有毅力來完成或維持。

　　權杖是感知和激發創造力的明晰之光，可創造頓悟的體驗。他們想要擴大意識，並用他們的熱情點燃一切。與恐懼和欲望相關的情緒在這組花色中非常強烈。

　　聖杯（聖餐杯、高腳杯、花瓶、器皿、碗、容器、紅心）：在成為撲克牌中的紅心之前，聖杯一直維持著相當

標準的形狀。他們在歷史上與教堂、愛有關。

聖杯會接收衝動或對衝動做出回應。聖杯就如同杯子的頂部一樣保持開放。在不受限制時，他們會隨波逐流，並尋求融合。聖杯的特質在於不論注入的液體為何，都會讓液體形成聖杯的形狀。因此，聖杯很和藹可親，但同時也很分散，有時還會抗拒新的想法，尤其是當這些想法不涉及情感時。

聖杯代表愛、關係和想像力。聖杯提供養育和連繫感。聖杯讓你對自己內在的感受保持開放，讓你敞開面對自己對事物的感受，以及與他人建立的連繫。這個層次的選擇似乎很直觀。聖杯樂於接受一切，但可能缺乏辨別力，容易變得懶惰、無精打采或喜怒無常。儘管這個花色以歡樂的情緒為主，但也有悲傷和失落。

寶劍（刀片、小刀、短彎刀、羽毛、箭）：寶劍最初是彎曲的短彎刀，後來成了撲克牌中的黑桃或長槍。它們在歷史上與戰士、貴族和戰鬥相連。寶劍會剖析最初的想法。他們加以思考、談論、鬥爭和組織，並會迅速避開任何與議題無關的事物。寶劍根據理性和邏輯做出判斷，他們的方法常常帶來痛苦和悲傷，因為任何無法承受「真理之光」的事物都會被無情地斬斷和摧毀。

寶劍代表「戰鬥或逃跑」機制，也意味著智力、理性、邏輯、分析，以及後續的行動。寶劍維持著善於觀察的超然態度，甚至對自己也是如此。寶劍的成長茁莊仰賴思想的交流和發展，因此也仰賴溝通。寶劍對情感的嚴格控制導致他們對無法理解的事物感到恐懼。

在最好的情況下，他們會看到問題的所有面向，仔細權衡，並就該主題形成明確清晰的意見，以便傳達給所有人。在最糟的情況下，他們會利用邏輯和統計數據進行欺騙。非理性的恐懼讓他們以客觀為名，冷酷地切斷情感連結。

事實上，恐懼和悲傷的情緒在這組花色中非常強烈，而憤怒和仇恨也很強烈。寶劍對渴望和欲望的情緒特別不明顯。寶劍在空氣中的咻咻聲與呼吸的嘆息、聲音的誕生有關。

錢幣／五角星（硬幣、圓盤、圓圈、石頭、盾牌、護身符）：五角星最初是硬幣（而且在許多牌組中仍是如此），後來成為撲克牌中的方塊（即鋪路磚）。他們在歷史上與商人階級及商業相關。十八世紀，安托萬・考特・哥伯林將這種花色稱為「護身符」，而在十九世紀中葉，艾利馮斯・李維稱之為「五角星」（指一種護身符）。由於硬幣也被視為是護身符（傳播刻在硬幣上的統治者的力量和

聲譽），而五角星是理想的護身符，因此這種變化似乎是適合這種花色的神奇概念重組。

錢幣代表你的勞動成果，是你與其他花色一起經歷過程的結果。他們鞏固了新的地位，而且是新想法得以生長的實際「基礎」。

錢幣讓你感到安全，或是為你提供根基，這在社會中通常代表家庭、金錢、傳統、控制或權力，但他們也可以指東方思想中的「chi」（氣）或「hara」（丹田）所代表的內在中心。錢幣也代表有價值的事物和完成工作的獎勵。

錢幣令人想起大地之母和事物的本質。他們讓你懂得欣賞形式和你的身體。錢幣試圖透過手工藝和技能，或是透過了解事物如何運作的知識，來實現對物質的掌握。

某神祕原則指出，神奇且超凡的體驗就隱藏在最普通的事物中，就像鑽石隱藏在大地中一樣，這提醒你要懂得珍惜自己的親身體驗。這通常是快樂的花色，混合著些許悲傷，以及多於聖杯的恐懼。

花色概述

儘管有各式各樣的元素關聯，但每種花色的某些主題都只會依據花色本身的象徵而出現。權杖作為陽具，和生

殖有關；聖杯帶來滋養；寶劍會斬斷事物；錢幣可以用來支付。

如果更進一步將以上元素依序相連，就會得出：

一、新的想法或靈感（權杖）

二、相關的情緒反應和養育（聖杯）

三、解決任何問題的鬥爭（寶劍）

四、成果或最終結果（錢幣）

元素與大阿爾克那

也可以從大阿爾克那牌當中找出牌卡支持的元素系統。這些可在〈附錄 C〉中找到。

練習 6:3

一、你的牌組使用了哪些花色和元素對應關係？哪個系統對你來說最合理？

二、檢視你牌組中的每一種花色，並選擇一到三個最能展現每種花色特質的關鍵詞。不同元素對應的花色關鍵詞請參閱〈附錄 C〉。

三、你選擇的牌是哪種花色？（如果是大阿爾克那，請查看〈附錄 C〉的元素對應列表。）你與哪個元素最相關？選擇一到三個你最常使用的花色和／或元素關鍵詞。

融合模式與元素

只需從每種模式中各抽一張牌，四種模式本身就可以成為一個牌陣（請參見第 85 頁的說明）。以下是僅使用步驟 6 提供的資訊所進行的範例解釋。

誰／人物：聖杯騎士——我承受情緒（陰）並做出情緒反應（水）。

什麼／主題：寶劍七——涉及心理掙扎（風）的動態（陽）事件。

為什麼／原因：力量牌——學習關於熱情和欲望（火）的正面（陽）課題。

哪裡／地點：錢幣王牌——在俗世的被動（陰）領域，具有建立價值（土）的潛能。

將這些短語組合在一起，就可以創造出單一且連貫的陳述，例如：「我在涉及心理掙扎的動態事件中承受情緒並做出情緒反應，以便在俗世的被動領域中學習關於熱情和欲望的正面課題，並具有建立價值的潛能。」

在此我們看到一個感情強烈的人格（聖杯騎士／水）發現自己處於需要運用智力的情況（寶劍七／風），同時在學習關於熱情的課題（力量／火），其中有些東西可以透過身體來展現（錢幣王牌／土）。

二元性的原則顯示，事件（數字牌）和課題（大牌）更具主動性和攻擊性（風和火），而人格（宮廷牌）和領域（大牌）則更具接受性和承受性（水和土）。

練習 6:4

一、使用以下格式描述你選擇牌卡的模式、二元性、花色和元素：

「我抽到了（牌卡名稱）。（模式）和_____有關，（花色／二元性／元素）和_____有關」。例如：「我抽到了聖杯六。小阿爾克那牌是和事件有關，而聖杯牌則和情感有關。」

二、對其他三個模式的牌組進行洗牌，並從每個牌組中抽一張牌，以了解這些模式如何在你的生活中發揮與選擇牌卡相關的作用。從模式和元素／花色／二元性來描述每一張牌。同時使用四張牌來創造體現其象徵意義的單一陳述。

其他的四位一體

　　每種花色可能與許多其他的四位一體概念有關：方位、季節、一天中的時間、月相、氣質、體液、榮格的功能學說、形上學的身體、大天使、元素精靈、魔法行動、卡巴拉的世界、使徒、印度教真理（幾何形狀）等。由於這些四位一體的使用取決於你對複雜哲學和系統的理解，而且由於並非所有四位一體都永遠適用於牌卡的解讀，因此這些將留待其他作品進行探索。

步驟 7 │ 整合

我們所有的進步都是像菜芽一樣逐漸展開。先有本能，然後形成意見，接著再形成知識，就像植物有根、芽和果實一樣。儘管無法提供任何理由，但始終還是相信本能。

——拉爾夫‧沃爾多‧愛默生（Ralph Waldo Emerson），
《隨筆》（Essays）第一輯

新手之道

步驟 7 是將你在步驟 5 和 6 中學到的所有內容（數字或位階，再加上花色、元素和模式）整合成簡單的陳述。你現在將整合這些因素，形成超越各個關鍵詞的概念。這個步驟述說了四種花色經歷旅程的故事，展現每個數字如何依據其花色和元素而有不同的表現。

整合解讀指的是找出不同成分之間的相似性，並判斷它們在現實生活事件中的相關性，然後將這些內容合併為某人的議題之陳述，而不僅僅是單純將各個部分相加。這就是塔羅牌不僅僅是公式，而是開始成為藝術，同時需要直覺和創造過程之處。

這項技法甚至可以用在圖片很少或沒有圖片內容的

牌組。例如,想像你從約瑟夫・馬丁(Joseph Martin)創作的探索塔羅牌(Quest Tarot)中抽到了權杖三。根據步驟 1、5 和 6,你可能會這麼說:「我抽到了權杖三。數字3 與合作有關,而權杖則與活動和冒險精神有關。這是一張數字牌,因此與生活事件或情況有關。」這是「啟動水泵」並讓話語流動的一種方式。

然而,我們可以讓陳述變得更流暢些:「權杖三是關於三方的合作,同時結合權杖的活動和冒險精神的生活情境。」

Quest Tarot

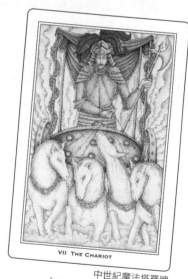

中世紀魔法塔羅牌
(Medieval Enchantment tarot)

我們可以看到自己一直在收集的材料。儘管如此,這仍然是尚未進行綜合的關鍵詞列表,是時候將它們混合並調製成全新的產物了。

「相互搭配的事件帶動了計畫的運轉」。這時的權杖三已有適當且明確的意義,但還沒有太多細節。其他的關鍵詞可以為我們提供細節嗎?

讓我們來思考幾個可以替換的配對組合:

多產(3)+熱情(權杖)=「我的熱情想要繁殖和傳播。」

整合(3)+創新(權杖)=「這種情況讓我有機會以全新的方式組合事物。」

如果討論的是戰車牌,那麼它的數字是 7,大阿爾克那的大牌,在黃金黎明協會的系統中,元素是水(巨蟹座)。

許多可能的陳述之一包括:「我抽到了戰車牌。它代表的課題(大牌)是我對於情緒(水)的掌控(7)。」

或是再融入更多概念:「這張牌和我的精神靈性需求有關(大牌),我必須使用技巧和勇氣(7)來保護和容納我所愛的東西(水)。」

練習 7:1

一、使用數字或位階、花色、元素和模式，將以下每張牌的關鍵詞合成為綜合陳述（可參閱〈附錄 B〉和〈附錄 C〉）。陳述的範例可在本章節的最後找到。

- 錢幣侍衛

- 寶劍八

- 命運之輪

- 聖杯王牌

二、對你選擇的牌卡進行同樣的流程，盡可能嘗試各種不同的組合。哪種陳述感覺最真實？它與你現在的生活有何關聯？

三、創造更深入的綜合陳述，其中包括你的描述、情感和童話故事等素材，也就是你目前為止探索過的一切。

行家之道

你現在可以繼續探索這個步驟，或是在嘗試其他的塔羅牌解讀法之後再回來。

花色的進展

　　每種花色都透過其數字經歷了一段發展進程 —— 整
體的綜合願景。我建議可學習一些概念來幫助你想像，並
觀察牌卡顯示的特定階段與其前後階段的關係。故事情節
讓你更容易記住順序，並為你提供形象化的經驗隱喻來理
解、傳達特定牌卡的意義。

　　每種花色當然都有自己的故事情節，主題因花色的關
聯和對應關係而定；例如，愛、愉悅和想像力（聖杯）；
創造力和靈性成長（權杖）；財富、工作和健康（錢幣）；
理智和解決問題（寶劍）。數字作為情節的發展階段，可
以想像成帶來行動、危機點、高潮和解決方案。

　　一個可有效描繪這個故事的圖像是徒步爬山。這個
特殊的故事是採用以萊德偉特史密斯塔羅牌系統為主的

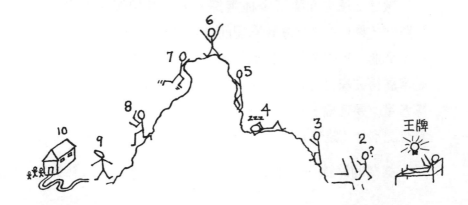

牌組（例如羅賓伍德塔羅牌或通用偉特塔羅牌〔Universal Tarot〕）來對圖像進行字面上的解釋。將你的小阿爾克那數字牌攤開會很有幫助，讓你可以檢視插圖。你的牌組或數字概念可能有些地方不符合這個場景。請隨意重寫故事，讓這個故事適用於你。

現在請想像一下，某天早上起床後，你有股衝動想做點不一樣且令人興奮的事——挑戰體力的一日遊——你將攀登鄰近的山脈！你突然感覺完全清醒，而且準備好出發，這就是王牌卡。

如果是權杖，你會對自己絕妙的想法感到興奮和充滿活力。聖杯可能會讓你滿是對戶外活動的熱愛。寶劍代表堅決面對挑戰。錢幣代表享受新鮮空氣，而且喜歡可以提升肌肉張力的良好鍛鍊。

數字 2 讓你面臨了多種選擇。你要選擇哪座山或哪條路線（權杖）？你應該單獨前往還是和其他人同行（聖杯）？進一步的考量讓你陷入兩難：你真的想這麼做，還是寧願待在家打電動（寶劍）？接著是考慮該帶什麼的實際考量：要帶繩子嗎？有足夠的食物和水嗎？該帶相機還是筆記本？（錢幣）

選擇的路線——無論是人跡罕至的小路還是叢林探

險──都很重要,因為你必須在天黑之前下山。你請朋友將你送到登山口,然後把自己的車開到山的另一頭,因為這樣回程會比較方便。

數字 3 展現的是鼓勵採取行動,從此開始攀升。權杖是樂觀的,隨著前景的展開,你期待即將到來的冒險和此時成功的決定。聖杯讓你沿著小路翩翩起舞,吸收純淨的山間空氣,陶醉在美景中。寶劍可能會讓你必須一邊砍伐叢林一邊前進,結果導致腳趾挫傷,或因跌倒而痛苦不堪。錢幣緩慢而穩定,你停下來拍照,在野生動物指南中查詢花朵,並欣賞大自然的美景。

數字 4 讓你來到長滿青草的高原,準備午休。權杖會帶著你嬉戲,並慶賀自己早上的成就。聖杯讓你靠在樹幹吃東西,直到吃得太飽而無法動彈。寶劍代表崎嶇的道路讓你精疲力盡,所以你躺下並睡著了。錢幣會讓你堅守在舒適的高原上蒐集岩石和植物。

但你必須繼續前進,於是開始爬上通往數字 5 的最後一個陡坡。這需要攀岩技巧,考驗你的能力。在數字 4 的自鳴得意後,出現了精神上的危機。權杖想爭論最佳的攀登方式,你與自己的各個部分進行辯論,但又受到挑戰所激勵。聖杯讓你因不小心灑出的飲用水而嘆息,想知道接下來的旅程是否能帶來任何好處。寶劍讓你等不及要斥責

提供壞主意和錯誤方向的朋友。一部分的你因為每次的碰撞和擦傷而得意洋洋，而一部分的你只想回家。錢幣專注在肉體上，你的腳很痛，而且又很冷，但你還是跋涉前行，尋找路途最簡單明確的向上路標。

6 代表每種花色的高點，即可以達到的最佳狀況。你已經到達了巔峰，你和山已經建立了持久的關係。在權杖牌中，你為自己的成就自豪，期待朋友的讚賞。對聖杯牌來說，當你分享你的回憶，真正的成功就會到來，因此你可以選擇紀念品送給所愛的人。寶劍牌維持思想上的客觀，行程才走了一半，儘管崎嶇的道路已在身後，但你還有很長的路要走。錢幣會衡量消耗的能量與完成所需的能量。他們小心翼翼地分發食物和水，但你不能在這裡磨蹭，因為你必須在天黑之前下山。

數字 6 讓你到達成就的巔峰，數字 7 將進一步考驗你的價值，因為現在你正面臨一項挑戰，它會帶來你所有的不確定性和疑慮。唯有通過令人恐懼的懸崖才能抵達最輕鬆的下山路徑。

權杖讓你面對無數內在的聲音，它告訴你這是不可能的，但這卻讓你更堅定想取得勝利。聖杯透過想像旅程結束時的獎勵來找到勇氣，儘管有迷失在幻想和幻覺中的危險，但你必須先透過想像縮短差距。在寶劍的影響下，你

取出鋼製岩釘，將它們錘入懸崖面，沒有人會知道那些難看的疤痕是你留下的。錢幣仔細考慮情況，檢查地形，尋找可以讓自己放慢速度的立足點。

完成數字 7 才是真正的勝利，但這花費了很多時間。到了數字 8，你應該正在趕回家的斜坡上，但你需要在最後一刻調整路線和方向，甚至可能需要重新評估自己的計畫。權杖是以令人興奮的爆發速度飛過地面，緊急繞過障礙物，並跳過低窪處。聖杯可能會讓你從沉思中醒來，發現黑暗已經降臨，你必須朝未知出發。寶劍讓你遇到更多困難。你似乎已經卡在某個裂縫中，感覺受困且絕望。錢幣以緩慢而重複的速度持續一步步地前進。

9 代表完成，因此你已在天黑之前抵達山腳下 —— 希望如此。權杖讓我們在停車場找到你，你疲憊不堪，但卻自豪地等待有人來接你。聖杯似乎在拐角處找到一個山區度假勝地和餐廳，你開始享用大餐，並為自己的好運沾沾自喜。寶劍需要幾個選項：一、這只是一場惡夢；二、有人發現你受傷，而且已住院治療；三、你沒有被發現，因此陷入絕望的深淵。錢幣帶你以蝸牛般的速度下山，但沒有發生任何事故。現在你在一個美麗的花園裡休息，吃著葡萄，與鳥兒交流，這是美好的一天。

那麼，10 還剩下什麼？ 10 被稱為結局、完成的效果

和結果。經過漫長的一天，權杖被他的朋友們所遺忘，他不得不帶著沿途找到的一堆權杖步行回家。聖杯帶著禮物、紀念品和每個人的歡樂回家。那寶劍呢？好吧，我們只能說寶劍的表現不太好，而且大概不會再去爬那座山了。錢幣將這個故事賣給了出版社，並且可能會被拍成電影，版稅應能使整個家庭受益，並延續至下一代。

練習 7:2

將其中一種花色（你選擇的牌卡，如果適用的話）的所有牌卡攤開。使用數字和花色的關鍵詞，搭配牌卡上圖像的細節，將它們合成為一個故事的情節，並按數字順序連結花色。我們並不強制要求你一定要使用宮廷牌作為故事中的角色。最終你會希望對每種花色都進行同樣的流程。

練習 7:3

寫下你個人版本的大阿爾克那愚人之旅。

練習 7:4

就花色之旅或愚人之旅而言，你選擇的牌卡處於哪個

階段？你的牌卡前後有哪些牌卡？這對於你已經發生過的
經歷和即將要發生的經歷來說代表什麼？

步驟 7 的練習可能會收到的回應

練習 7:1；項目 1

在本練習中，一些可能的牌卡綜合方式包括：

錢幣侍衛——對財務很天真的人。部分自我對物質結果開放（或進
行學習）。帶來來自身體的訊息。展現可靠的技藝。

寶劍八——涉及重新評估態度和信念的情況。策略上的調整。透過
精神上的考驗取得進步。

命運之輪——關於個人事業、計畫或熱情變化的課題。神聖的起因
帶來你一切行動的結果。需要釋放的精神靈性需求，或是必須改變
最初創造的事物。

聖杯王牌——愛、夢想、想像力和養育領域的新開始及巨大潛力。

步驟 8 ｜隱喻

想要改變世界，就要先改變隱喻。

——公共廣播公司比爾·莫耶斯（Bill Moyers）引用
喬瑟夫·坎伯（Joseph Campbell）的話

新手之道

塔羅牌透過象徵和隱喻傳遞訊息——這是解讀的慣用手法。隱喻表達了無法用任何其他方式講述的內容，激起圖片引發想像的無意識思維，並避開批判性的意識思維。作為理解我們經驗的基本機制，隱喻透過喚起情感、感覺和記憶，用極少的言語傳達了牌卡意義的本質。有多少人可以在聽到「受到冷落／被排除在外」這句話時，不會感到一陣顫抖，不會瞬間因孤獨而隱隱作痛，也不會閃現雙手插在外套口袋裡等人來接送或讓你進門的記憶？光是「在外」一詞本身就傳達了一種流放和失落的感受。

此步驟說明如何使用俗語、警句、雙關語、歌詞和諺語中根深蒂固的象徵資訊。例如，你可以將寶劍十的人物描述為「動彈不得」或「背後被刺傷」。這類比喻的言語可以喚醒個人經歷並引發記憶，而這些記憶因人而異，並

隨著環境的不同而變化，但對我們很有幫助。

透過在新的背景中為陳腔濫調和死氣沉沉的隱喻賦予活力，我們將常見的字句轉化為對個人有意義的字句。在步驟 13 中，你將深入了解以符號和原型描繪的文化隱喻等相關資訊。

作為傳遞者的隱喻

隱喻只是用一件事代表另一件事。此外，這不僅僅是一種比較，也代表共同的特性。隱喻作為傳遞的工具，將意義從一個領域轉移至另一個領域，並在這個過程中觸發文化和個人的故事。

隱喻的詞源意思為「延續」，即透過類比將意義從一個領域轉移至另一個領域。也就是說，這讓你能夠使用一組圖像或概念來談論另一組圖像或概念，以便深入了解第一組圖像或概念，就像使用塔羅牌的圖像來談論我們的生活一樣。

如果抽到的是寶劍十，當你的身體根本沒有被刺穿時，你可以說：「我被人從背後捅了一刀。」另一方面，也可以對言語攻擊和身體被刀刺傷所產生的疼痛進行比較。在這兩種情況下，攻擊者都被認為是偷偷摸摸的膽小鬼，因為他或她並沒有採取「正面」行動。此外，這兩種

Five Cups

維多利亞女王塔羅（*Victoria regina tarot*）

經歷都展現出涉及疼痛，並引發類似的生理倖存反應。

在另一個例子中，我們可以說聖杯五中的人物是「為了打翻的牛奶而哭泣」。問卜者被描述為「籠罩在悲傷當中」，有時會被勸告要「重振旗鼓並繼續前進」，因為這一切都已「覆水難收」（牌組顯示溪流和橋梁）。這表示，既然你對過去無能為力，那就嘗試挽救剩下的一切。在考慮是否要走上這「惡水上的大橋」時，請相信「船到橋頭自然直」。另一方面，這個人可能會故意「不受管束」——也就是表現得像脫韁野馬。

進行先前的步驟時你可能已經發現，在使用牌卡時隱喻會自然而然地出現。而好的隱喻可以成為牌卡的絕佳關鍵詞，因為它會激發許多想像的意象。以下是一些對於羅賓伍德塔羅牌的錢幣五的隱喻：

- 受到冷落

- 失魂落魄

- 勞碌不得閒

- 厭世

- 殘破的心靈

- 乞食者別無選擇（人在屋簷下，不得不低頭）

- 即將轉彎（度過難關）

- 尋找庇護所（尋求庇護）

- 來自上方的光

- 機會之窗

- 逆境中的支持

- 一箭之遙（希望／安全／舒適）

- 無論好壞、富裕或貧窮、疾病或健康，直到死亡將我們分開

- 於事無補／無濟於事的安慰（「我請求無濟於事的安慰；而……你拒絕了我。」──莎士比亞）

練習 8:1

一、根據你牌組中的圖像找出一些錢幣五的其他隱

喻。注意：除非牌卡上有水的圖像，否則不適合使用如
「洗手不幹」或「渾水」之類的說法。

二、找出一些與數字 5 和錢幣花色特別相關的詞語，
例如「中年危機」或「信心危機」。請注意，這並不如直
接從圖像中衍生的意象那般有感。

三、上面列表中的哪些詞語不符合你的狀況？請將這
些詞語劃掉。哪些詞語出色地表達你的核心意義？在這些
詞語旁邊標示一顆星星。現在，你已擬定了自己的清單。

法則與訓誡

警句（俗語、格言、勸誡、箴言、諺語、座右銘、雋
語、老生常談、常言）也是隱喻工具，但具有道德、行為
準則和指導原則。由於未必總是正確，而且聽起來說教意
味濃厚，解牌者應該少用。

例如，「如果許願能變出馬來，乞丐就有馬可騎」暗
示許願是徒勞無功的，如果這聽起來像是外在的評斷，那
就沒有幫助。然而，如果是問卜者說出這句話，就可以帶
來重要的見解，可以詢問問卜者這和他或她的狀況有何關
聯？

練習 8:2

一、盡量列出與你選擇的牌卡相關的隱喻和諺語。包括你在描述牌卡時已經使用過的表達方式。

二、盡量用各種方式完成下列陳述：

「我是＿＿＿＿＿（插入你的隱喻之一）」。例如：「我在外面很冷。」或是：「我是騎著許願馬的乞丐。」

「這種情況（或牌卡中的人物）感覺就像＿＿＿＿＿（描述隱喻所暗示的情感或感覺）。」

三、這些隱喻暗示了哪些關於你自己的處境？

行家之道

你現在可以繼續探索這個步驟，或是在嘗試其他的塔羅牌解讀法之後再回來。

情感隱喻

正如步驟 3 所提及的，塔羅牌是情感的隱喻。顏色、臉孔、身體姿勢和環境都喚醒了情感活躍的記憶，完美證明了「你看到什麼就反映了你是誰」這句箴言。

主要用來描述塔羅牌的隱喻是「鏡子」，正如我在

《塔羅之鏡：個人意義的反思》（Tarot Mirrors: Reflections of Personal Meaning）一書中的探討。你所有的看法、描述和隱喻都反映了你現在是誰、擁有的價值觀，以及做出的選擇。與此同時，透過你在當下的反思——透過停下腳步並留意身體中記憶和經歷的事——你有機會重新做出選擇。

喬瑟夫・坎伯說：「想要改變世界，就要先改變隱喻。」也就是說，要改變你的所見，就要改變自己用來看待這世界的隱喻。對許多人來說，這就是塔羅牌解讀者的目的——反思問卜者所說的話，並透過新的隱喻提供替代的可能性。

隱喻的解釋

喬治・雷可夫（George Lakoff）和馬克・詹森（Mark Johnson）在《我們賴以生存的隱喻》（Metaphors We Live By）一書中談論隱喻如何創造我們的生活體驗。隱喻「對於人類的理解而言至關重要，是在我們的生活中創造新意義和新現實的機制」。他們以「所知即所見」為例，用物理上看到的景象來談論知識。當你看到牌卡「內」的內容（意義）與牌卡「上」的內容（字面描述）時，你就會獲得洞察力。

字面上的描述必須經過拆解，才能發現內在隱藏的

特殊意義。為此，你必須盡量探索更多的參考資料。「拆解」本身就是一種隱喻，令人聯想到盒子或手提箱的形象。

塔羅牌被描述為大阿爾克那和小阿爾克那的組合，阿爾克那（Arcana）的詞根為 arc，意思是「盒子」或「容器」。如楊布里科斯（Iamblichus）和帕拉塞爾蘇斯（Paracelsus）等古代神祕學作家，將阿爾克那定義為「神祕的容器」或「神奇的祕密」。塔羅牌解讀者的工作就是小心翼翼地打開奧祕，取出其中隱藏的意義和力量。喬瑟夫・坎伯經常指出，透過隱喻，我們可以跨越原本對我們關閉的界限（並打開容器）。塔羅牌的隱喻如同容器，裡面裝有超越時間和空間的多方面靈性真理。

為他人解讀

隱喻是一種速記形式，用來表達一系列複雜的情感、思想、意象和身體反應，以及個人賦予這些的個人意義。儘管塔羅牌解讀者可以用幾句隱喻來傳達許多訊息，但無法保證問卜者和解讀者都能以相同的方式加以理解。

大多數時候，如果你仔細聆聽問卜者如何描述一張牌，你會發現一些隱喻，你們雙方都可以更深入探索。請對方解釋他或她所說的意思，例如，「你說錢幣五中的人們感到寒冷。請告訴我更多相關訊息」；或是「當我看到這

張牌時，我的腦海中浮現出『無用的安慰』這樣的字句。這對你來說有什麼暗示？」你可能會驚訝，這個人的意思跟你以為的截然不同。

你的開放態度將促使對方相關的記憶和聯想浮現。尋找常見諺語的不尋常用法，因為它們和個人較為相關，而非社會化用語。尤其要注意加重的語氣或情緒。

隱喻很能喚起人們的回憶，但到底喚起的是什麼呢？拆解隱喻的方法：

一、想像你過去從未聽過這樣的表達。思考（或詢問）與該圖像相關的字句意義。

二、說出你確定不是的事，然後要求糾正錯誤的印象。

三、請問卜者從生活中舉例說明。

作為溝通的隱喻

隱喻是塔羅牌解讀中溝通的核心，是傳達經驗或強調經驗某些面向的主要方式。你可以透過他人使用的隱喻來了解他們的經歷。具象的想像成了另一種感官，就像看見或觸摸一樣，產生了涉及思想、情感、記憶和感官等各方面的體驗。隱喻是對彼此講故事時產生移情反應的關鍵。

改變世界

隱喻在一定程度上定義了你認為真實的事物，因為它是透過想像的理性而非一般理性來連結不同類型的體驗。隱喻透過強調這個狀況的某些面向，同時淡化甚至隱藏其他面向來組織經驗。

隱喻概念建構了你體驗事物的方式。例如，你相信「時間就是金錢」嗎？你會花費、節省、規劃、流失和找出時間。就如同金錢，時間是有價值的，不能被「浪費」。正如雷可夫和詹森所述，「新的隱喻有能力創造新的現實」，如果「時間就是魔法」會發生什麼事？如果你可以將時間像一條永無止境的絲巾一樣從帽子中拉出，接著讓它消失，並在你想要的時候讓它回來，那會怎麼樣？將參考的指標延伸至正常的邊界以外，可以讓你從不同的角度來看待事物，並建立新的範疇。可能會浮現一些嶄新的想法，這就是所謂的洞見。

你可以透過改變自己的隱喻來改變你的世界。由於隱喻不受自然法則所約束，你可以使用隱喻來超越目前的理解極限，並憑直覺來感受事物更大的力量。喬瑟夫・坎伯在《你就是那樣》（Thou Art That）中表示，隱喻的功能是「讓我們能夠超越所有定義的範疇，並踏上原本無法成行的旅程」。

注意掌權者如何創造隱喻，並將他們的隱喻強加於他人。廣告商和政客創造隱喻來影響人們的信念，例如「女性」可以投票是過去所無法想像的。當「太陽在大英帝國升起和落下」時，這樣的措詞本身便定義了世界各地的態度並創造了假設。「喝可樂可以萬事如意」是真的嗎？

看看是否符合事實

當你表現得彷彿隱喻是真的時，你就在演繹隱喻。塔羅牌解讀讓你可以看看這些由隱喻包裝的現實是否符合事實。記住，你嘗試的每個隱喻都會強調某些事物，同時淡化和隱藏其他事物。在演繹時，有些事物將受到允許，而有些事物將受到禁止。概念是看看它們如何影響目標、承諾和計畫。

因此，隱喻可以作為未來行動的指引。解讀可以幫助你想像這點，並在某種程度上跟隨推論的路線。你寧願繼續「為打翻的牛奶哭泣」，還是「重振旗鼓並繼續前進」？一旦你從牌卡中看到自己當下的自我意象，就可以思考你想要的改變。

練習 8:3

一、請參考第 112-113 頁關於錢幣五的隱喻列表，思考那些標記的項目如何反映你通常的態度、習慣和文化薰陶。你刪除的隱喻表示與自身目前的思維方式格格不入。

二、挑選一個被刪除的隱喻，嘗試找出它與牌卡的關聯。例如，如果你無法想像這些人物「度過難關」，那你也許就看不到他們的狀況有所改善。試著想像一個「如果……（會怎麼樣？）」的場景，而在這個場景中，他們確實度過了難關。請誇大情況，盡可能使用各種細節，包括顏色、動作和對話，讓它們變得戲劇化，甚至古怪或荒謬。運用你所有的感官。在度過難關後會發生什麼事？

三、用第一人稱現在式複述你的故事。這暗示你做什麼？這將帶你走向何處？你能理解這麼做的原因嗎？

四、這時，思考一下你一直在使用的牌卡。

• 牌卡的哪些隱喻最令你意外和高興？

• 哪些地方讓你覺得新鮮又有趣？

• 哪些地方描述了狀況的改善？

• 哪些挑戰讓你成為更好的人？

- 哪些要求你運用並提升你的技能？

- 哪個要求你做過去從未做過的事？

- 哪些隱喻與你的目標有共同點？

自證預言

透過將隱喻視為現實，它就成了自證預言。事實上，你可以選擇用哪些隱喻來定義自己的經歷。適當的隱喻可以成為過渡的媒介，讓你從不如預期的體驗過渡至較理想的體驗。它將為你（或相關人士）帶來新的意義，它會揭示目標或行動，它會喚起渴望的情緒狀態，你將能在自己的想像中看到它。

牌卡隱喻範例

以下是一些可能與牌卡相關的隱喻範例。大多數圖像都是以萊德偉特史密斯塔羅牌組為基礎。

權杖王牌：贊同、軟硬兼施。

女祭司：隱藏的真理、揭開面紗、接納神聖的女性能量。

權杖六：跟隨領袖、位居高位、大獲成功、盲從。

皇帝：用鐵棒（或拳頭）統治。

權杖二：審視一切的統治者、整個世界在他手中、全球觀點、自己命運的主人。

太陽：曬傷、倦怠、容光煥發、興高采烈、你是我的陽光、這是美好的一天。

聖杯侍衛：關於魚的故事、海裡唯一的魚、為了獲得讚美而捕魚。

聖杯二：愛侶、愛的羽翼、共同連繫、心意相通、答應結婚（誓言忠誠）、異性相吸。

聖杯七：心不在焉、渾然不知、力量和榮耀、隱藏的寶藏。

星星：赤裸裸的真相、幸運星、向星星許願、成為明星、息事寧人。

寶劍騎士：飛快、不顧一切、沒來由的叛逆。

錢幣四：堅持全力以赴、守財奴、嚴格限制。

錢幣二：同時應付多種事務、花言巧語的男子、繁重無聊的重複性工作、一體兩面、乘風破浪、保持平衡。

寶劍二：中立觀望、南轅北轍、猶豫不決。

聖杯國王：沉溺杯中物、漁王。

聖杯四：宿醉（聖杯三的聚會之後）、擁抱樹木。

權杖七：山嶽之王、腳踏兩條船、跨越隔閡。

在這個步驟中，你建立了個人的隱喻詞庫來搭配牌卡，你還學會如何解釋其他人在談論他們的牌卡時所使用的隱喻。

步驟 9 | 提問和快照

我們是失落世界或埋藏城市的挖掘者——心靈的考古學。

——西格蒙德·佛洛伊德（Sigmund Freud）（釋義）

新手之道

在這個步驟中，你將學習如何透過提問和擷取快照來將隱喻轉化為訊息。提問是最快也最可靠的方式，可以判斷解讀真正的重點——如何挖掘其中埋藏的財富。問題還能激發能量、揭露生活的模式，將微不足道的小故事轉化為重大的故事。

同樣的能量還可以創造變化。沒有問題是愚蠢的，有些問題乍聽之下似乎是顯而易見或無關緊要的，然而請相信本能不會出錯，這類的問題通常會揭露寶物——有價值的洞見——所在，而這往往很容易受到忽略。

首先，你將使用收集到的描述、故事和關鍵詞來提問，讓你更深入了解牌卡。意義存在於背景中，問題會引導你找到最容易理解的背景。太陽牌象徵喜悅和快樂，但最有力的問題是：「你的生活中哪裡有喜悅？」你的答案

將顯示太陽在這種情況下運作的地方。

讓自己的問題保持開放性，而且是真正出於好奇心的提問。你需要像對別人一樣好奇自己，反之亦然。你不是在尋找「答案」，而是在尋找更強烈的回應——聽起來真實的回應；激發情感、引發身體和精神反應的回應；喚醒記憶並產生奇蹟的回應。

在與他人一起進行時，無論對方說什麼，都要像對待小巧的珍寶般細心呵護，將一切都信以為真。如果你感覺這個人有所抗拒，那也沒關係。對方可能現在還沒有準備好正視這樣的議題，或是這會在後面的解牌階段中出現。

避免使用是非題，因為它們會干擾想像力，促進分析。大多數時候，你會想要用以下開頭的問題提問：**如何？在哪裡？什麼？誰？你什麼時候……**以上問題促使人在腦海中重新建立場景。「為什麼」之類的問句有時會提示理由，相反地，應關注從情況中記取的教訓。這個流程會透過此步驟的行家之道範例進行說明。

快照

快照就像家庭相簿中的照片，是來自特定時間和地點的記憶圖像，包括當時所有的細節、情緒和感受。快照會顯示情境受到觸發因而得以被看見的地方。牌陣中的其他

牌卡將強化這類的快照或喚醒不同的快照。

你的腦海中總是有快照一閃而過，但大多數時候你甚至沒有注意到。快照的出現是有原因的——以前和當下處境的情緒和感覺之間存在著一種無意識的神經連結。你在選擇男友時所感受到的焦慮，可能與購買第一輛車時的感受相同，而且可能和壓力較相關，而非當時的人或事。

心理快照是難以捉摸的，你可能不太信任它們，而且它們往往顯得微不足道、愚蠢或無關緊要。然而，詞語聯想就是基於這類的記憶圖像，而這些圖像始終會對態度和決定產生影響。你必須對快照保持警覺，並快速按下你的心理快門來捕捉它們。

當你意識到自己剛剛「看到」了一張快照時，請記下至少一個可以回應的具體細節，而且請快速記下。很多生活中的創意都與這些圖像有關，但它們經常被視為瑣碎和不重要而被拋棄。即使只回收其中的一小部分，也可以讓生活變得更有收穫，並幫助你了解真正能觸動你的事。

練習 9:1

一、回顧你對選定牌卡的描述。根據你的描述以及注意到的任何其他細節或反應，至少提出三個開放式問題，

並以書寫方式回答問題。如果你不知道要說什麼，就編故事吧！

回答時，請密切注意腦海中閃過的記憶和場景。給自己充足的停頓時間，在頁邊空白處記下一些能喚起你記憶的詞語。例如，你可以註明：「在巴黎過聖誕——十歲」或「買第一輛車」或「與伊森（Ethan）為了寵物而吵架」。答完問題後，寫下每個快照（記憶圖像），並將它與問題和你的回答相連。提及任何在原本事件中感受到的情緒，以及你在撰寫該事件時出現的情緒。

二、根據你的反應、隱喻和記憶的暗示，你現在生活中最需要關注的是什麼？哪裡蘊含著最強烈的情感？這是你取得最大能量的來源，讓你得以實現你的願望。

行家之道

你現在可以繼續往下探索，或是在嘗試其他的塔羅牌解讀法之後再回來。

開放式問題

我們來看一個開放式問題的例子。假設你抽到寶劍二作為對「我現在的生活中最需要留意的是什麼？」這一題

的回應。在大多數有圖像的牌組中，一名蒙眼的女性背對大海而坐，頭頂上有一輪月亮，她的雙手交叉在胸前，手裡拿著兩把高舉的劍。

問卜者艾蜜莉曾經將這個人物的情感和態度描述為不快樂、強硬和堅決。而她以第一人稱重述的描述為：「我是個蒙眼的女性，背對大海而坐，頭頂上有月亮。我的手臂交叉在胸前，兩隻手各舉著一把劍。我感到不快樂且強硬，但我很堅決。」

身為解讀者，我深受最後一個詞「堅決」所觸動，這似乎是未完成的想法。我問艾蜜莉：「堅決要做什麼？」如果這是你的牌卡，你會怎麼回答？

在你回答了這個問題之後，讓我們繼續探討艾蜜莉的回應。

解讀者：堅決要做什麼？

艾蜜莉：我不知道。

解讀者：沒關係。隨便編點什麼吧。如果你堅決要做一件事，你會選擇什麼？

艾蜜莉：無論如何，我堅決要讓這些寶劍保持直立。

解讀者：如果它們倒了會怎麼樣？

艾蜜莉：我就慘了。

解讀者：請告訴我更多相關訊息。

艾蜜莉：怪物可能會抓到我。那個女人看起來像是穿著睡衣，所以很像是在做惡夢，有東西在追著我。如果我能完全保持靜止，牠就不會看到我。牠會以為我是雕像。

解讀者：你為什麼戴著眼罩？

艾蜜莉：它有助於我保持冷靜。如果我不必看到怪物，我就不會那麼害怕了。

解讀者：在你生活中的哪些領域需要你保持絕對冷靜？

艾蜜莉：我的稅務狀況。我除了固定工作以外，還有在經營一個小事業。這事業每年都會虧損，我有很多免稅額，但我擔心國稅局會查我的帳，並認定我的事業是業餘愛好，而我會失去我的免稅額。我不知道是否該偽造收益或做點什麼。到目前為止，我只是讓我的稅務人員處理。

解讀者：你研究過相關法規嗎？（這個問題探討她是否如蒙眼所暗示的，故意讓自己處於黑暗之中。）

艾蜜莉：我不想知道。我只想讓我的稅務人員處理。但如果沒有免稅額的話，我就買不起攝影用品。

解讀者：真的是這樣嗎？

艾蜜莉：（固執地）我不知道。

艾蜜莉讓情況變得比實際狀況更困難。她沒有意識到自己有哪些選擇。她拒絕了解任何事情（作為保持冷靜的一種方式），以及對國稅局的恐懼，這些都為她創造了一個讓她做惡夢的怪物。

作為解讀者，我不能也不應該嘗試解決艾蜜莉的國稅局問題。我沒有立場說服她去了解這些法規，而且她似乎已經思考過並否決了這部分。艾蜜莉的國稅局問題指出她生活中充斥著一種更深層的模式，她很可能會自我設限，並選擇忽略其他威脅她幸福的「怪物」。

或許這樣的做法曾經很有效，因而成為她對某些困境的習慣性反應。艾蜜莉一部分堅決要繼續這種行為，另一部分則對此不滿。這就是讓她無法動彈的兩把劍嗎？數字2暗示著選擇，而寶劍則與理性思維有關。

然而，蒙眼暗示著艾蜜莉看不到擺脫困境的出路。月亮和水（無意識的情感）在寶劍或風元素牌卡中占主導地位，而頭腦視而不見（蒙住眼睛），而且目的自相矛盾（交叉的寶劍），表示這種情況最好透過她的情感來解決。

我們從這段對話中看到快照的提示。在這個案例中，

有一個惡夢的意象,而這實際上是一個隱喻,告訴我們這種情況對艾蜜莉來說確實是一場惡夢。接著是她把事情交給稅務人員處理的快照(逃避責任?)。

最後,還有她在商店購買攝影用品的快照。當我與艾蜜莉對國稅局的焦慮產生共鳴時,我看到了自己坐著查看納稅紀錄的畫面。或是我可能會發現自己正在想像一個符合這種情感的其他時刻。相關的記憶透過相似的情感相連,就會產生同理心和理解。

如果艾蜜莉熱愛攝影,但她無法證明這筆費用是合理的,那麼可能存在一個潛在的問題,即:「創造力的價格是多少?」我們需要問艾蜜莉更多問題,或查看更多牌卡來確定這點。這時,我們知道「艾蜜莉現在生活中最需要思考的」,就是她接受恐懼和不採取行動,以避免面對不愉快現實的困境。這尤其展現在她與國稅局的狀況。只需幾個問題,我們就能了解議題所在、概括該問題的具體情況、可理解的相關情緒,以及她可以改變的隱喻。

練習 9:2

你還能問艾蜜莉其他什麼問題?她的哪些陳述似乎尚未了結,還有更多內容有待揭露?什麼最讓你感興趣?哪

裡帶有情感意涵？把這些變成你可以問她的問題。將問題集中在牌卡以某種方式確認的細節上，避免捲入偏離塔羅牌圖像的故事。你將在此步驟的最後找到一些可能的回應列表。

進退兩難

塔羅牌解讀中最大的危險之一，就是想要解決問題的誘惑。我確實聽過這樣的塔羅對話：

解讀者：聖杯五中的人接下來應該做什麼？

問卜者：思考失去了什麼。

解讀者：不！是時候停止這麼做了。你必須拿起剩下的兩個杯子並繼續前進。

好吧，問卜者再度了解到他的錯誤是多麼令人失望，他應該多麼羞愧地低下頭（如牌卡上所示）。這位解讀者對問卜者漠不關心，只是尋求快速的解決辦法。倘若哀悼或思考損失才是問卜者的最佳行動方針，那該怎麼辦？這位塔羅牌解讀者否定了這種可能性，因為他或她對這張牌「應該」意味著什麼，以及怎麼樣可以改正「問題」有個普遍的假設。

人們常常以為答案就在牌卡上，而我們解牌就應該指

出這些答案。但這些是誰的答案？而且如果牌卡沒有提供答案，只有帶來問題呢？我的理念是，**任何問題通常都有多種答案，而所有的答案都在尋求答案的人身上。**

　　假設解讀者正在以感應的方式解牌，而身為問卜者的你，靜靜地坐著，對於對方的所知感到敬畏。假設解牌者正確地指出了你的配偶霸道且專橫，那麼當解讀者告訴你要換鎖和離婚時，這不是你應該做的嗎？未必如此，因為這會剝奪人們的權力，因而導致的問題比解決的問題還多。只因塔羅牌解讀者叫你和先生離婚，你就這麼做了，那就只是換一個人對你發號施令而已。

　　一位問卜者說我建議她離婚，她照做了。在一陣錯愕後，我們回顧了解讀內容，而我讓她回想起，當時是她清楚地說：「對我來說，這裡已經什麼也不剩了。婚姻結束了。」牌卡上的一切訊息都支持了這點，沒有任何矛盾訊息。我只是請她傾聽自己的想法。

　　還有一次，一位問卜者說我預言了他會心臟病發作。他來找我時，有預感自己要生病了，而牌卡也反映出這點，我確信值得留意他的直覺。而在那一刻來臨時，他迅速採取行動尋求協助，目前已經完全康復。在這兩個案例中，因為沒有醫療上的禁忌，我大多傾聽並確信他們的擔憂值得認真看待。

　　光是透過回答你的問題，問卜者就會說出情況，提供潛在議題的線索，並提出自己的解決方案。還有什麼比這更強大且巧妙的方法呢？這時，解讀者運用自己對牌卡的認識來確認所說的內容，或指出其他可能性。

　　有時，我在使用自己的技巧時，有人會抱怨是她在解讀，而不是我，或是她「已經知道這件事了」。這時我會問她，她是否意識到這樣的認知對她的決定和達成目標而言至關重要。大多數問卜者都承認，在解讀結束時，他們已經沒有那麼困惑了，而且有清晰的內在方向可作為他們做選擇的基準。

　　身為解讀者，我關注的是資訊如何形成更深層次的模式。當問卜者使用我知道與牌卡相關的關鍵詞或圖像時，我會格外重視這些關鍵詞或圖像。在解讀我自己的牌卡時，我會在自發性的描述和故事以及我對牌卡的理智認知之間游移。

　　塔羅牌的解讀提供了收集資訊、觀點和可能性的機會，而這些資訊、觀點和可能性可能無法透過其他方式取得，或是在沒有認真思考的情況下可能會被忽略。解讀揭示了更大的模式，而具體問題只是其中的一部分。一旦模式和例子變得明確，那麼一個人就可以更容易對模式做出決定：這個模式是否以某種方式為他服務，或是時候改變

模式了嗎？這是賦權解讀的基礎。

賦權問題

詢問牌卡的意義或象徵，通常無法產生個人的特殊意義。這感覺就像需要理性回答的測驗，而這不是你正試圖獲得的答案。

以下是讓你自由探索牌卡的問題，可謹慎地喚起假設或因而觸動的故事。任何時候，你都可以要求問卜者（或你自己）以「我」開頭的陳述重複回答。重複任何帶有力量或看似有意義的內容，盡可能使用問卜者自己的用詞、字句和細節。當你「說著問卜者的語言」時，你就透過進入對方的世界和價值觀來建立和諧的關係。

賦權問題	誘發的素材
牌卡中發生了什麼事？	行動、事件
是什麼讓你這麼想？	具體細節
這是什麼樣的人？	顯示陰影議題和投射的意見及態度
這個人物想要什麼？	需求、目標和渴望
如果你確實知道，那又如何？ 「就編個故事吧。」 「如果這是童話故事，那又怎樣呢？」	意外的洞見（這傳遞了必須「正確」的需求）
他要去哪裡？	對未來事件的期望

賦權問題	誘發的素材
人物接下來會做什麼？	可能的行動
人物應該做什麼？	文化或道德判斷和期望
她手裡拿著什麼？	可能的工具或能力
他在看什麼？	焦點或意圖
目標在做什麼？ 這是用來做什麼的？	可能的行動或意圖；功能
她與牌卡中的 [特定人或事物] 有什麼關係？	參與活動和建立連繫
他會用……做什麼（或能做什麼）？	可能性
牌卡上的人物感覺如何……？	情感
他對＿＿＿＿感覺如何？（悲傷／快樂／遺憾 —— 使用問卜者自己的話）	對情感的刺激
這個環境的基調或氛圍是什麼？	投射的情感
你在這張牌中的什麼位置？	自我感知（在描述人物後提問）
你哪裡表現得像這位人物？	持續的行為
現在這件事正發生在你生活中的什麼領域？	相關性和特定背景
這怎麼會是真的？	評估感知
人物是如何陷入這種局面的？	背景故事和動機
最近一次發生這樣的事是什麼時候？	相關的歷程

賦權問題	誘發的素材
你如何能看到這發生在不久的未來？	預期的未來
這是真的嗎？你能完全確定嗎？	有別於意見或假設的事實
這種情況對你有什麼幫助？ 你能從中得到什麼？	好處與價值
它為什麼_____（好／壞／可怕）？ 是什麼讓它_____？	評估和假設
_____（母親／老闆／聚會）能怎麼樣呢？	闡明；快照
如果她不是_____，那她是什麼？	負面事物的光明面
你剛才所說的真相在哪裡？	無意識的智慧（詢問問卜者何時會使用俏皮話、笑話和題外話作為轉移話題的手段）

反常和盲點

反常是指偏離常態、需要特別注意的事物。例如，如果問卜者說聖杯二中的人物被分開（而不是靠在一起），請務必詢問他為何會有這種印象。你可以說：「通常，聖杯二和關係的親密有關，但我明白你的意思是降下的權杖將他們分開。他們（牌卡上的人物）有意識到這點嗎？他們對此有何感想？這發生在你生活中的什麼領域？」

你可以將問卜者的看法與較一般的看法進行對比，但強調他所看到的智慧。有時問卜者會完全忽略一些非常明顯的事物，例如客廳裡的大象。這樣的疏漏可能有特殊意義，請簡單而直接地指出來。例如：「你完全沒有提到他們手中的杯子。我覺得這滿奇怪的，請和我談談它們。」當你在為自己解讀時，請問自己忽略了什麼。

將關鍵詞和意義轉化為問題

你可以使用自己的詮釋和關鍵詞來形成問題，但要給問卜者許多接受或拒絕的機會。例如：

「有些人認為權杖騎士充滿熱情。在你看來，這是他的展現嗎？你喜愛這種特質，還是覺得這令人難以承受？」

或是，「魔術師的一個關鍵詞是溝通，這對你來說有意義嗎？他似乎在說些什麼？」

或是，「對我來說，這和_____有關。你的回應是什麼？」

在為你自己解讀時，請以這種方式使用書中的詮釋。嘗試將它們變成問題，然後自問。我們將在下個步驟中深入探討這個部分。

對比

有時，你可以使用直接對立或對比來引出問卜者難以表達的內容。例如，當人們難以為情緒命名時，可試著詢問他們是否為相反的情緒：「寶劍二上的人物是否快樂且放鬆？不是？那她有什麼樣的感受？」這還有一個好處，就是讓問卜者是對的，而你是錯的。

在此使用的是尼格爾‧傑克遜（Nigel Jackson）的中世紀魔法塔羅牌（Medieval Enchantment tarot）中的錢幣六，以下提供幾種對比用法。

解讀者：這張牌上的人是獨自一人嗎？

Medieval enchantment

問卜者：不，有鳥兒聚集在他身旁，好像在尋求施捨。

解讀者：你在生活中的哪些地方尋求施捨？

或是──

解讀者：天氣溫暖嗎？

問卜者：沒有很溫暖。地上有雪，但天空看起來明亮且歡快，就像絕望中的希望。

解讀者：你的生活中有哪些令人絕望的地方？

問卜者：我的婚姻現在讓我感到絕望。

解讀者：你說這張牌在絕望中展現了希望。在你的處境中哪裡還有希望？

練習 9:3

一、使用從第 136 頁開始的賦權問題圖表，詢問自己關於你選定的牌卡，或任何你想探索的其他牌卡。

二、列出幾件你的牌卡上沒有發生的事。將這些變成是非題。在回答時，請用細節來改正這些「錯誤的」印象。

步驟 9 的練習可能會收到的回應

練習 9:2（參考第 128 頁的寶劍二圖像描述文字）

以下是根據寶劍二所提出的範例問題，以及解讀者／問卜者的對話：

- 你對身後的大海感覺如何？（這有別於詢問：「你有意識到身後的大海嗎？」）

- 你的雙臂為何要交叉在胸前？（不要假定這意味著自我保護。）

- 你正在用這些劍做什麼？它們有何用途？

- 是什麼讓你認為這個人物不快樂？

- 你在對抗誰？

- 「無論如何」都要高舉寶劍，將為你帶來什麼樣的好處？

- 你會失去什麼？

- 如果有東西在追著你，變成雕像如何能拯救你？

- 牌卡上的人物確實看起來壓力沉重，還有什麼正讓你感覺壓力沉重？（雙關語可能尤其重要。）

- 注意蒙眼的部分，你不想看到或知道什麼？

步驟 10 ｜意義

所有的意義都存在於個體之中，而對於每個個體來說，這個意義
被視為是獨一無二的。

——喬瑟夫·坎伯，《你就是那樣》（Thou Art That）

新手之道

這個步驟說明如何使用書中的牌義詮釋。翻閱塔羅書
查詢解釋並不是作弊，即使是在為他人解牌時也是如此。
你反而會獲得更廣闊的視野、擴展知識，並對自己的洞見
制衡。

這個步驟也會說明如何審視微妙的身體反應，甚至使
用強化工具（例如靈擺）來辨識何時可以應用某種意義。
此外也探討了世界觀和價值體系如何隱藏在書本的解說、
詮釋中，並建議你評估這特定的方法是否適用於你。

書籍中的牌義解說有用嗎？有用，而且它們本身就很
迷人。我難以自拔地收集著各種書本上的解說，而我發現
解說會隨著時代變遷而演化，這很有趣。

當塔羅牌最早在文藝復興時期問世時，教宗牌（現稱

5。The Hierophant

維多利亞女王塔羅（*Victoria regina tarot*）

為教皇牌）的其中一個意義是他站在「人類階級」或社會階層的頂端。十八世紀，教宗或教皇牌的占卜意義之一是婚姻，這可能源自於更古老的畢達哥拉斯學派中數字「5」與婚姻的關聯。到了十九世紀中葉，這張牌象徵著神祕的靈感和宗教。

對偉特（1910 年）來說，教皇牌代表著囚禁和奴役，而對於奧士華‧沃斯（Oswald Wirth，1927 年）來說，他是快樂且充滿魅力的。在 1960 和 1970 年代，這張牌引發了對權威以及「應該」和「應當」（當權派武斷的道德權力）象徵的空洞價值觀的質疑。

新時代將他詮釋為大師，異教徒詮釋為薩滿，而女權主義者則將他詮釋為父權制度的弊病。對某些人來說，這張牌已經被世俗化為一般的教學、學習、諮詢和機構——文化適應模式。

總之，你可以看到世代趨勢和特殊利益如何影響整體主題，而神性與人性之間的連結，又如何激勵我們達到社

會與個人的最佳道德（但往往適得其反）。

弦外之音

在這麼多種牌義中，你如何知道哪種意義將與特定情況相關？建議的判斷方法是：你必須結合理性與直覺。以下是一些身心或直覺提供的弦外之音：

- 你的興趣提升、注意力更敏銳、變得更專注

- 你的身體會有所反應（呼吸加快或屏住氣息、手指移動、眨眼、挑眉、聳肩、用腳打拍子等）

- 你感受到一些微妙的感覺（溫暖、沉重、明亮、鈴聲、嗡嗡聲、磁力）

- 生活中的記憶快照出現在你的腦海中（或你的眼睛朝左上方游移）

- 「浮現」的詞或短語

- 你將某個詞重讀了好幾遍

- 你發現自己在說「沒錯」或點頭

- 你發現自己堅決說「不」（這也可能表示你在阻擋某些不想考慮的事）

- 文字內容直指議題或你所述的內容

經過一些練習，你就會知道哪個比較適合自己。（身為塔羅牌解讀者，在審視意義時，請觀察自己和問卜者是否出現這些跡象）

練習 10:1

一、找一本提供多種牌義解說的書，或幾本牌義列表較短的書來查詢自己選擇的牌，包括你的牌組隨附的書或小冊子（相關建議請參閱〈參考書目〉）。

二、重新思考你的問題，不論是像「接受這份工作機會會帶來什麼？」一樣具體的問題，還是如「我需要留意什麼？」等簡單的問題。先深呼吸幾次，然後對自己說出你的問題。接著仔細查看可能的解說，視需求重複問題。留意弦外之音。

三、列出你突然想到的所有意義，用一、兩句話總結它們帶來的訊息。這與你先前的詮釋相較之下如何？

四、如果你願意，請記下自己在先前步驟中探索的意義與書中解說的異同處。寫下一句話，概括這些異同處。

五、過一段時間後，重新思考這次的解牌。事後看來，哪些牌義最準確，哪些提供了最出色的洞見？

將牌義化為問題

在上個步驟中，你已經學會提問的藝術，你可以將任何的牌義轉化為關於你生活事件的問題。例如在某本書中，「倒吊人」的意思是「煩惱」，所以你可能會自問：「我有什麼煩惱嗎？」或「我對什麼感到困擾？」

練習 10:2

使用先前練習的解說，將每個問題轉化為問題，然後回答。

行家之道

你現在可以繼續往下探索，或是在嘗試其他的塔羅牌解讀法之後再回來。

塔羅牌牌義的演變

塔羅牌最早的意義是由簡短的關鍵詞所組成：談判、財富、文件、大膽、魯莽、警覺、孤立。有時，它們包含簡單的評價：美滿的婚姻、幸福的結局、麻煩的處境、令人敬佩的女人、樂於助人的男人。後來，特定的符號被視為在其特殊意義上添加了細節和細微差別。

當與大阿爾克那有關時，古典神話和宗教故事說明了有條件的結果──如果你有赫爾墨斯的表現，那你就可以期待某種結果。或是如果驕傲讓你像巴別塔（Tower of Babel）的建造者一樣自視過高，那麼命運就會帶來突然的衰敗。

後來，在小阿爾克那中添加生動的場景時，也發展出額外的故事情節和教導。今日的詮釋有多種傾向：描述、預測、評價（好／壞）、規定（該做什麼）、禁止（不該做什麼）、條件（如果⋯⋯那麼⋯⋯）或說教（指導）。

具哲學思考的世界觀是塔羅牌及其書籍所支持原則與信仰的基礎，它們的建議自然與這種觀點一致。每種世界觀都提供了如何看待解讀的架構，並暗示了行動指南。如果你同意或欣賞這樣的世界觀，而且作者是明智且令人容易理解的，那麼該作品便可提供有意義的指導。

如果你發覺自己處於防禦或敵對狀態，那就請退後一步檢查假設。這些假設是否符合你在這世界的體驗，它們對你來說有意義嗎？它們的內在是否保持一致？例如，保羅‧福斯特‧凱斯（Paul Foster Case）的《塔羅牌：開啟時代智慧的鑰匙》（The Tarot: A Key to the Wisdom of the Ages）一書被視為是關於西方神祕學傳統的「永恆智慧」、「歷久不衰的哲學」或「祕密教義」的開創性著作。

這本書倡導的是著重透過多種價值的象徵，來傳達自我實現與賦權的世界觀，但其他人偏好可事先安排和可預測的世界，牌卡的意義要明確，而且在實際上正確無誤。

在使用任何新的牌組時，請搭配隨附書籍或小冊子中的解說進行解讀。這可以擴展你對牌卡的個人理解。此外，它也訴說了牌卡設計者的世界觀，以及這樣的世界觀是否與你自己的世界觀相容。

有時某個牌組可用，但隨附的書卻不可用。我認為奧修禪卡（Osho Zen Tarot）非常耐人尋味，然而它的書籍卻以人類不可企及的標準令我反感。至於托特塔羅牌，因其意義晦澀難懂，或對阿萊斯特·克勞利據說邪惡、古怪的舉止而有所排斥的解讀者，可以使用安琪拉·亞立恩（Angeles Arrien）的《塔羅手冊》（Tarot Handbook），該手冊為這副牌組提供了現代心理學和跨文化的解讀法。

請選擇對你來說有意義的牌組和塔羅書，但偶爾可做不一樣的嘗試來擴展自己的可能性。參考書籍的解釋也會讓你知道是否遺漏了某些內容，或是過於樂觀或消極。

牌義的類別

有些塔羅牌書籍提供從各種命名來源中挑選出來的意義，有些則從未確認的來源綜合了各種意義，也有一些則

提出了僅針對某副牌組的獨特系統。

塔羅書籍的牌義一般分為以下幾類：

傳統牌義：艾特拉（Etteilla）發表了最早的塔羅牌意義，儘管很少受到承認，但他仍具有顯著的影響力。聖杯八是一名金髮女孩，而錢幣八是一名黑髮女孩。權杖八是娛樂，而逆位代表爭吵。聖杯六已經成為過去，它的逆位代表未來，而錢幣六是現在。錢幣五在感情關係中是行為得體，逆位則是不規矩。錢幣七是金錢和淨化（如沒有雜質的黃金），逆位是恐懼和焦慮。

體系為主：如步驟 5 和 6 所述，體系通常源自於數字再加上花色和元素，儘管還有各式各樣其他的體系。例如，在黃金黎明協會的體系中，五角星或錢幣七在占星學上與土象的固定星座第三個區間（20 度至 30 度）有關，也就是土星金牛，這涉及世界牌（土星）和教皇牌（金牛座）牌。

在卡巴拉的生命之樹上，它位於物質界（Assiah）的第七個質點 Netzach（由金星主宰）。根據上述內容，他們得出這樣的結論：「超自然力量摧毀了物質界的希望。」

文化相關（也稱為後現代主義）：這些意義可能涉及電腦、航空旅行、女權主義或異教。該類別也包括文化主

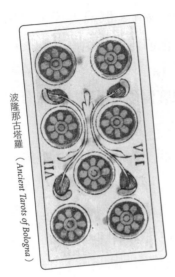

波隆那古塔羅（Ancient Tarots of Bologna）

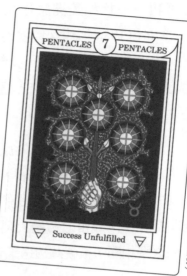

黃金黎明儀式塔羅（Golden Dawn Ritual Tarot）

維多利亞女王塔羅（Victoria Regina Tarot）

題牌組——比如美洲原住民、中國人、挪威人等。在代表 1970 和 1980 年代女性靈性文化價值觀的和平之母塔羅（Motherpeace Tarot）中，圓盤七顯示一名孕婦在南瓜園裡耐心等待南瓜和胎兒成熟。這張牌傳達的訊息是「要有耐心；等待事物誕生」。

原型／心理：皇帝成為原型的父親，隱士是原型的年長智者。牌卡的順序代表個人化的過程，這個過程以人道主義為主題，並試圖了解我們作為個體和物種的自己（參見步驟 19）。錢幣七透過大阿爾克那七號牌的戰車而與戰士的原型相關，被視為透過感覺運作的熟練度考驗。

個人：這些是對個人、對你來說所特有的意義。對某人來說，錢幣七代表對工作感到厭倦；對另一個人來說，這意味著對自己的勞動成果感到滿意。本書的大部分內容都是和尋找個人意義有關。

歷史起源：這是相對較新的發展，涉及對中世紀和文藝復興時期藝術和思想的研究，而這些藝術和思想與十五世紀義大利第一副塔羅牌上出現的圖像有關。目標是為同時代的人們在使用這些牌卡占卜時，提供可能會用到的意義。這些意義後來可應用至今日的解讀，因為是最「真實」的意義。例如，倒吊人被詳細記載為義大利對叛徒的標準描述，愚人展現了傻瓜或被稱為「愚蠢」的惡習；錢

幣七可能暗示努力工作會帶來財務上的成功，但很容易陷入惡習。無論如何，目前還沒有明確的證據顯示塔羅牌在十八世紀下半葉以前用於占卜的範圍。

更深層的意義

意義是塔羅牌解讀的本質。字典和書本上提供的解說很有幫助，但從個人的經歷中產生的意義會顯得完整和真實。個人意義可以釐清你的處境，並為你的行動提供指引，因為它是根據你個人關於「……是什麼」和事情發展方向的故事。故事是基於你的目標和意圖所投射的信念、意見來建構你的經驗。

牌卡意義是透過故事和藝術中的情感隱喻來表達，當你在描述一張牌時，這些隱喻就會變得與個人相關；也是透過感官所感知到的模式，而這些模式形成可望滿足意圖的連結。如同人類的經驗，意義總是富有多種層次。你永遠不會到達所有可能性的盡頭，永遠也無法完全理解所有的意義。因此，意義考驗你超越過去技能和知識的能力。

塔羅牌的解讀至少有部分是以這樣的假設為基礎：牌卡意義將使你能夠預測和控制未來，進而提升你的能力並為你提供保護。在某種程度上，意義可能會有這樣的作用，但只是暫時的。如果不看清情況的本質，這種情況將

會以相同或不同的形式捲土重來。最終，解讀提供了有意識地參與事件的能力。

　　另一種選擇，也就是轉身離開，只會造成更多的問題並帶來更多的痛苦。解讀可以成為心靈的使者，幫助你對任何令你恐懼或不安的事做出反應。它有助於了解你如何從這種經歷中退縮並試圖逃避。這種逃避是導致成癮和習慣的基礎，原本是為了保護你而生，但後來卻成了限制，讓真實自我的自發性停止運作。塔羅牌提供了一種健康的方式來開啟你的內在之眼，讓你看清自己的真實感受，並在富有同理心的指引下進入未知的領域。

　　但你無法靠他人抵達那裡。塔羅牌書籍可以激發思想，解讀者可以提供指引，但真正的牌卡意義只能在你自己的內心和靈魂中領悟。你必須從自己的內在尋找。

　　意義涉及參與體驗本身，以及與他人的連結。身為解牌者，當問卜者找到自己的意義時，你可以積極地輔助對方，當你聽到清晰的想法時予以肯定，並支持他選擇實現值得的目標。在與他人一同解讀時，你便有機會成為靈魂的助產士。

詮釋學：牌卡意義的層次

　　生活中的一切都可以用多種層次來看待。這些層次的

交互作用最終導致我們深入意識到，所有的存在於根本上
都是一體的。從最基本的角度來看，我們可以認為每張牌
卡都具備垂直和水平的層面，這可由等臂十字架來象徵，
雙臂交會處就是垂直的靈性線與文化和社群的水平物質面
相交處。

十九世紀法國神祕塔羅牌評論家保羅・克里斯蒂安
（Paul Christian）將他的大阿爾克那詮釋歸納為：物質、
理智和神聖這三個層次或「世界」。伊斯蘭教的蘇菲派
（Sufi）傳統將教義故事分為七個層次。一個禪宗公案
（Zen koan）可能有十幾個層次。事實上，你可以從每張
大阿爾克那牌的角度來審視任何概念，進而產生二十二個
層次的意義。

詮釋學的原理（來自神使赫爾墨斯）假定在文本、圖
像和存在的整體中隱藏著意義，並將它們分為西方分析中
最常見的四個層次。適用於塔羅牌的基本詮釋學層次為：

字面上：這是日常事實的物質和感官維度。事物就是
它原本的樣子。有時你會完全按照牌卡上的顯示行動，例
如錢幣六，你可能會給予或接受金錢，就是這麼簡單。你
透過感官進行感知，任務是覺察正在發生的事，而不做出
任何假設。

寓言：在寓言層次，一切事物都依據推斷的相似性來代表或象徵其他事物，透過比較和對比、尋找和找到關聯將事物相連。關係可用等義的術語來描述，諸如類似、一樣、等於、表示、意指、代表和顯示。例如，杯子像子宮或乳房一樣可容納液體和營養（基於形狀和功能的相似性）。

在寓言的層次，鏡像發生在內在與外在、上方與下方、心靈與事件、事物與它所代表的事物之間。在塔羅牌中，這就是我們理解的符號對文化與個人來說一致認同的意義，儘管這些認同可能是出於無意識的。大阿爾克那最初奠基於簡單的寓言，例如拿著寶劍和秤的女性就代表正義；緊抓著轉輪的人，預示著命運會發生變化。數字、花色、符號和牌卡本身的基本意義都是寓言式的。

道德：道德或倫理意圖是關於兩個極端之間的抽象評價：善／惡、快樂／痛苦、有價值／無價值、公正／不公正、對／錯、真／假、應該／不應該（更多範例請參考步驟 8 的法則訓誡段落）。你從他人身上學到這些道德準則，因此這些準則是透過與家庭和社群的互動，而在各個主體之間所形成的準則。解讀中，所有的「建議」和期望都是以這樣的理解程度為基準。

在解讀中可以提出一個問題：「規則和標準從何而

來？」身為解讀者，你能將自己的道德觀點視為理所當然，甚至強加在別人身上嗎？不是該讓每個人根據自己的價值觀做出選擇嗎？牌陣中專門用於尋求建議的位置，通常以價值導向的語言表達（做／不做；利／弊）。問題也經常用這些術語來表達。（我應該還是不應該？是否合適？是否符合我的最大利益？）

神祕解釋或靈性：這個層次要求你超越細節、突破限制，並探索上帝或你的較高目的。我是誰？我為何會誕生？我的人生目的是什麼？在此，你可以詢問「這次經歷中的最大課題是什麼？」來尋找事情發生的原因。這假設一切事物的背後都有更高深的原因。

這是形上學的層次，它涉及生命、死亡、創造力、變化、終極真理等重大議題。它超越道德層次的評價，處理的未必總是能以言語形容的期望。最終這是對理想或合一的渴望，對被稱為「原型」的潛在體驗的渴望，它們是生活的驅動力。除了透過神話和隱喻之外，這些心理靈性現實是難以描述的。例如對佛陀來說，核心問題是「受苦的意義是什麼」，祂所有的教義都在試圖回答這個問題。所有創世神話的背後都隱含著「我們從何而來」這個問題。喬瑟夫‧坎伯將寓言和靈性的層次分開，作為「約翰像鹿一樣奔跑」（明喻）和「約翰是一頭鹿」（隱喻）之間的區

別。這個層次超越了事實，指向了更深層的真理。這需要不顧一切的信念，就像愚人一樣。

練習 10:3

一、舉例說明以下兩張牌分別在四種層次：物質、寓言、道德、靈性上的意義。請隨意使用書中提供的意義。可能的回答將分享在此步驟的最後。

- 權杖五

- 皇帝

二、舉例說明你選定牌卡的四種層次意義。

強化身體覺察

為了協助獲取潛意識的資訊，可考慮使用低科技形式的生物回饋來強化身心的細微覺察，這類技術可提升低於你一般覺察程度的生理反應。

其中一項技術會使用靈擺。在進行實驗時，可將一個有重量的小物（如戒指或吊飾）掛在繩子或項鍊上。用手指拿著繩子，手指位於重物上方約八至十三公分處，讓物品可以自由擺動。然後，大聲讀出牌卡的一些意義，並注

意靈擺的擺動模式何時發生變化。

你可以詢問一些已經知道答案的明顯問題，來確定「是」和「否」的具體擺動方式。例如：「我住在加州嗎？」（是）和「我開捷豹嗎？」（否）。如果靈擺適用於你，應該能找到可用於是非題的獨特擺動方式。

你也可以嘗試肌肉測試。如果過去從未嘗試過，最好找人合作，方法如下。將手臂朝側邊伸直，大約與肩同高（與身體垂直）。你的夥伴大聲讀出牌義，並在讀完每個項目後嘗試將你的手臂向下推，而你則努力維持同樣程度的穩定肌肉阻力。

當你的手臂在強烈抵抗時，這對你來說是正向的意義。手臂無力代表負面反應。如果你在操作上有困難，可試著手握一些白糖，問問它是否對你有好處。這應該會產生明確的反應（在你熟悉肌肉測試後，有些方法可以獨自進行）。

練習 10:4

嘗試使用「本月之書」方法來了解和解讀你的牌卡。每個月使用一本不同的塔羅牌書籍（或比較兩本書），並且還可選擇使用不同的牌組進行每日的單牌解讀。從本書

中選擇幾個步驟來探索牌卡，然後在本月之書中查詢你的牌；寫下你突然想到的意義，概括它們的訊息。隔天記下任何可能與該牌卡有關的事。

嘗試使用靈擺或肌肉測試來協助你進行每日解讀的任何部分（即選擇書籍、牌組、步驟、意義等）。

步驟 10 的練習可能會收到的回應

練習 10:3

隨著每個解讀層次變得越抽象，它也變得越個人化，而且將反映你的個人價值體系和世界觀。

權杖五——詮釋學的考量

字面意義：打鬥或競爭。五個人用棍子互相毆打。工人們在施工過程中遭遇困難。

寓言：數字 5 代表危機，權杖代表火元素和冒險精神。緊張局勢達到爆發點。鬥爭產生分歧。與內在自我交戰。

道德：衝突是不好的。他們應該解決分歧。或是如果你想成功，就必須願意為之奮戰。

靈性：靈性受到挑戰或考驗。在以滿腔的熱情試圖創造或實現某事時遭遇反對、挑戰或考驗，就會陷入危機。

皇帝——詮釋學的考量

字面意義：一名成熟男性坐在王座上，手握權杖。老闆、父親、所有者或領導者。

寓言：內在的權威男性。制定規則、設定界限，以及在世界上保持果敢自信。發起和開拓新事物。陽剛的活動，就像繁殖春季的牡羊座太陽一樣。

道德：道德的力量。神聖的權利。法律和秩序。父親最清楚。責任和自我控制（負責和控制是「好的」）。

靈性：宇宙的偉大建築師。神話中的太陽神國王，是偉大的施肥者和大地的恩賜者。主宰自己的力量。

步驟 11 | 範圍

人生的重點不在於拿了一手好牌，而是如何打好手中的牌。

——喬什‧比林斯（Josh Billings）

新手之道

步驟 11 探討了牌卡從最正面到最負面的所有意義，這包括牌卡可能呈現的所有相關特質、概念、活動和價值，並顯示了可能的變化程度。在將範圍視為一種光譜時，便強調了牌卡的能量。你將探索用兩種不同的方法來對牌義的完整範圍更有概念，並學習如何在範圍內從一種意義轉移到另一種意義。接著，任務就變成學習以下內容：

- 範圍到哪裡？

- 你位於範圍內的哪個位置？

- 你希望自己位於範圍內的哪個位置？

- 如何在範圍內從一種意義轉移到另一種意義？

- 最重要的是，如何自由轉換，並學習任何特定牌卡的各種意義。

極端

　　基本上，範圍暗示了從對立端的一端到另一端的全程。我通常會依據是否符合某人的目標來描述極端情況。這兩個極端可以化為以下的任何概念：

正	負
正面	反面
有幫助	有問題
好	壞
贊成	反對
援助	阻礙
理想	不理想
最佳	最糟
得	失
成功	失敗
安全	危險
有效	無效
有用	沒用

成熟	不成熟
發展	停滯
有益健康	有害
有利	不利
愉悅	痛苦
寶貴	無價值

　　出於我們在這裡的目的，我將使用術語「正面」或「有幫助」作為一個極端，使用「負面」或「有問題」作為另一個極端。它們標明了一系列的範圍，從最能促進成功和幸福的事物，到最困難或阻礙你的事物。

　　例如，太陽牌最正面的意義包括成功、啟蒙和喜悅；負面的一端則是極端的自私、曬傷和倦怠。以寶劍三為例，主要的負面狀況是悲傷、情感上的痛苦和破裂的關係，而正面的意義可能包括釋放淚水、創意表達和深刻的洞見。

練習 11:1

　　列出以下牌卡的一些正面和負面狀況（可以在這個步

驟的最後找到可能的答案）：

一、錢幣九

二、寶劍侍衛

三、戰車

正負表

想像你有一個正負表，可依據該表排列單張牌卡的所有含義。可探索你目前在這個範圍內發揮什麼樣的作用。

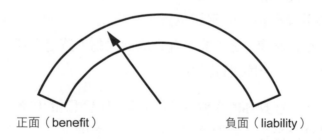

正面（benefit）　　　　　　負面（liability）

練習 11:2

一、將手臂舉在前方，與身體垂直。曲起手肘，使前臂和手朝向上方，可以從右向左以弧線自由擺動，就像儀表上的指針一樣。決定哪一邊代表你選定牌卡的正面端，

哪一邊代表負面端。請大聲說出來。例如,如果這張牌是塔,請將你的手擺至弧線最正面的一端(假設是右邊),接著可說例如「從突破到啟蒙」之類的話。將手擺至弧線負面的一端(假設是左邊),然後可以說「突然的、一觸即發的危險」。使用與自己所處情況相關的最佳和最糟狀況的範例。

二、來回移動你的手和前臂,直到你「感覺」自己正隨著那條弧線(在利與弊之間)擺動。不要分析。此時,讓手臂自然靜止即可。現在,想像一下這張牌從最好到最壞的所有可能意義都在這條弧線上。什麼樣的牌義會落在你的手現在指出的確切位置上?說出這張牌的意義。例如,對於塔牌,你可能會直覺地描述為「感覺不穩定,情況超出我所能控制的範圍」。

三、移動你的手臂,直到到達自己想要的位置。什麼意義符合光譜的這個位置?在我們的塔牌範例中,這可能是指「在我被解僱之前就大膽離職」。什麼可以讓你從目前的意義轉移至喜歡的意義?你需要與牌卡的哪些方面保持一致?牌卡上的圖像對你有幫助嗎?你會如何使用?

行家之道

你現在可以繼續往下探索，或是在嘗試其他的塔羅牌解讀法之後再回來。

探索不利狀況

有時，處理一張牌卡的負面意義可能會令人望之生畏，但與其逃避，不如嘗試考慮最壞的情況來加以應對（至少在你的腦海裡）。你可能會發現事情並沒有想像的那麼糟糕。有時就讓塔爆炸的感覺很好！我第一次故意把盤子砸在地上，既令人不安又令人興奮。我已經很多年不需要這麼做了，但我不再害怕這麼做了。

羅洛・梅（Rollo May）在《人的自我尋求》（Man's Search for Himself）一書中提到「矛盾意向法」，這是一種克服神經衰弱和恐懼症的技巧，可透過增加恐懼來釋放對恐懼的預感。有時，我們想要也需要感受我們的痛苦。有句古老的格言說：人類眼中的悲劇，卻是神靈眼中精彩的戲劇。而卡爾・榮格的解釋是：「除非我們接受，否則我們無法改變任何事情。譴責不會帶來釋放，而是造成壓迫。」榮格還提到所謂的物極必反，意思是看似截然相反的極端在翻轉後立場對調的傾向，就像從壞到好的精神狀況反轉一樣。我曾在本章之後的範例解讀中體驗到這點，

當時原本看似是在設法完成難以實現的幻象，後來卻帶來全然不同的效果：幸福的滿足。

練習 11:3

思考你選定牌卡的負面意義。最糟的情況會怎麼樣？你如何能有意識地體驗它，並盡可能地體驗它？要知道，那並非必然的結果。

意義就像阿米巴原蟲

這是個有用的比喻，可以說明一張牌各種可能的意義，尤其是當多張牌相互影響時。想像一下活生生且靈敏的阿米巴原蟲，這個詞源自希臘語的 ameibein，意思是「改變」。將一張牌涵蓋的各種意義想像成這隻阿米巴原蟲。阿米巴原蟲是一團立體的原生質，具有一個或多個細胞核（主要的主題），但沒有明確的形狀，外面包覆著一層彈性膜。

在你抽牌時，阿米巴原蟲內的某些意義會被引動，而其他意義則會被忽略。此外，可能很容易融入個人化的意義。當你對這張牌了解得越多，阿米巴原蟲就會擴大並將它們納入其中。如果你強調某些面向，它的形狀就會改變

來反映這點。

假設你已經確定牌卡中具有個人特殊意義的五大主要領域。這些已標記在下圖（將它想像成立體而非平面）：

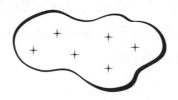

在同時使用多張牌卡，例如使用牌陣時，就會發生一些非常有意思的事。儘管每張牌都會根據問題及在牌陣中的位置而有自己引動的意義，但相關牌卡將透過相似的特徵而相互吸引，進而重疊。可以說，它們的引動點之間互相產生共鳴。

假設有三張牌，你最終可能會獲得如下的結果：

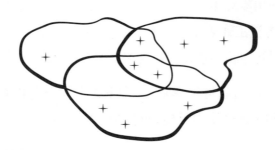

這三張牌重疊以共享兩種引動的意義，而且其中兩張牌共享一個額外的引動區域。這就是解讀所追求的：互相產生共鳴或引動的意義。在後面的步驟中，我們將探討所謂的「尊貴」（dignities），這是根據特定原則來判斷這類共鳴的正式方法。上方的圖是以直觀方式來體驗活生生發生的事。你也能將阿米巴原蟲延伸至正負表中，看看引動點是落在表上的哪個位置。

三牌解讀

練習 11:4 之後是三牌解讀的深入範例。你可以先閱讀範例或立即練習。

練習 11:4

洗牌，將牌卡攤成扇形，然後抽出兩張牌，同時詢問：「什麼能協助我理解選定的牌卡對自己來說意味著什麼？」使用步驟 1 到 10，快速探索這兩張牌（〈附錄 I〉的「21 種方法工作表」可以快速瀏覽這些技法）。寫下你的洞見，以及你認為這兩張新牌最重要的意義是什麼。

- 你在描述這三張牌（新牌加上你選定的牌）的時候，是否使用了相同的詞語？

- 你是否曾經歷過和這些牌類似的情緒？

- 每張牌的哪裡符合其他牌卡的故事？

- 是否有花色、數字或模式上的相似之處？

- 你使用過類似的隱喻嗎？

- 查看每張牌的意義範圍，它們在哪裡重疊？

三牌解讀範例

我從步驟 2 中抽到的一張牌，即傳奇塔羅牌中的聖杯國王開始。現在，我從一副經過仔細洗牌、呈扇形排列的牌組中隨機抽出兩張牌：聖杯騎士和聖杯十。這三張牌都是聖杯和水元素，所以我把它們想像成三隻充滿水分的藍色阿米巴原蟲，它們具有很多共同點。

首先，我將用聖杯國王快速完成目前為止介紹的步驟。這張牌標示著「漁王」。

在步驟 2 中，我對聖杯國王做出以下第一人稱為開頭的陳述：「在我的右邊，瀑布從一些岩石的縫隙中流入一個由樹木、岩石和植物所環繞的水池中。我坐在水池邊的一塊岩石上。我拿著一根長竿，一根繩子從竿上垂向水面。一隻黃胸藍鳥棲息在我右後方的樹上。」

Legend: the arthurian tarot

Legend: the arthurian tarot

Legend: the arthurian tarot

　　為了進一步闡述，我補充說明，牠看起來很憂鬱，似乎正回想起某件事，並帶有輕微的遺憾或渴望。於是我詢問：「我渴望什麼？」並回答說：「一個錯失的機會。」這樣的詢問可再做更多深入的延伸，但我要快速進行接下來的步驟。

　　在我的童話故事中，我來到水池是為了逃避做君王的職責。我沒有留意手邊的任務——釣魚，而是心繫那隻鳥兒縈繞心頭的低語，牠在提醒我「如果……會怎樣」（指的是我沒有選擇的道路）。我忽略了周圍的美景和當下的任務。這是相關的，因為我最近一直在想，如果我遵循的是

一條不同的靈性道路，一條假設對我來說更重要的道路會
怎麼樣？

　　國王是關於統治和外在的掌控，而杯子是關於情緒、
滋養和反思，所以這張牌可能是關於掌控我的情緒，以便
在反思中獲得滋養。由於這是張宮廷牌，它和我自己的角
色、面具或次人格有關，我可能會、也可能不會將這些投
射到他人身上。

　　在隱喻上，這位國王是「用拐彎抹角的方式在追求某
樣東西」。我將它變成一個問題，而我的回答是「我在尋
找精神上的寄託，但卻沒有發現時時刻刻都涵蓋在這靈性
追求的整體當中，只要我能夠充分活在當下，而不是讓注
意力分散」。我生自己的氣，並記下自己的看法：注意力
分散表示我很懶散，而我認為這很糟糕。

　　在牌組隨附的《文字守護者》（A Keeper of Words）
一書中的意義解說中，我特別留意到「守護者、堅定的信
念、遠見、藝術家和隱居的神祕人物」這幾個字句，但當
安娜—瑪麗・弗格森在她的評論中提到「儀式治療……帶
來新生」時，我感到一股因為真正受到認可而產生的顫抖。

　　如果概括書本意義所提供的特殊含義，我會說，我是
個在如水池般浩大的眾多塔羅牌中探索費解之謎（拐彎抹

角地追求意義）的作家。當我的讀者深陷尋求個人意義和靈性含義的迷霧中時，我尋求洞見來協助他們學習我認為有效的技巧和態度。

這張牌最大的好處是充滿感性的智慧和如王者般的掌控，而最大的缺點是喜怒無常和逃避現實（就我個人而言是透過閱讀推理小說來逃避現實）。在使用正負表時，我發現自己就位在中間，但不是靜止的 —— 我不斷來回擺動。從某種意義來說，這種動搖本身就是我的議題（請注意，我在這時已經使用了目前為止介紹過的所有塔羅牌解讀法）。

以下對聖杯騎士和聖杯國王的描述並不完整，只是重點討論重疊和不重疊之處。騎士比國王更活躍，卻不夠成熟，不過這兩張牌都描述了水／聖杯和男性／陽性能量。身為女性，我也認為它們代表我阿尼姆斯的兩個面向（我心靈中的內在男性），尤其因為它們都不是代表我生活中的特定人士。它們也象徵我的星盤中水象星座的男性面向，顯示我試圖掌控自己的情感和靈性世界的兩種方式。

聖杯十的好處是舒適的家庭生活和滿足感，而缺點是它可能是難以實現的幻想。在正負表中，我覺得自己更接近負面的一端，但正在經歷的比較是未成形的狀況，而非幻覺。我不想待在孤獨、與世隔絕的城堡裡。就像在我的

童話故事中，每當我坐下來進行冥想，都必須重拾自己的技能，而這似乎經常讓我難以實現目標。

這些牌在環境、夢幻的特質，以及每個中心人物（包括城堡）的孤獨方面都有很強的重疊性，很像我寫作時的生活。我正獨自探索，必須耐心地尋找詞語和概念來表達塔羅牌占卜的最深層意義和目的。這是內在而非外在的真理，經常受到忽視、忽略，或被視為不可能，然而這就是我靈魂的旅程。

在步驟 00 的「回到原點」中有更多關於這三張牌的描述，後來發生的事件揭露了這次解讀的另一個層面，讓這三張牌真正活了過來。

步驟 11 的練習可能會收到的回應

練習 11:1

一、錢幣九

正面範例：繁榮、成功、成就、閒暇、快樂、謹慎。

負面範例：誘騙、貪婪、掠奪本能、豪奪。

二、寶劍侍衛

正面範例：警惕、警覺、機智、聰明、靈巧、好奇、有辨別力。

負面範例：防禦性、偏執、狡猾、惡意、惡毒、受害。

三、戰車

正面範例：勝利、精通、控制、進展、克服障礙、冠軍。

負面範例：戰爭、侵略、憤怒、失控、分開、情緒不穩、汽車故障。

步驟 12 ｜修正

生命是透過變化的快速，以及修正存在的一連串影響來加以衡量。

——喬治‧艾略特（George Eliot），《激進分子費利克斯‧霍爾特》
（Felix Holt, The Radical）

新手之道

這個步驟探討各種因素如何相互影響，而修正了牌卡的意義。

主要包括：

一、牌卡本身涵蓋的元素

二、問題或議題

三、牌陣位置

四、個人情況

其他兩項因素是：

一、位置（正位或逆位）

二、牌卡之間的交互作用（及其所有對應關係）

稍早，我曾建議使用這個萬用提問：「我現在的生活中最需要留意的是什麼？」透過先前的步驟，你應該已經有明確的概念，知道要觀察牌卡的什麼地方。然而，有些議題最好透過具體的問題來處理，例如：

搬到舊金山會發生什麼事？（預測）

什麼可以幫助我加薪？（建議的行動、態度等）

我應該和雅各（Jacob）交往嗎？（是／否）

我飲食失調的源頭是什麼？（過去的原因）

大多數問題都可以透過抽出一張以上的牌卡來獲得答案，因而形成「牌陣」——這實際上是多個小問題的組合，目的是從多個角度來闡明某個主題（是非題可以依據牌卡是正位〔是〕還是逆位〔否〕來回答，但你也可以丟銅板）。

馬修（Matthew）提問：「在接下來的兩個月內，什麼可以幫助我在工作上獲得加薪？」這類的問題必須設定時間限制，否則他可能會得到準確的建議，但可能需要三年才會加薪。

馬修從瑞秋·波拉克（Rachel Pollack）創作的閃靈部落塔羅牌（Shining Tribe Tarot）中抽了一張牌：小鳥四。4

和鞏固與休息有關，而小鳥（寶劍）則和精神有關。綜合上述，我告訴馬修，這張牌和精神上的休息及鞏固有關。根據他的描述，他的第一人稱陳述是：「我坐著放鬆，而所有其他的鳥兒（工作的人）都在忙碌地飛來飛去。」（參見下一頁的牌卡）

而我選擇用來參考解牌的書籍形容這是：「我們意識到自己可以不採取任何行動，就能得到我們想要的事物（加薪）。」神諭非常清楚，並且切中問題要點。但這是否意味著馬修真的應該什麼事都不做？

馬修決定再抽一張牌並再問一個問題，看看是否可以得到確認或更多資訊。他問：「什麼會讓我在接下來的兩個月內無法加薪？」他抽到的是樹的贈禮（大致相當於權杖王后）。將花色與元素相結合，意思是「贈禮」（王后）滋養了靈性成長的熱情（權杖）。

根據圖像，馬修的描述和故事（步驟 2 和 4）是關於兩條蛇在尋找長在蘋果樹上的黃金梨。閃靈部落塔羅的文字內容，將蛇和樹描述為類似希臘醫神阿斯克勒庇俄斯（Asclepius）的療癒手杖，「當他做得太過火，並用手杖讓死人復活時，他引發了眾神的憤怒」。書中的占卜意義是「充滿激情、喜悅、巨大能量的禮物」。作為他問題的回應，這可能是讓他無法加薪的原因。具火爆女性特質的

人可能會讓馬修無法獲得加薪，無論是透過競爭，還是因為那人是決策者。馬修的主管是一名好大喜功的女性，她試圖將他的工作成果全都歸功於自己。

因此，如果馬修聽從這張牌的建議就無法加薪；也就是說，他用自己的能量與她的能量競爭（兩條蛇爭奪一顆水果）。因此，我們在這裡創造了一個雙牌牌陣來回答這個問題：「我如何才能在接下來的兩個月內獲得加薪？」

馬修承認，主管認為他是個威脅，他或許最好暫時保

什麼可以幫助我加薪？

什麼會讓我在接下來的
兩個月內無法加薪？

持低調。如今牌卡要他什麼也別做已經證實了這點。

塔羅牌陣

意義需要背景才能提供與其他體驗的對比和關聯。牌陣可以探索更詳細的背景，而且可以確認資訊並提供支持。牌陣是用來回答問題的牌卡組合，然而將牌陣視為一系列回答特定子問題的單牌解讀會很有幫助。

不過，牌陣最終不僅僅是各個部分的總和，它形成了一個格式塔（gestalt），即一個完整的整體。我不會說「我看到眼睛、耳朵、鼻子、嘴巴、頭髮和脖子」，而是說「我看到我的朋友」。

塔羅牌講述故事，而牌陣則提供了該故事的結構。這些位置告訴你每張牌在故事中扮演的角色。以下是一些具代表性的牌陣位置意涵：

情況（議題、疑問）	感受（情緒、水）
自我意象	活力（精神、火）
別人如何看待你	目的（命運）
已知（有意識）	欲望（希望、目標）
未知（隱藏、無意識）	恐懼
近期過去（較遙遠的過去）	優勢

現在（此時此刻）	弱點
近期未來（長遠的未來）	優點（好處、有利條件、有何幫助或協助）
來源（根源、原因）	缺點（障礙、不利條件、反對或抗拒的因素）
環境	下一步（要做的事、建議、指引）
來自他人的影響	其他的可能性
身體（物質、土）	你需要放下什麼
心靈（思想、風）感受（情緒、水）	你正在給予的是什麼
選項：A、B、C……	你正在接受什麼
什麼可以幫助你做決定	你正緊抓不放的是什麼
什麼是意想不到的	X+Y 之間的關係
什麼卡住了	可以達到的最佳狀態
什麼可以幫助你突破障礙	結果（成果、事情結束）
你為這個議題帶來了什麼	
你可以從……中學到什麼	

練習 12:1

　　如果西爾瓦娜・阿拉西奧（Silvana Alasia）的奈菲爾塔莉／埃及之光塔羅牌（Nefertari's Tarots）解的權杖八出

現在以下位置,你會如何解讀?可能
的回答列於此步驟的最後。

一、近期過去

二、障礙

三、你的優勢

應用你自己對牌卡的理解,或
使用以下來自牌卡說明書的關鍵
詞:活動的進行與發展;飛速、緊
急;奮力實現目標。

Nefertari's tarots

如果回答問題時,權杖八出現
在以下的牌陣位置,你會如何修正其意義?

四、問題:我人生的目的是什麼?

　　位置:可以達到的最佳狀態

五、問題:購買這間房子我需要知道什麼?

　　位置:我的恐懼

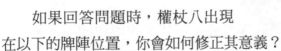

練習 12:2

一、根據你對選擇牌卡的探索,你現在的生活中最需

要留意的是什麼？將這個回答改寫成一個問題。例如，如果確定需要審視我與繼女的關係，那我可能會提出這樣的問題：「我要如何才能改善這段關係？」或是「我將什麼東西投射到我的繼女身上？」

二、從第 181 至 182 頁的表格中選擇三個牌陣位置，並從這些新的角度來解讀你選定的牌卡。你的回答必須包括自己的問題，以及牌陣位置的整體說法（例如，可參閱本步驟最後對練習 12:1 可能會收到的回應）。

練習 12:3

假設你選擇的牌卡最初是為了牌陣中的「議題」或「情況」等位置所挑選的，找出另外兩個將有助於釐清問題的位置。洗牌，將牌卡正面朝下並攤開成扇形，然後為每個位置各抽一張牌。

將這兩張牌擺在議題卡的兩側（除非不同的排列更具意義）。這時，你排出的是三張牌的牌陣。使用先前的任何步驟來解讀這兩張新牌卡。新牌卡如何為你選擇的牌提供新的洞見？

行家之道

　　你現在可以繼續往下探索，或是在嘗試其他的塔羅牌解讀法之後再回來。

視個人情況進行修正

　　如果問題、牌陣和牌卡都一樣，那每個人的答案都會相同嗎？答案是否定的，但這表示充分了解問卜者的資訊是多麼必要。

　　讓我們來思考這個問題：「我要怎麼做才會找到戀情？」對以下的四個人來說，同樣的一張牌卡會有相同還是不同的解讀？

　　一號問卜者：查爾斯（Charles），七十三歲的男子，自從伴侶在三個月前去世後，他便害怕獨自生活。

　　二號問卜者：泰勒（Tyler），十九歲的大學生，打算成為獸醫。他不想要穩定長期的關係。

　　三號問卜者：漢娜（Hannah），三十五歲的成功職業女性。她覺得自己的生理時鐘開始滴答作響，但她從未與任何人同居，也已經十年沒和父母說過話了。

　　四號問卜者：伊莎貝爾（Isabelle），二十八歲的家庭

主婦，已婚但不幸福，想知道是否可能找到真正理解自己
的人。

練習 12:4

下方的牌卡對四人分別有何建議？

- 位置：**不該做的事**。牌卡：**聖杯六**

- 位置：**對方的特徵**。牌卡：**權杖國王**

- 位置：**該做的事**。牌卡：**錢幣四**

既然「對方」被描述為權杖國王，你是否對他或她的
年齡或性別做出任何假設？如果權杖國王描述的是一名年
輕女子，她會是什麼樣子？

逆位牌

你未必要使用逆位（上下顛倒）牌。我已經好幾年不
用了。如果你經常對每張牌使用全面性的意義解讀（見步
驟 11），那便可忽略逆位。黃金黎明協會教導可以以元素
的尊貴（參見步驟 14）作為逆位的替代方案，儘管今日這
兩者有時會一起並用。逆位可以提供更多微妙的細節和精
確度，也可能帶來更多的混亂，因為牌義有了更多可能的

選項。

　　如果你選擇使用逆位牌，請先描述正位牌（在這個階段還不要進行解讀），包括其中人物的態度、感受或情緒。運用你對正位的了解，留意是否有反常的情況，即任何偏離或背離規範的情況。

　　例如，如果問卜者將正位的錢幣九（傳統上代表財務獲利的牌）中的人描述為不快樂且焦慮，那麼這就是逆位的重要線索。確認是否因金錢或財產問題而造成不安。如果問卜者極力強調鳥的羽冠或手套，那這個人可能渴望逃離舒適花園所營造的天鵝絨牢籠。當問卜者在牌上看到滿足與平靜，個人卻無法產生共鳴時，那麼問卜者可能拒絕承認他的成功（富人有時比窮人更擔心金錢和安全）。

　　將逆位牌視為「警訊」是有幫助的，這表示你必須特別注意這些牌卡，因為它們無法如常運作。正位牌往往是有意識的、外在的、自動的、進行中的和可用的。逆位牌通常表示你必須在哪些方面特別注意、付出額外的努

白貓塔羅（*Tarot of the white cats*）

力，或是做不一樣的嘗試。逆位就像知道汽車很容易向右行駛或熄火一樣，因此你必須保持警覺並做出調整。逆位也可能是你應該停止努力前進的地方，反而應該放鬆，並放下所有的期望。

如果牌陣以逆位牌為主，看看是否有整體的主題，例如「延遲」或「拒絕」，接著以這種傾向來解讀正位的牌卡。原本正位的幾張牌將可能顯示支持和發揮影響力的主要領域。這些牌更明確且帶有自動自發的特性，可提供行動的機會或動力。

逆位的詮釋

解讀逆位有很多種方法。以下整理、涵蓋了可用來說明逆位如何修正正位意義的主要技法。儘管你可能只會使用其中一部分的技法，但每種可能都請至少嘗試過一次，才能找到最適合自己的方法。

最終，你會想要選擇符合個人解牌風格和世界觀的方法。關於這些技法的更多資訊，可以在我的《跟著大師學塔羅逆位牌》（The Complete Book of Tarot Reversals）一書中找到。

阻擋或抵抗：牌卡描述的能量通常可能會受到阻擋、壓抑、否定、排斥或抵抗。

投射：牌卡的屬性（正面或負面）不被視為某人自己的屬性，而是無意識地外顯在某人或其他事物上。

延遲、困難、無法達成：可能會出現猶豫、不確定、無法達成或外在延遲的情況。若出現多張逆位牌，整體的變化可能需要比預期更長的時間。能量的流動沒有原本的順暢自然。

內在、無意識、私密的：能量可能是無意識、內在或私密的，而非有意識、外在或公開的。也要記住，如果能量確實為無意識，問卜者可能無法辨識。

新月或暗月（以及其他圓形牌組的變化版本）：這尤其適用於如和平之母塔羅牌之類的圓形牌組。逆位代表黑暗或新月的月相：無意識、本能、隱藏。這是內部孕育和重新建構的時刻。

突破、推翻、改變方向：問卜者可能會推翻、擺脫困境、掙脫、拒絕，或遠離所描繪的情況。也可能表示某種情況的結束或終止、放鬆或方向的改變。

否或非（正位意義）、缺乏：有時你可以用「否」或「非」作為標準正位解讀的前言，或嘗試加上如「非」或「未」之類的前綴來表示正位意義。請注意，這並不會帶來批判性、過度確定或負面的態度。

過分、過度補償或補償不足：逆位可能會強化或削弱該張牌卡的意義，或將它帶向極端和過度放縱：太少或太多，發展不足或過度發展，不成熟或衰老。從心理學角度來說，這可能表示過度補償或補償不足，或是在兩個極端之間戲劇化翻轉的傾向。請思考你在步驟 11 中探索的範圍極端。

濫用或誤用：啟動失敗、濫用或誤用意味著錯誤的開始、時機不對或使用不當。

帶有「Re-」的詞（重試、撤回、審視、重新思考）：逆位牌讓人立即聯想到其他如上所示帶有「re」的詞。前綴 re- 代表向後的運動、撤回、反對、否定或再做一次，我們重新審視、重新思考，並重新進行以前的行動。

導正──將疾病轉化為療癒良方：逆位牌既可以被視為疾病（或至少是可能導致疾病的壓力），也可以被視為療癒良方：「殺不死你的，終將治癒你。」有時藉由對逆位牌的深入探討，尋求原因而不只是結果，經歷所有的過度行為，我們就能有所突破，並踏上全新的道路。

非傳統、薩滿教、魔法、幽默：如果正位牌描繪的是傳統智慧，那逆位則闡明了非傳統智慧。它質疑所有假設，並建議從不同的觀點看待事物。

返回：這張牌的能量太不成熟，或是由於涉及花色或大牌中前一張牌的未解決問題而尚未顯現（逆位的權杖五是返回權杖四，侍衛和王牌是返回 10 號牌等等）。回頭重新考慮這些先前的課題或經驗。

有時，逆位牌暗示新的圖像或畫面。例如，有人將逆位的寶劍九中並排的寶劍視為通往地窖的梯子。逆位錢幣五中的窗戶成了一道門。在逆位的寶劍三和寶劍十中，寶劍似乎從人的心臟和背部掉落。

不要害怕與問卜者一起檢視幾種可能的詮釋，並詢問哪種最符合。例如，不止一個人認為，逆位的國王更能表達他們母親而非父親的個性。

總之，逆位牌通常展現的是牌卡整個意義範圍內自然存在的極端狀況。永遠都要考慮所有的可能性，可從其他牌卡中尋求確認、從問卜者身上獲取回饋意見，並思考是否有多個選項同時正確的可能，進而增加解讀的深度。

練習 12:5

將第一個列表與第二個列表中可能具有相反意義的牌卡進行配對。這步驟的最後會提供解答。

1. 錢幣王牌　　　　　a. 放棄希望

2. 寶劍三　　　　　　b. 失去平衡

3. 聖杯八　　　　　　c. 內在教導

4. 權杖十　　　　　　d. 感到厭倦且缺乏好奇心

5. 節制　　　　　　　e. 失蹤者返回

6. 星星　　　　　　　f. 錯失良機

7. 教皇　　　　　　　g. 要求不合理的懲罰

8. 權杖侍衛　　　　　h. 放下負擔

9. 寶劍國王　　　　　i. 康復；消除隔閡

練習 12:6

取出你在練習 12:3 中使用過的三張牌。將它們正面朝下，洗牌，然後將三張牌的其中一張轉向。將牌卡翻至正面。哪張牌為逆位？它逆位的意義可能是什麼。這為整個牌陣帶來什麼樣的變化？

牌卡之間的交互影響

在步驟 14 的「尊貴與主題」中將介紹牌卡修正的最後

部分。

步驟 12 的練習可能會收到的回應

練習 12:1

奈菲爾塔莉／埃及之光塔羅牌的權杖八修正：

一、近期過去：過去不久，你是否急於進行某事或達成某種成就？
（提示：使用過去式，並在你的回答中包含位置說明等字句。
你的解釋可以是問題或陳述。）

二、障礙：匆忙完成一項活動可能會令人焦慮，讓你更難實現目標。

三、你的優勢：「我的優勢在於快速行動以實現目標。」

四、問題：我人生的目的是什麼？

位置：可以達到的最佳狀態

回應範例：「實現我目標的最佳方式就是按照我的最高目標行
事，毫不猶豫或退縮。我將不斷自我提升，讓自己做好萬全準
備，以便在有需要時能夠快速且有效率地採取行動。」

五、問題：購買這間房子我需要知道什麼？

位置：我的恐懼

回應範例：「我擔心自己會因為過度匆忙而感到壓力，而且可能
會忽略一些重要的事。」

在這個練習中，可嘗試直接提及位置的意義和問題，並在回答
中強調牌卡細節或書籍上的解讀說明。

練習 12:5

1. 錢幣王牌　　　　　f. 錯失良機

2. 寶劍三　　　　　　i. 康復；消除隔閡

3. 聖杯八　　　　　　e. 失蹤者返回

4. 權杖十　　　　　　h. 放下負擔

5. 節制　　　　　　　b. 失去平衡

6. 星星　　　　　　　a. 放棄希望

7. 教皇　　　　　　　c. 內在教導

8. 權杖侍衛　　　　　d. 感到厭倦且缺乏好奇心

9. 寶劍國王　　　　　g. 要求不合理的懲罰

步驟 13 ｜ 象徵

象徵是不同生活層次之間能量交換的基本概念。

——威廉‧格雷（William Gray），《魔法儀式方法》（Magical Ritual Methods）

轉化能量的心理機制就是象徵。

——卡爾‧榮格，《論心靈能量》（On Psychic Energy）

新手之道

　　這個步驟探索的是象徵在塔羅牌中的角色。在步驟 8 中，你已學會如何使用隱喻。象徵是隱喻的最小單位，由代表其本質的單一物體、圖像或單詞所組成。

　　任何有故事的圖像都是象徵，而塔羅牌就是一本象徵之書。正如亞瑟‧愛德華‧偉特（A. E. Waite）在《圖像關鍵塔羅書》（The Pictorial Key to the Tarot）中指出：「真正的塔羅牌採用的是象徵主義；它不會講其他的語言，也不會提供其他的跡象。」在解讀中，除非你釐清象徵所代表的意義，否則象徵所代表的事物無法立即顯現或有意識地感知。

象徵的價值在於你對它的情緒反應，情緒會將你無意識的想法與賦予該象徵的意義串連起來。無意識會透過象徵與意識對話。你對象徵的理解包含它的意義，而你為它注入能量的情緒則可以用來產生正面的影響，例如帶來改變或轉變。而你要進行的任務，就是詢問自己內在有什麼與這個象徵相呼應。

練習 13:1

一、列出選定牌卡上出現的象徵，並在每個項目後預留筆記的空間。別忘了顏色：白馬、綠橄欖花圈、白色地球儀、紅色長袍等。你將在步驟 2 的描述中提到以上幾乎全部的象徵。寫下每個你已經知道而無須在任何地方查詢的象徵「意義」。

二、這些物體的用途是什麼？

三、以上任何象徵實際上出現在哪裡（不論是和你的議題相關，還是最近才出現的狀況）？

四、這當中是否有哪個象徵令你想起其他的事？

五、你能看到任何重複出現的主題嗎？如果可以，請概括它們各自的重要性。

行家之道

你現在可以繼續往下探索，或是在嘗試其他的塔羅牌解讀法之後再回來。

象徵意義

象徵唯有具備意義才能傳達訊息，而這種意義總是超越象徵本身。象徵帶有本義，就如同在字典和本步驟所示，而隱含意義是超越字面意義的聯想，永遠不能完全簡化為文字，並暗示著更重大的現實。喬瑟夫‧坎伯在《你就是那樣》中告誡：

> 當有教條精確地告訴你應在某個象徵中體驗到什麼樣的意義，並解釋它應該對你產生什麼樣的影響，那你就麻煩大了。對你或對四世紀的黎凡特主教委員會來說，同一個象徵未必有相同的意義……個人是否贊同定義幾乎不如他或她藉由象徵的影響而獲得的靈性體驗那麼重要。

象徵透過聯想喚起思想和印象，而透過這些思想，隱藏的真理開始顯現。「象徵」一詞的詞根意義為「倉促拼湊而成的事物」，指的是一個物體被分開的兩半，當再度結合時，代表一種契約、協議或關係。當你察覺到圖像中的意義，就能消弭裂痕或恢復完整。卡爾‧榮格在《人及

其象徵》（Man and His Symbols）中說明：「象徵是調和與重新統一心靈對立面的自然嘗試。」

你使用過的數字就是象徵，就如同花色透露的跡象。整體而言，大阿爾克那可作為特定原型的範例（參見步驟19），也就是將你與自然循環和生命節奏相連的普遍思維模式和神話主題。這個步驟將詢問你牌卡上的個人象徵如何加深對你的意義。

象徵有許多可能的指涉：歷史、文化、宗教、特定領域（如神祕的象徵主義），而最重要的是涉及個人的指涉。就本質而言，所描繪的事物代表超越自身的某種事物，但從沒有固定的意義，因為它只是一個象徵。

就其本質而言，象徵必須保持彈性、模糊和模稜兩可，就像神諭的格言。真正的理解需要直覺。象徵的表面意義很容易掌握，但它的作用就像是讓你探索過去未知意義的無限來源。

象徵藉由喚起相關的個人記憶和聯想，有助於將隱藏的事物帶入意識。記憶中息息相關的能量可用於未來的成長與發展，而未來的成長與發展也會透過該象徵而揭露。黃金黎明協會指出，科學已經證明「對象徵的屬性和意義的了解會讓人的生命能量即刻集中在思想或腦力上，並促

進大腦血管中實際的血液流動」。人類會透過圖像來體驗
對生活刺激的可預測反應。

　　從生理上來說，象徵可以讓你獲取能量，而這是可以
有意識導引的能量。象徵連接了兩種截然不同的現實：內
在與外在、不可見與可見、具體與精神。這讓你能從一個
層次移動和循環至另一個層次，讓你參與它們所指出的現
實。透過象徵主義，你可以將事後諸葛化為先見之明，將
看似平凡的事物變為超凡脫俗。

　　卡爾・榮格在《心理類型》（Psychological Types）中
表示，象徵總是帶有展望未來的傾向，這可能就是為何它
往往是最有效預測媒介的原因。一個象徵「唯有當它是對
觀察者尚不了解的神聖事物的最佳和最高表達時，它才真
正存在。接著這個象徵會迫使觀察者的無意識參與其中，
並產生賦予生命和增強生命的效果」。但你必須帶著同理
心去理解這個象徵，才能體驗它的啟示力量。

　　象徵意義主要取決於所謂的符應說，即神祕的形上
學和魔法的基本原理或「法則」，它指出宇宙中具有相同
或相似振動的一切事物之間，都存在象徵性的類比和親和
度，而且對某事產生影響的事物也會透過這種象徵關係去
影響其他的事物。它被概括為「其上如其下」的赫爾墨斯
公理。

請注意，有些牌組使用個人獨特的象徵系統，不符合西方文化象徵意義或符應說，因此使用起來顯得奇怪或尷尬。研習牌組的解說可能會讓你接觸到某個特定的神祕學系統，但在其他地方可能沒什麼用處。

擴大

擴大是榮格的用語，指的是積累關於象徵的知識和個人聯想。它指的是擴大象徵意義的力量和範圍的過程。本書中介紹的二十一種方法，都是深入了解牌卡的方法。若要擴大象徵，你會想考量以下的狀況：

- 象徵的形狀是什麼？

- 它的功能是什麼？它有什麼用途？

- 它實際上有什麼作用？

- 象徵經歷了哪些變化？

- 你喜歡它哪裡，不喜歡它哪裡？

- 它讓你想起什麼？

- 它實際上出現在你生活中的什麼地方？

最重要的是，請意識到牌卡中的一切皆可被視為你的一個面向，即使它同時也代表其他的事物。

主要象徵組

　　以下是主要主題組的概述，而非完整的象徵字典，因為有些意義涉及該組的所有成員。此處的重點是主題的共有概念和變化。任何象徵的意義絕不應侷限於此處或任何書中出現的內容。例如，如果問卜者將權杖王牌視為用來引誘他重新回到一段關係的胡蘿蔔，那麼這會比「新點子」等傳統意義更重要。

　　象徵組如下：

一、植物

樹木、花卉、水果、藥草

　　在中世紀，有機生命和人性被視為具有三種狀態或靈魂：生魂（vegetative）、覺魂（sensory）和靈魂（rational）。人類和動物都具有植物的生魂，包含基本的生命力和生長繁殖的能力。植物具有季節性，代表生命週期：播種、發芽、生長、結果、腐爛和重新播種。

　　「種子」是受到培育的機會。「綠色植物的成長」代表生命力和身體健康（參見顏色）。「花和水果」是潛力的綻放和勞動的成果。作為食物和藥物的植物，營養價值豐富，可促進身體健康，但也可能帶來死亡。植物的氣味是最縹緲的成分，影響著情緒。當氣味升至天堂，如果是甜

美的氣味，就會令眾神愉悅，因而成為祈禱和祈願的媒介。

植物在許多神話中占有重要地位，可從故事中找到它們的象徵意義。「玫瑰和百合」代表靈魂的渴望（紅色）和純潔（白色），而「睡蓮（蓮花）」則從底層的淤泥中浮現，迎接燦爛的陽光。樹木就像人的脊柱，以持久的力量連接天地；「常青樹」是永恆的生命，因此在製成花環時代表長久的成就和名聲。「蘋果」是誘惑，「多籽石榴」是生育力，同時聚集的「許多水果」象徵財富、豐收和豐盛。在古代埃萊夫西納（Eleusis）的神祕儀式中，「大麥莖」象徵重生。「花園」可以是子宮、財富、保護、美麗和供養。

二、動物

獅子、駱駝、貓、狗、馬、狼、鳥、魚、蛇、甲殼類動物

在中世紀，人類認為動物具有三種狀態或靈魂中的兩種：生魂和覺魂（或感知靈魂）。感知靈魂會透過五種感官再加上感覺和情緒來感知。在塔羅牌中，動物通常代表強化的感官、本能和直覺、驅動力和欲望，以及描繪生物的特殊能力或特徵。你可能需要這些特質來完成無法僅靠理性解決的任務。動物可能是野生或馴養、不受約束或馴

服的動物、幻想生物（如獅身人面像或龍，參見超自然力量與存有物）或一般的動物（如狗）。

「鳥兒」是自由的靈魂，是來自天堂的使者；牠們看得很遠，而且唱出真相（即使是邪惡的預兆）。鳥的羽毛指的是埃及女神瑪阿特（Ma'at）和真理，此外也代表榮譽和靈魂的輕盈。「蛇和爬行動物」可能被視為背信棄義，但也可能代表潛藏在潛意識中的智慧。

「獅子」可以用憤怒或欲望將你吞噬，但也代表太陽的驕傲、勇氣和高貴。「駱駝」裝載著來自綠洲的水，可以帶你穿越荒地。「狼」非常貪婪，而且極為狡猾。「狗」是忠實的夥伴，可以警告你遠離危險，但也可能「糾纏」或「煩擾」著你。「貓」代表深刻的直覺、神祕的自我。牠們性感、聰明、愛玩，但又獨立。

「馬」是生命力（馬力），可以承載你，並為你帶來擴展與提升。「魚」是多產的，暗示水的無意識，據說可以實現願望。「甲殼類動物（螃蟹、龍蝦、小龍蝦）」是底棲攝食者，以死亡和腐爛的物質為食，並在這個過程中為水進行淨化。牠們描繪的是在淨化和進化成長的轉變過程中，消化來自無意識的心理垃圾。

三、人物

男人、女人、兒童、皇室、牧師、商人、農民、工匠、戰士、乞丐、瘋子

人物總是代表自我的不同部分和你正在進行的事（參見書中的練習）。他們也可能代表你生活中的特定人物，或各種人士所擔任的角色，例如老闆或「弱勢族群」，或這類人物的活動。他們可以擔任老師或嚮導，為你開發尚未展露的潛力。

人的年齡象徵人生階段，或成熟和發展的程度。「孩子」代表純真和新的開始，也代表不成熟和不負責任——學生或學習者。這可能是你天真的自我或內在小孩。牌卡中的「男人和女人」代表傳統的陽性和陰性特徵，未必代表一個人的性別。其中有些特徵可能會受到壓抑，在榮格心理學中，這些特徵由所謂的阿尼瑪（內在女性）、阿尼姆斯（內在男性）和陰影（意識心靈所無法察覺）所代表。「長者」可能象徵過時的傳統，但更常代表智慧、指引和從世俗的煩憂中解脫。

「皇室人物」代表權力、權威、領導力、責任、統治權和神聖權利，也可能代表獨裁。「宗教人物」代表智慧、良心和靈性指引，但也可能象徵武斷。「商人」表示

財富、買賣，以及貨物和資源的流動。「工匠」使用這些資源，他們代表學徒或精通、技能和生產。農民服務他人並耕種土地。「戰士」通常高貴而忠誠，運用侵略性的力量，採取進攻和防守。「乞丐和瘸子」表示情感、精神或身體上的創傷或缺陷；還有痛苦、貧窮、失衡，以及忽視或疏離。

四、身體部位

頭部、心臟、頭髮、鬍鬚、手、腳、骨骼

身體的各個部位可能表示事件正在發生的領域。「頭」是有意識、有邏輯的，而且負責主導。「心」較脆弱，而且負責感受；也代表愛，有時代表基督意識。「血液」是生命力。「臉」代表你所面對的狀況，在隱藏起來時，可能表示神祕、靈性指引或羞愧。「頭髮」代表力量、對靈性影響的接受能力，以及美感。「鬍子」描繪的是男性的男子氣概、榮譽和尊嚴。「白髮或鬍鬚」可能表示智慧和年齡。

「腳」顯示你要前往的地方（請參見第 217 頁第十四項：方向），有時也顯示行為的風格或方式。「手臂」代表接受或推開。「手」代表握住、擁有、給予、接受或指向，而手中的物體顯示了人的特徵和能力。請留意手或腳

是位於右側（主動、陽性、未來），還是左側（接受、陰性、過去）（參見第 217 頁第十四項：方向）。「骨頭」代表生命的有限和死亡。除去肉身的骨頭是這個維度空間中最持久的事物：你的基本支撐和結構，其他的一切全仰賴於此。也可以代表某種情況的概要，或是某些事物已經變得刻板和僵化。

五、超自然力量與存有

天使、男神、女神、惡魔、神話中的怪獸與英雄、光環

超自然存有如果是「善」的存有，可以代表你自己的最高自我、神聖靈感或超意識。無論是何種形式，它們似乎就像超出正常控制的衝動，或是伴隨著意識存取的知識來源。

「天使」一般被視為上帝的僕人、天界精靈和特定的「智慧」是人間和天堂之間的中介。祂們是守護者、保護者、使者和嚮導。萊德偉特史密斯塔羅牌組中有三位大天使：戀人牌上的拉斐爾（Raphael），「神的療癒者」；節制牌上的米迦勒（Michael），「如神一般」和天軍的領袖；以及審判牌上的加百列（Gabriel），「神的力量」，宣布約翰和耶穌的誕生。

　　「男神」和「女神」具有人類或動物特徵的精神力量和超自然力量，通常不會出現在 1910 年以前的牌組上，除了世界牌上的勝利基督和戀人牌上的邱比特以外，當然還有惡魔牌（更深入的探討請參考步驟 19〈神話與原型〉）。海克力斯（Hercules）和獅子或帶有柱子的參孫（Samson）是標準力量牌的替代圖像，牌卡的名稱已明確說出其中的寓意。

　　「光環」代表啟蒙或神聖。「六角形光環」（可見於古代的牌組）象徵這些是寓言人物或德行高尚的人。「智天使」（KERUBS）或「四福音」（TETRAMORPHS）是通常出現在命運之輪和世界牌上四個人物的別名。祂們象徵著四位福音傳道者、福音、風、黃道十二宮的固定星座和天啟的野獸，或是議題或自我的四個不同面向。埃及人物「堤豐」（TYPHON）（蛇──下降）、「阿努比斯」（HERMANUBIS）（豺狼──上升）和「獅身人面像」（SPHINX）（平衡）出現在二十世紀後版本的命運之輪上，代表三種形式的能量以及不同形式的優勢，因為人會進化和改變。

　　「龍」可能看似可怕或是和善，代表激烈、值得警惕的性慾力量。「惡魔」是中世紀和文藝復興時期歐洲常見的基督教意象，代表誘惑和人類最低階的罪惡：邪惡、無

知、仇恨、內疚、束縛。有時這只是暗示陷入物質主義或肉體的關注，或行為「惡毒」。有些現代牌組將惡魔重新化為自然精靈潘（Pan）的概念，或是卡爾·榮格所稱的「陰影」，即被意識心靈忽視或壓抑的人格面向，而且可能投射至他人身上。

六、服飾

外套、服裝、鞋類、頭飾、滾邊、眼罩、盔甲、珠寶、裸體

服飾通常代表外在個性和世俗裝飾：保護身體並隱藏心靈的事物。它代表外表、角色、地位，以及其他人如何看待你。「內衣」是你的潛在狀態。「斗篷」代表沉默、祕密、退縮，有時也代表炫耀和驕傲。「腰帶」或「滾邊」為你帶來束縛，並將你限制在時間、空間或物質形式內。「遮眼」或「蒙眼」暗示某種形式的失明、欺騙或不願看見。偉特在他的《共濟會百科全書》（Encyclopedia of Freemasonry）中表示：「他之所以受到矇騙，並非因為他內在盲目……而是因為他還沒有依據祕密知識來明辨是非的眼光。」

「帽子」暗示幻想、知識分子，或只是你個人的想法，也可能是指對靈性影響的接受能力。「皇冠」是圓

形，代表完整性，表示成就、至高無上、崇高或一流思想的巔峰。「盔甲」可以在戰鬥中保護自己免受武器的攻擊，它顯示好鬥的力量、紀律和軍事訓練，但也帶有限制性。「珠寶」暗示美麗與珍貴。「鞋子」透過自身承受髒汙來防止髒汙進入鞋內，而「赤腳」則代表謙卑和自願受到奴役。「裸體」，即完全不穿衣服，是非常重要的象徵。沒有任何事物是隱藏或隱瞞的，人是完全暴露、展露、脆弱且開放的。可以代表正直和完整，但有時也代表羞愧。

七、建築與結構

牆、家、城市、塔、教堂、城堡

「建築物」是實體庇護所，可保護你免受惡劣天候及其他會威脅生存的事物所傷害。可以代表身體或個性，就像塔象徵驕傲，也可以代表一個人生活的態度和假設。它們是家庭、文化、社會和財產的容器。建築象徵秩序、結構和文明，也象徵母親的子宮。它們也可能囚禁你，讓你的體驗受限。它們暗示著內在與外在、接受與拒絕、安全與脆弱和自由等的對比。它們的出現顯示了地位。牆的作用是界定、分隔和保護。

「家」是心的歸屬，給人安全感和幸福感。「城市」或「城鎮」以會議或市場為中心，代表文明和社群。

「塔」就如同樹木，可以代表世界軸和升高的概念，但也可能是指孤立。「教堂」是靈性建築——無論是激發敬畏和奉獻的精神，還是代表嚴格的教條主義；加上塔的組合，可能代表靈性智慧或知識。「城堡」暗示著主權、權力和權威。

八、物體

家具、工具、產品、徽章、桌子、椅子、王座、柱子、窗簾、裝飾品、書籍、權杖、秤、地球儀、錨、箭、袋子、旗幟

這些是你周圍的事物，顯示了身分、自我的各個面向、信仰和態度。它們可以表明某個地方或某人的能力或特徵；你可能會說自己「擁有」這種能力。人類為了快樂和實用性而創造並使用這些事物，這些是日常生活的裝備、技藝純熟的工具、用來享受的事物；作為產品，它們是採取行動的結果或後果。

「桌子」代表集體用餐、工作場所或努力的領域。「椅子」或「王座」代表權力的中心、地位、顯赫或休息；為你提供支持和支撐。「柱子」或「圓柱」暗示路徑或入口（請參閱運輸方式）。作為垂直的支撐物，它們象徵力量和堅持信念，而且與樹木和世界軸有關。兩根柱子

代表所有形式的二元性，四根柱子代表元素和方向。斷柱可能指失勢的英雄，也可能指推翻、死亡、毀滅和衰敗。

「面紗」或「帷幕」會隱蔽事物，尤其是那些會壓垮你的力量、知識、光明或真理。它會保護純真和純潔。如同面具，它允許在背後發生難以言喻的轉變和連結。「藝術」和「裝飾」暗示創造性的自我表達、奢華和欲望。「書籍」用於記錄和傳播知識、資訊和計畫，或用於保密；它們象徵記憶、成文的法律和啟示，現今可以用來代表任何形式的通訊或媒體。

任何形式的「工具」，都視用途和形狀而代表不同的象徵意義，或是透過雙關語和其他對應關係而代表相關的事物（關於權杖、聖杯、寶劍、錢幣或五角星的象徵意義，請參閱步驟 6）。

「錨」，表示希望扎根，可確保安全停泊。起錨意味著自由航行。可能是真的離開家，或是就像頓悟的時刻一樣短暫。「地球儀」或「球體」表示對地球（世俗）事務的主宰。「秤」代表真理和正義，表示權衡利弊、仁慈與正義的平衡，或個人與他人需求的平衡；也表示牌陣中其他兩張牌卡或象徵所代表的權衡和平衡問題（同樣地，如節制牌中的兩個杯子，可以表示兩張牌之間的元素組合）。「箭」代表憧憬、方向、焦點、意圖和創傷。有時與

閃電有關（參見天空）。

「包袱」是你的「行李」——你隨身攜帶的東西，包括記憶、愚蠢、惡習、業力和工具。有人看到愚人的包袱裡裝著降落傘，讓她在跳下懸崖時可以輕輕飄落。「旗幟」或「布條」用來表示身分和其他資訊，可象徵忠誠，而且可能激發情緒。此外可能預示即將發生的事，或代表歡樂的時刻。

九、運輸方式

路徑、道路、河流、橋梁、門、大門、入口、窗戶、鑰匙、船、戰車、車輪、翅膀

正如你將在步驟 19 中所見，運輸是重大的主題，聚焦於旅程或探索的原型思想，以及尋求、渴望和嚮往的主題上。這些象徵將你從一個地方帶到另一個地方，推動你邁向某個目標，最終實現自我認識和靈性上的滿足，儘管它們也可能帶有循環的性質。因此，這組象徵代表冒險、探索、發現，但也代表離開和放棄。可能暗示自由、希望或孤獨。可能存有障礙，也可能有辦法穿過或繞過。你可能會獲得指引，也可能會迷失方向。道路或路徑顯示一個人的人生方向。

「道路」可以直而窄，象徵正直，也可以是蜿蜒

的，代表困難和混亂。關於「路徑」，史蒂芬・巴徹勒（Stephen Batchelor）在《與魔鬼共存》（Living with the Devil）一書中寫道：「若沒有魔鬼的阻礙，人就無法創造路徑。因為唯有克服阻礙自由行動的障礙，才能保持道路通暢。」障礙成為理解的催化劑。「十字路口」代表選擇或決定。「交通工具」會依照指示運載著你（或你的靈魂）並由某種形式的能量推動；可能代表你的身體或世界。「輪子」代表移動的能力，也是轉向和導航的手段。它們也代表季節的更替、變幻無常以及命運的盛衰。「翅膀」代表優越和振奮精神。

「開口」，例如門、大門、入口或窗戶，具有對立面或雙面，代表進入／退出、到達／啟程、加入／離開、帶來／移除、打開／關閉。「窗戶」讓光線和空氣進入，讓你能夠看見，並暗示變得有意識或受到啟迪，而「門」則讓你得以通過並保護裡面的事物。「橋梁」強調穿越或越過河流之類的事物，即情感的流動，「船」則承載著你走在情感之上。在某些情況下，這些塔羅牌象徵提供了通往其他世界的途徑，或暗示生者與死者之間的通道。「鑰匙」提供進入或阻止進入的方式，並向擁有鑰匙的人授予權限。

十、活動和姿態

跪、跑、坐、踮起腳尖、跳舞、給予、握住、跳躍、傾倒、建造

圖像中的其他元素強化了活動的意義。觀看者所假設的強度、目的和情感扮演著重要角色。身體部位、物體和哪一邊（左、右、上、下），以及運動方向尤其重要（可參閱其他的象徵類別）。

例如，「傾倒」涉及容器、水流或流體，通常還涉及液體。在傾倒的過程中，你可以使某些事物成長、提供撫育、釋放（眼淚）、提供服務，或結合。「跑步」和「行走」表示朝向和／或遠離某些事物，而且可以顯示進展。「直立而坐」往往展現出確立和穩固。「懶洋洋」或「躺下」表示休息、生病或缺乏活力。

「跪下」是謙卑、尊重或落敗的跡象。「踮起腳尖」可能指偷偷摸摸，也可以表示輕盈和提升。「跳舞」通常是喜悅、自由和富有創造力。「握住」意味著擁有，而握住的可以是身分或目的的象徵。「跳躍」是快速展開新計畫，暗示風險與信任。「給予」和「索取」涉及禮物和交換，但也可能表示義務和權力的不等。「製作」和「建造」讓某些事物化為現實，具有創造性和技巧性，涉及靈

巧性和藝術性,而且意味著計畫、安排和零件的組裝。關於其他了解姿勢和活動意義的方法,請參閱步驟 17。

十一、地球的環境

陸地、懸崖、山脈、天空、沙漠、花園、岩石、洞穴、水晶

環境通常顯示某事發生時的心情或氛圍。「陸地」顯示意識和可能性的領域或範圍。如同動物,可能看起來很狂野,也可能很溫順;可能富饒和肥沃,可能乾燥和荒蕪,可能腐爛和濕軟,也可能崎嶇和多山。「土壤」暗示有形且實用的事物。「天空」可能表示靈性領域,但更常描述的是心情和情緒,可以是晴朗、明亮、多雲、陰暗、受強風侵襲或暴風雨來襲。

犁過的「田地」表示井然有序且負責任地耕作。「沙漠」可能暗示孤獨或被遺棄,或是一個簡樸寧靜、適合沉思的場所。「山」可以代表志向、靈性成就或自豪的高度,也可能描繪巨大的挑戰。「懸崖」表示危險,並標明已知的邊界——超出該限制就會有風險。可以意指精神上的「深淵」,它無底的深度就像吞噬一切的大地之母,一切形式都從中出現並成形。

「花園」代表人間天堂,與子宮相關、象徵美麗和

豐饒的有限空間，但也是溫柔的牢籠。「岩石」可以是障礙物，也可以是堅定不移的基礎。「洞穴」是通往地下世界和潛意識的入口，暗示著原始意識，是孕育和隱藏寶藏的地方。「寶石」和「水晶」展現出自然界神聖秩序的完美。它們在地球的巨大壓力下形成，代表著靈魂中純淨的神性火花，展現了存在的多樣性。

十二、液體

海洋、池塘、河流、雨水、露水、瀑布、葡萄酒、液體容器

「水」通常代表心靈，即無意識、情感和意識流本身。生命原始的泉源是豐富且具創意的想像力，具有淨化和再生的力量，與洗禮和啟蒙有關。「湖泊」和「池塘」較為靜止，強調反映的特質。「河流」是生命的動力，暗示旅程和機會。「海洋」有潮汐和深淵，所形成的鹽帶來苦澀的智慧。「雨水」可透過豐收帶來繁榮，也可以帶來洪水和破壞；同時也代表眼淚。「瀑布」是積極、有力的意識流運作。希伯來字母 Yod 形狀的小露珠在幾張大阿爾克那牌上占據顯著位置，代表作為生成、賦予生命的源泉帶來的神聖恩典。這種「露水」會形成洞見。在奧祕中，水會轉化為葡萄酒，即醉人的烈酒。它一方面代表豐收的財富、豐盛和社交狂歡，另一方面代表火、血和犧牲。

「酒」或「杯子」也可能暗示各種形式的成癮。

十三、天堂、天體

雲、閃電、月亮、太陽、星星、行星、星座

天堂代表超越塵世限制的靈性擴張，以及宇宙的偉大秩序和模式。據說神聖的計畫都寫在星星上。「雲」隱藏了難以抗拒的神聖光輝，只顯示出適合讓你看見的事物。雲也可以從星光界凝聚形成幻象，或是錯誤的想像。「閃電」是令人敬畏的力量和靈性力量，可以照亮或摧毀你。「月亮」代表所謂不完美和充滿變化的月下世界（塵世），儘管會反射太陽的光，但同時也變化無常，影響著潮汐和情緒。傳統上，月亮與女性、魔法和瘋狂有關。

另一方面，「太陽」散發陽光並具有陽性能量，代表創造的源泉。它的光使事物清晰可見。旭日東升預示著新生活，而太陽西下則展開了陰間之旅。「星星」代表希望、神聖的天意和超凡脫俗的美麗。它們的圖案是宇宙命運的地圖。當然，每個行星、星座和黃道星座都有自身的意義，而這已超出本書的範圍。

十四、方向、抑制

內、外、上、下、前、後、中、左、右

方向往往以介詞形式展現，實際上是巧妙的隱喻。「內」暗示著抑制、安全和保障、可用性、時尚、有影響力，以及圈內人。「外」是局外人、外國人、精疲力竭、耗盡、結論和無意識。「上」表示目的、可用性和功能，「下」是在下面、隱藏、從屬或低等，但也可以是理解的方式。

「之上」或「向上」暗示天國、憧憬和崇高的意識。事物正在向上提升或變得更好。它是靈性的、精神的、廣闊的且展望未來的，儘管來自上方黑暗、不祥的事物可能會令人感到壓抑。「之下」或「向下」是實際的世俗、物質的世界，顯示任務、限制、障礙物，以及正在掉落或即將靜止的事物。

「前景」很近：較直接、主導，且專注於當下。「背景」很遙遠：較久遠 —— 無論是作為起源還是目標。「中央」是圖像的核心 —— 主要的焦點，或連接或分離的地方。「東方」是曙光、來臨和新的開始；「南方」是炎熱、熱情和歡樂；「西方」象徵各種減少和分離；「北方」則是寒冷、黑暗、明智和強大（這些聯想因文化而異）。

　　「右」和「左」提供關於手中物品、心中所想，以及雙腳將帶你前往何處等資訊。「右邊」通常被認為較積極、進取、外向，且憧憬未來；又稱為右側，它遵循太陽的路徑、給予和放鬆，就神諭而言，被視為是吉祥和有利的。「左邊」被視為較被動、較容易接受，且較關注過去；又稱為左側，逆時針移動，代表持有或束縛，有時也指向不祥或不吉利的神諭。

十五、幾何、圖案、形狀

三角形、正方形、正方體、五角形、六角形、圓形、雙紐線、橢圓形

　　幾何形狀表示有序的真理、普遍法則、數學和科學的公理，其意義通常與定義形狀的點或角的數量有關。「三角形」完美結合了所有的二元性，渴望走向靈性（尖端向上）或是向下追求物質。「正方形」代表物質、力量和穩定性。「立方體」作為完美的固體，代表宇宙和具體的知識。「五角星」／「錢幣」是人性的象徵，也象徵著健康、力量、魔法和保護。「六角星」由兩個交錯的三角形所組成，象徵聯盟，即所有對立面的團結，也代表「如其在上，如其在下」的格言。

　　「圓形」是永無休止的完整性和統一。「橢圓形」

或「魚形橢圓」（vesica piscis）位於兩個圓形的相交處，代表隱藏的內在之謎，即宇宙中心的聖殿。「雙紐線」（lemniscate）從側面看為圓形，並傾斜形成無限的符號或橫向的 8 字形。這似乎是太陽在其每年清晰可見的運行（日行跡）中形成的圖案，代表了無止境循環流中的永恆和二元性。

十六、光明、黑暗

燈光、陰影

簡言之，「光明」與「黑暗」體現了各種二元性。牌卡中有白天和黑夜、燈光和陰影，有顯露或明顯的，也有受到遮掩、隱藏或神祕的。請盡量避免陷入「所有的光明都是好的，所有的黑暗都是壞的」的迷思。神智學（Theosophy）創始人海倫娜·布拉瓦茨基（Helena Blavatsky）曾表示：「物質世界的黑夜意味著靈性世界的白畫」。

十七、顏色

顏色結合物體便能合成為意義，即紅色的帽子可以表示渴望的想法。淺色調較為空靈、溫和且含蓄，深色是實在、深沉而有力。清澈的色調表示純潔和有益健康，而渾濁的色調則表示汙染、疾病和妥協。以下大致按照彩虹的

順序說明：

　　紅色：生命力的能量、意志、欲望、熱情、活力、勇
　　　　　氣、行動、主動性、革命、憤怒

　　粉紅色：溫情、友誼、美麗、傷感、敏感

　　橘色：活力、自豪、喜悅、自發性、思維敏捷

　　肉色：人生百態、暫時性、脆弱性

　　黃色：知性、明亮、光明、幸福、信心、恐懼、怯
　　　　　懦、怨恨、欺騙

　　金色：收穫、財富、榮耀、智慧、光輝、真理、完
　　　　　美、廉潔、貪婪

　　綠色：希望、成長、自然、植物、療癒、再生、春
　　　　　天、羨慕、嫉妒、瘀傷、遲緩

　　藍色：真理、靈性、平靜、和平、寧靜、忠誠、天上
　　　　　的、寒冷、憂鬱、抑鬱

　　紫色：尊貴、智慧、神祕主義、較高意識、皇室、奢
　　　　　華、權力、驕傲、排場、悔悟

　　棕色：樸實、腳踏實地、實用性、適用性、謙遜、休
　　　　　息、腐爛、抑鬱

灰色：中立、平衡、和解、懺悔、貧窮、漠不關心、
　　　冷酷、悲傷、孤獨

黑色：否定、神祕、沉默、永恆、知識、轉變、物質
　　　性、慣性、絕望、無知、邪惡、死亡

白色：純潔、純真、簡單、神聖、美德、淨化、真
　　　理、休戰、鬼魂、不孕、軟弱

銀色：貞潔、反思、想像力、正當的信念、高貴、腐
　　　敗

十八、數字

除了牌卡的數字意義（參見步驟 5）以外，牌面上重複的細節也很重要。例如三根手指的出現可能帶有任何三重性的意義。

練習 13:2

一、參照你選定牌卡的象徵列表，從這步驟的象徵組、象徵字典（請參見〈參考書目〉）或網站增加資訊。

二、留意這些象徵是否出現在你的生活或夢境中。當它們出現時，將它們記錄下來。

三、將這些象徵以某種方式帶入自己的生活中。

• 穿著主色

• 打造一個聖壇，放上這些象徵的實際代表物（玩具馬、植物或花朵、岩石）。

• 參觀類似的環境

• 在雜誌中找到這些象徵圖像，並製作一份原創拼貼畫（不要只是複製牌卡）。

步驟 14 | 尊貴與主題

一張牌的強弱、尊貴取決於它兩側的牌。

———麥克遠格·馬瑟斯（S. L. MacGregor Mathers），《Book T》

新手之道

這個步驟探討的是牌卡的意義如何受到其他牌卡所調和、強化、對抗或突出，特別是透過相似性與差異。你將了解「尊貴」的概念，以及解讀的整體主題或課題如何從重複的符號模式中顯現，它也說明了反常（偏差或異常）的重要性。

相似性與差異

比較和對比兩張或多張牌卡的細節，為解讀賦予動態關係，這是編織整體意義網絡的關鍵因素。如果我和你一起解讀，我們將代表過去的一張牌與未來的一張牌進行比較，我可能會注意到這兩張牌的一些相似之處（確認你是否同意）；接下來，我會問你這些牌有何不同。

相似性暗示過去與未來之間存有類似的事物，差異指的是之前發生的事和之後可能發生的事之間，或是不同生

活領域的變化。

練習 14:1

查看你選定的牌卡，以及你在步驟 12 中抽出的另外兩張牌（或使用任何兩張或三張牌的牌陣），列出它們之間的相似處和差異。這些暗示了什麼？

尊貴

「尊貴」這個術語是用於找出兩張或多張塔羅牌之間，彼此是相吸（即相合）還是互斥，而這可以增強或削弱牌卡在牌陣中的影響程度。這些取決於內在因素相互支持或對立的程度。

相似處表示兩張牌可能是相合的，而且支持彼此的態度和價值觀；差異則暗示它們可能不合，甚至是對立，各自都有不同的議題、需求、風格或觀點。儘管尊貴最常應用於花色和元素的比較，但它實際上是以下所有情況的通用術語：

花色：相同花色或傾向的牌會增強彼此的這些特質，無論好壞。例如，權杖和寶劍都屬於陽性或男性，聖杯和錢幣都是陰性或女性。

元素：不同元素的牌是相對友好還是敵對，取決於是否具有共同的特質；例如，權杖和聖杯就像火和水，基本上沒有任何共同之處（詳情請參閱第 228 頁的「女祭司與皇帝」）。

數字：相同數字的牌強調該數字的特性。偶數牌強調平衡，奇數允許偏差。

順序：牌卡順序（如 2、3、4 或侍衛、騎士、王后），無論花色是否相同，都會帶來進展，並進一步實現這些目標（無論好壞）。

位置：處於牌陣某位置的牌，該位置可能助長或削弱牌卡的意義，因而可能幫助或阻礙牌卡的展現（例如，處於心靈位置的寶劍牌會受到支持，而處於身體位置的寶劍牌可能會體驗到比平時更多的困難）。這就是所謂的「位置尊貴」。

占星學：牌卡的占星學屬性可以彼此和諧或造成分歧。本書將不會探討占星學的尊貴概念，因為那是個龐大而專業的主題。

象徵：象徵、顏色或形狀的相似性可以為牌卡建立連結，而重大差異則表示它們彼此的作用相反。

尊貴的意思是「可尊敬、值得或契合」。它們顯示了

牌卡之間的契合度或親和度。親和度（對應關係的另一種說法）是一種吸引力，通常透過某種相似性來促進牌卡及其意義的結合。即使你從未聽說過尊貴或親和度，大概也能直觀地使用其中許多概念。

　　尊貴的規則源於早期的希臘哲學、占星學實踐和西方魔法，它們可以幫助你精進塔羅牌的解讀技巧。關於使用塔羅牌尊貴（尤其是占星學）的最傑出著作為伊麗莎白・黑茲爾（Elizabeth Hazel）所撰寫的《塔羅牌解密：尊貴與對應的理解與運用》（Tarot Decoded: Understanding and Using Dignities and Correspondences）。參考書目中也提供了其他資源可參照。

練習 14:2

　　在你的三牌牌陣中，是否有重複的花色、元素、數字或象徵？是否有順序（即使只有兩個數字或位階）？這些暗示著什麼？

行家之道

　　你現在可以繼續往下探索，或是在嘗試其他的塔羅牌解讀法之後再回來。

異同處：女祭司和皇帝

作為異同處的例子，想像你和伴侶吵架了，想要化解你們之間的不愉快。這類牌陣中的兩個位置可能是：一、你可以從這次的經驗中學到什麼，二、你需要放下什麼。使用的牌組是塞維里諾・巴瑞帝（Severino Baraldi）的東方之旅塔羅牌（Tarot of the Journey to the Orient），牌卡為 II 女祭司和 IV 皇帝。

讓我們看看，光是透過檢視圖像細節的相似和差異，就能找出什麼端倪。

我能學到什麼？

我需要放下什麼？

相似處

- 這兩張牌都是大阿爾克那，屬於 2 號到 5 號牌（出現了四位靈性和世俗領袖）。

- 一個看似謙遜的人向一位主導的權威人士（牌卡上位置較高的人）提出異議和請願。

- 謙遜者身著西方服飾，而主導者則身著東方服飾。

- 權威人士似乎即將做出決定或發表聲明。

差異處

女祭司	皇帝
描繪女性（陰性）	描繪男性（陽性）
戶外，在神殿（宗教）前。	室內，在王宮內（世俗）。
修女遞上一本封面有易經六十四卦的紅色書籍	旅人遞上放有銀色瓶子或花瓶的托盤
權威女性起身，以祝福或肯定的態度舉手回應。	權威男性坐著不動，什麼也不做（讓請願者等待？）。
權威女性身後是帶有新月（接受、情感）形狀的白色布幔	權威男性背後是如同太陽的金色光芒（堅定自信、自豪）
兩位女性都是獨自一人	有三位觀察者

就可以學到的東西而言，女祭司表現得像是老師和楷模。她暗示學習在於對直覺智慧保持開放。書的封面顯示

《易經》的坤卦（六條破折線），建議低調的屈服和安靜的堅忍。她樂於接受發生在她身上的一切，你可能會說她祝福你謙虛地求知。她表示透過帶有智慧、接受和理解的屈服，可以在靈性上有所收穫。她似乎也贊同你透過神諭尋求洞見。

關於需要放下的事物，皇帝牌暗示這可能是指驕傲和頑固的任性，並想讓伴侶乞求。就像皇帝期待能輕易得到道歉，然後才會正式認可伴侶的價值。指引是要釋放傲慢的態度，放下苛求的條件或不再制定規則。尤其是不要在別人面前讓你的伴侶顯得卑微。

牌卡中的相似之處暗示問卜者在這種情況下擁有力量，特別是擁有原諒的能力，或是讓他或她的伴侶生活悲慘。要學習的是如何運用這樣的力量。

主題

在塔羅牌解讀中，主題會透過重複的符號或設計而顯現，它們創造出對你的議題有意義的圖案或花樣。有些是指向心理因素、重複事件和互動模式的副主題。看到這些主題會產生「啊哈」反應，意即你突然理解牌陣的真正意義，或試圖要告訴你什麼的那一刻。

即使是在單張牌卡中，通常也是透過重複類似的成分

來展現主題。當其他牌卡也反映出這些成分時，我們就會更確認某個主題的重要性。

奧麗薇亞（Olivia）與她的老闆有紛爭，最終爆發了衝突。她找我解讀，並抽了四張牌。一張騎士牌、兩張國王牌再加上戰車，暗示這件事格局重大，涉及她與男性的關係，尤其是她對自己男性特徵的展現。她顯然需要展現果斷的態度，而根據這些男性牌卡的位置，顯示了她該在哪裡以及如何維護自己。

當問卜者在談論自己的牌時，主題也變得明顯。例如，如果她對某張牌象徵的描述也明確適用於解讀中的另一張或多張牌卡，這會立即連結相關的牌卡，而她的具體措詞則會告訴我們主題是什麼。

尋找主題也是探索新牌組，並熟悉其語言、符號和風格的絕佳方式。重複的圖像透露了牌組創作者或許沒有承認的世界觀或態度（他或她甚至可能沒有意識到）。例如，艾德・伯林（Ed Buryn）創作的威廉布萊克塔羅牌（William Blake Tarot）中有許多天使和其他超自然生物與人類交流，或為人類提供援助的牌。這個主題與描繪神聖創意靈感的牌組完美契合，其中眾神承認人類內在的神性。在萊德偉特史密斯塔羅牌組中，成雙成對的柱子、塔、圍牆花園和庭院頻繁出現，表示進入受到精心保護的

庇護所具有重要意義。

概述反常現象

反常現象與重複的主題同等重要。反常指的是不契合的事物，因此往往會顯得奇怪或異常。例如，如果在十張牌的牌陣中，除了隱士之外的所有牌卡中的人物都以團體方式互動，那麼隱士牌就會特別突出，並暗示受到其他人孤立的關鍵主題。隱士因鮮明的對比特質而顯得「尊貴」，如果它是牌陣中唯一的大阿爾克那，則又更突顯。

練習 14:3

一、將整副牌任意地擺放在地板或桌子上。快速瀏覽牌卡，直到重複的圖案引起你的注意。接著，根據特別顯眼的視覺主題將牌卡分組（儘管大多數牌卡都適用於幾種不同的分組，但每張牌只能放入一個組別中）。你分類的每個小組暗示了哪些關鍵主題？這些主題透露出哪些關於牌組的訊息？

二、你選擇的牌屬於哪一組？該組的主題是什麼？它如何適用於你目前的情況？你選定的牌與同組的其他牌卡相較下，有什麼特別突出的不同之處（反常現象）？這暗

示你有什麼樣的個人議題？

元素尊貴

最早將基於元素親和度的「尊貴」概念應用於塔羅牌的，是黃金黎明協會的麥克達格·馬瑟斯（S. L. MacGregor Mathers），用以作為逆位牌的替代方案。在檢視兩張或三張牌所形成的牌陣時，元素尊貴可決定牌卡的力量，而主要依據來自花色元素是彼此相合還是對立。

大阿爾克那的親和度主要基於與牌卡相關的十二星座或行星的元素對應關係。在這次的探討中，我們使用的是黃金黎明協會的對應關係（參見〈附錄 C〉）。如果你使用的是不同的對應系統，請隨時根據自己的使用情況調整解讀。

馬瑟斯在名為《Book T》教學論文中描述了四種元素尊貴。他的說明在下文以楷體顯示。這裡僅提供元素的部分，讓你可以將這些原則應用至任何牌組。

一、強

火＋火　　風＋風　　水＋水　　土＋土

當花色／元素相同時，「視性質而定，無論善惡都非常強大」。

它們的能量會合成或同步。這些牌卡在運作時，幾乎不會有摩擦或不適的狀況，但可能會專橫和極端。它們不會激發彼此的成長，因為它們很容易團結在一起。幾乎沒有外界的干擾，但也幾乎沒有超越自我的妥協或調整的能力。正如一首古老的童謠所述：「當他們好的時候，他們非常非常好，在他們壞的時候，就很可怕。」

二、相合，略強

火＋風　　水＋土

當花色／元素都是陽性／主動或陰性／被動時，它們的「強度中等」，因為它們「彼此相合」。

這些牌是互補且相容的，傾向於妥協、平衡和互相忍讓。它們很容易共存，而且傾向於互相激勵。它們之間的能量可能會起伏不定。視牌卡的不同，可能是夥伴關係，也可能是對抗關係。成功來自於平衡它們的衝動並整合它們的共通性。權杖和寶劍被視為是陽性、主動或動態的，聖杯和錢幣被視為是陰性、被動或接受的。

三、略合，中性

火＋土　　風＋水

當花色／元素彼此互補時，它們是「略合的」（也稱為

中性）。

這種組合會平衡創造力與差別待遇，可能會帶來支持或紊亂的效果。在最好的情況下，它們會透過互相吸引和穩定，為彼此帶來修正和療癒的力量。在最糟的情況下，它們可能會變得無能和被動，或是產生衝突。它們尋求彼此的安慰和協助，但也會稍微惹惱和激怒對方，因而產生某種壓力。

四、不合、敵對、對立；無力

火＋水　　風＋土

當牌卡具有「相反元素」時，往往會「大大削弱彼此的善或惡，並中和（抵消）彼此的力量」。

這些牌卡不相容，而且是敵對的。根據黃金黎明協會的說法，它們的能量會大大削弱或抵消彼此的影響。然而，當代的詮釋賦予它們更重要的作用。它們代表利益衝突，往往朝向不同的目的運作，因而產生恐懼、沮喪和危機感。它們挑戰彼此，並在對方的道路上設置障礙。

這些牌卡暴露出缺點和弱點，例如彼此的內疚和不足，同時威脅到安全與福祉。最壞的情況是，它們互相否定、阻礙或抑制表達。最好的情況是，雙方都能鞭策對方

採取行動，並提供能量來實現看似不可能的目標。透過將一種能量應用於另一種能量，或尊重它們的差異，即使不被理解，也可能產生絕佳的創造力。

在比較兩張牌時，影響如上所述。例如，以稍早的雙牌牌陣為例，女祭司與水有關，而皇帝與火有關。根據元素的尊貴，他們是不合的對立元素，目的相反。對黃金黎明協會而言，它們就是互相抵消。

然而，「位置」則有其他含義：透過水元素去學習，而且必須放下火元素，這表示你可以從更樂於接受的態度學習，並應避免過於積極和武斷。相反的性質暗示著，如果你不放下皇帝，就會抵消你從女祭司身上學到的東西。

練習 14:4

這是雙牌牌陣，並標明了位置和元素：

　　你對這些僅以元素特徵和尊貴為依據的牌卡有何看法？提示：可使用〈附錄 C〉來回顧花色的基本特徵。排出幾對的土元素（錢幣）牌或水元素（聖杯）牌來看看有何影響。這步驟的最後會提供可能收到的回應作為參考。

元素三牌陣

　　黃金黎明協會也以三張牌的組合來說明尊貴概念，包括一張主要的牌（即議題）以及兩側的牌。兩側的牌會修飾中心牌卡，除非中心牌卡較弱，那兩側的牌卡就會壓制中心牌卡並主導局勢。四十種可能的元素三牌組列表與解釋請參閱〈附錄 D〉。

> 「如果只有一側的牌為相反元素，那麼另一張就成為連結牌，這樣第一張牌就不會被削弱，而是會受到兩張牌的影響而被改善，因此相當強大。」

　　在下一頁的範例中，火和水為相反的元素，而火和風是相合的元素。只有一側的牌卡為相反元素。風元素牌作為連結牌，防止火元素被水元素削弱。風元素和水元素變得中立，因此火元素相當強大。為了理解實際的運作方式，以下是以實際牌卡寶劍十、權杖七、聖杯四在三個位置排出的相同三牌陣：

　　權杖七中的人物有可能克服聖杯四中表現出的無精打

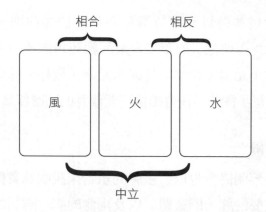

采和失望，並積極地堅持自己的主張；然而，寶劍十增加
了他對暴力行為的敏感。請記住，尊貴可能「有好有壞」；
它們不會使有問題的牌變得有利，反之亦然，它們反倒會
強化或削弱牌卡原本的性質。

> 「如果一張牌在兩張自然性質相反的牌之間傳遞訊
> 息，它就不會受到任何一張牌的影響，因為這兩張牌
> 會互相削弱彼此的力量。」

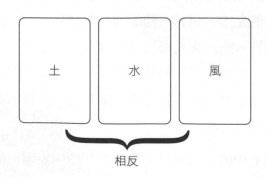

水元素牌位於兩張自然性質相反的牌卡之間。根據黃金黎明協會的說法，水元素牌受到這兩張牌的影響不大，所以實際上他們只會解讀水元素牌。在現代解讀中，土元素和風元素相反的能量在潛在動機方面具有重要的心理意義。風元素貶低了土元素對財富、價值和安全的需求，而土元素則貶低了風元素的抽象性，讓水元素成為主導的能量。土元素和風元素就像是坐在水元素父母駕駛的汽車後座上爭論不休的兄弟姐妹。

> 「對應到元素相反的花色牌，不論是好是壞，都會大大削弱彼此的力量。」（兩側的牌卡會戰勝、抑制或支配缺乏兩側特質的中間牌卡。）

中間的風元素牌與兩側牌卡的元素相反，因此缺乏土元素的特質。實用與安全的事務接手了主導地位，對風元素不利，因此由風元素所代表的心智領域受到削弱。這成了「物質勝過精神」的情況。如果性質相合的火元素位於

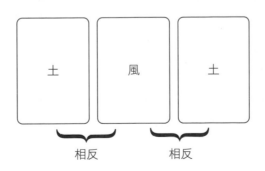

風元素牌的任何一側，那麼整個三合的組合就會加強，風
元素也會更活躍。

三牌陣的中心牌

　　在使用三牌陣的元素尊貴時，總是會從中心牌的觀
點來看待這個狀況。但你可以移動牌卡，以獲得不同的觀
點。例如，在「身心靈」的牌陣中，你可以嘗試將每張牌
放在中央，以便從該牌的角度來看待情況──身體是否同
樣受到心智和心靈的支持？心靈是否受到心智和身體的支
持？

缺少的花色

　　有些元素尊貴的實踐者添加了一條對我來說毫無意
義的新規則。他們表示，在三牌陣中缺少的元素（總是至
少會缺一種元素）代表了這個人或這個情況中所缺乏的特
質，而這個缺少的部分正是這個人所需要的。但在實際
上，總是會有不太對勁的地方！這種詮釋強調缺少的元
素是解決方案的關鍵。我強烈反對這種做法。例如，在第
237 頁的例子中，你會被告知你的生活中缺乏土元素，表
示你應該更現實、可靠和務實。但土元素可能正運作得很
好，需要你留意的是出現在牌陣中的牌卡。

牌陣中的牌陣

各式各樣的三牌陣是塔羅牌實占的支柱。此外，你會發現在大多數較大的牌陣中，例如凱爾特十字，分成如下的兩張或三張的牌組會很有幫助：

過去、現在、未來

身、心、靈

有意識、議題、無意識

處境、對立

自我、環境

請從元素尊貴的角度來檢視這些分組。此外，在任何的牌陣中，元素、數字、宮廷牌位階、順序或象徵的重複，都會為相關的牌卡帶來尊貴。尋找這些重複出現的地方，並留意它們暗示的主題是什麼。

辨別相互關係：兩張王后牌

現在，你已經了解這個系統最初的運作方式，然而事實上，你不必使用預設的兩張或三張牌組。從較大的牌陣中任意挑選兩張或三張牌，並根據元素尊貴進行評估，這是描述相互關係的完美方式。

假設在十張牌的牌陣中出現了兩張王后牌：寶劍王后和錢幣王后。從元素的尊貴來看，它們——風和土——顯然是對立的，因此它們可能是你自己的兩個部分，風格相反，而且想要兩種截然不同的東西，或是可以代表兩個性格相反的人。

如果寶劍王后是你的過去，寶劍王牌是近期的未來，錢幣王后是你的成果，那麼寶劍王牌有部分來自你過去的展現，也或許是你母親過去的展現（寶劍王后）。而作為錢幣王后，你正在發展的個人表達將會處於某種劣勢——

永恆之星塔羅（Liber t tarot）

永恆之星塔羅（Liber t tarot）

永恆之星塔羅（Liber t tarot）

兩張寶劍牌對上一張錢幣牌。她將需要從牌陣中的其他地方尋求支持。

練習 14:5

　　檢視你在步驟 12 中獲得的三牌陣的元素尊貴及其含義（請參考〈附錄 D〉的四十種可能的元素三牌陣列表與說明）。從你選擇的中心牌卡開始，然後將牌卡四處移動，以獲得不同的視角。移動牌卡會如何影響故事情節？如果根據相似處、差異和尊貴來看，這三張牌主要呈現的主題是什麼？

步驟 14 的練習可能會收到的回應

練習 14:4

我所知道的：錢幣（土）

我不知道的：聖杯（水）

土元素和水元素是相合的。已知的是有形和實際、情況的事實或正在顯現的事物。可能有財務或物質上的展現。未知的是你對此的實際感受。也可以表示夢想、希望和幻想，可能會支持你目前的行動，也可能會造成不安。

這兩種狀態可以共存（因為它們是「相合的」），因此可以容忍某種
程度的不愉快。具體狀況背後的感受和情感有助於維持這個狀況。
由於這兩種花色都屬於被動性質，所以幾乎沒有動態能量可以改變
這種情況。

步驟 15 │ 對話

一顆卵石……會用它自己的語言與我們對話，向我們訴說這條河的歷史，但為了理解它，我們必須能夠讀懂事物的靈魂。

——米爾頓·阿爾貝托·波特格（Milton Alberto Pottenger），
《象徵主義：事物靈魂專著》（Symbolism : A Treatise on the soul of things）

新手之道

在這個步驟中，你將與牌卡上的人物交談；他們會回答你，他們彼此之間甚至會互相交談。當我們討到塔羅牌給予的建議時，沒有比這更好的方法了，因為每個塔羅牌人物都有自己明確的議程。這個步驟有助於你確切了解這些議程，讓你可以自行決定要遵循誰的建議。

很久以前，當我去拜訪剛搬到另一個城鎮的潔西卡（Jessica）時，我首次發現對話的力量。在我離開之前，一位共同的朋友布萊恩（Bryan）告訴我，他一直在和潔西卡約會，卻毫無解釋地突然中斷了。他想讓我知道他為何這麼做。

當我到潔西卡家時，她從她的角度告訴我這個故事，以及她為了減輕痛苦，如何在日記中寫了一封憤怒且未寄

出的信給布萊恩。她驚訝地發現自己竟然為他寫了一封回信。當她讀給我聽時，我很訝異的是，那幾乎與布萊恩告訴我的一模一樣。

即使當我們受傷或生氣時，內心的某部分仍然比我們以為的更了解他人的動機，而且可以從內心深處加以理解。然而，我們常常選擇停留在「他這樣做就是為了讓人不開心」或「我不懂她為什麼要離開；我給了她一切」的層次上。

你可能沒有意識到，在某個時刻，你的內心有多少種不同的聲音、需求，甚至風格。我不是在談論多重人格，而是在談論欲望和反應相互衝突這個完全自然的過程。例如，「我想減肥，但一塊巧克力不會帶來多大的傷害」。你的哪部分想要減肥，哪部分想要巧克力，哪部分在吃巧克力時感到羞愧？

牌陣通常代表你自己的不同部分：來自過去的聲音、你的希望和恐懼的聲音、A 選項的聲音和 B 選項的聲音。大阿爾克那透過你較高自我的多種不同聲音發表意見，因此與他們對話可以讓你獲得這種內在的智慧。透過將塔羅牌上的人物和物體擬人化，你可以將自己隱藏的感受和特性投射到它們身上。

　　你可以與任何或所有這些內在的聲音對話，找出他們想要什麼。你甚至可以和無生命的物體對話。例如，你可以詢問正義牌的寶劍和秤，它們的用途是什麼，以及要如何使用它們。

　　這種與環境中事物對話的技巧來自格式塔療法（gestalt therapy）和夢境，而夢中的一切都是你自己的一部分。格式塔療法的目標是從個人模式中找尋特殊意義，並從中產生覺察或洞見。當相關因素變得明朗，並形成大於各部分總和的整體時，該整體稱為「格式塔」。

在解讀中使用對話：倒吊人

　　在為自己解讀時，將你的對話記錄在日記中。如此一來，起初看似愚蠢、無意義或無關緊要的事物可以在之後回顧，讓其中的智慧變得清晰。

　　身為塔羅牌解讀者，你可以提出問題並引導問卜者完成對話過程。我幾乎總是會讓問卜者參與單張或多張牌卡的對話。

　　例如，可以讓問卜者詢問

維斯康提塔羅（*Visconti tarot*）

「倒吊人」：他如何從顛倒的角度看待目前的情況，或是他背後的手中藏著什麼。或許問卜者會回答：「他認為我太浪費了，所以他把支票簿藏起來了。」（人們有時會避免直接為牌卡發聲，除非被迫這麼做。）

不要打斷問卜者，而是要肯定她的見解，接著請她重複所說的話，彷彿她是倒吊人一樣。你會發現有更多的資訊即將浮現。這時，「倒吊人」可能會說：「你太浪費了。從我的觀點來看，你的消費行為不實際或不明智。我認為我需要讓你的手遠離支票簿，並將我們的部分資源藏起來，這樣你就不會知道我們要花多少。我的工作就是彌補你的過度行為。」

比方說，考量到位置和狀況，「倒吊人」顯然是問卜者的配偶。問卜者理解「倒吊人」的觀點，而且或許她內心有一部分也同意配偶的觀點。她的消費習慣可能也讓她害怕。她嫁給了一個會踩煞車的人，這並不令人意外。因此，她可以一邊抱怨一毛不拔的伴侶，一邊安全地壓抑內在恐懼的自我。她的投射讓自己可以違背個人責任，同時又迫使她的配偶扮演壞人的角色。她是否犧牲了配偶（倒吊人）來隱藏自己的恐懼？為了這麼做，她必須犧牲自己的什麼？這些都是可以在對話中探討的難題，但它們確實觸及了問題的核心。

練習 15:1

拿起你選擇的牌，與牌卡上的人物或物體進行對話。詢問人物他們在做什麼、他們想要什麼，以及他們要教你什麼。你也能就自己的議題徵求他們的建議。詢問物體的用途、它們對你有何幫助，以及在你的生活中代表什麼。

行家之道

你現在可以繼續往下探索，或是在嘗試其他的塔羅牌解讀法之後再回來。

投射與陰影

投射是心理學的術語，指的是無意識地將你不想承認的人格特質帶到他人身上。透過投射，你可以讓內在的心理特質變得更具體。這就是你可以從這些對話中讀取到的內容。

在榮格心理學中，你自己未被承認的部分稱為陰影。陰影是無意識自我的面向之一，它受到壓抑、否認且未實現，因而被有意識的自我忽略。意識到陰影的最簡單方法，就是注意你特別欣賞或不喜歡別人的什麼地方。

陰影可以包括「光明」或渴求的特質，以及「陰暗」

或不喜歡的特質。如果你說：「我希望我的歌聲能像艾倫一樣美妙。」那你就已經把自己內在的歌手投射到了艾倫身上；如果你沒有否認自己很享受自己的歌聲，你就會成為這樣的人。你可能尚未完全開發出這樣的能力，但如果你的內在沒有一個可進行比較的歌手，你甚至不會認可艾倫的能力。

同樣地，如果你譴責某人有偏見，那你就是在向他或她投射你自己帶有偏見的能力。就心理學而言，正是你對自己身上不討人喜歡的特質不自在、討厭，才會讓你想要從他人身上消除這些特質。這是思考「你就是自己最大的敵人」這句格言的方式之一。例如，承認自己內在的恐懼是擁有同情心的關鍵，讓你可以對他人「感同身受」。這不表示當你看到錯誤時，不應採取行動來加以阻止，而是當你反對的是這種行為而不是那個人時，你的行動會更有力且明確。

從這個觀點來看，即使將權杖王后描述為你的老闆，或是將魔術師描述為你的戀人，你在牌中看到的一切都是你自己。這也包括物體：正義牌的寶劍是你，惡魔牌的鎖鏈也是你。

阿尼瑪與阿尼姆斯

你也會將與異性相關的無意識特質投射到他人身上。阿尼瑪代表男性心態顯著的女性面向、態度和感受，阿尼姆斯則代表女性心態顯著的男性面向。你也可以將這些大多未展現出來的特質和動力，稱為內在男性和內在女性。這些特質是從你的父母開始，奠基在你與異性的所有互動中。他人讓你感受到的吸引力或反感，有部分取決於對方有多符合你已形成的內在形象。雖然男性和女性的運作方式略有不同，但阿尼瑪或阿尼姆斯最有益的功能是激勵。

與塔羅牌中的異性人物對話，可以讓你認可並主宰自己內心的這些特徵，進而讓你有更多機會獲得過去沒有充分發展、表達的選擇和行動——你一開始可能沒有發現自己擁有這些可能性。

認可、感謝和溝通

大多數塔羅牌人物代表的態度、次人格和能量，只是希望被傾聽和認可，這麼做可以緩解龐大的壓力。你可以更深入探討這個狀況——進行溝通。例如，如果前面例子中的問卜者回應倒吊人：「我要感謝你承擔了這項艱鉅的任務，即使在我生氣時，你也能採取相反的觀點並平衡我的過度行為。儘管如此，我還是不喜歡你必須向我隱瞞事

情。你需要我做什麼來改變這種狀況？」

說「謝謝」便是開啟了各種新的可能。你要感激的是什麼？一旦你承認牌卡或情況中帶有禮物，它就為你所用。

我最早在某大型市集上進行解讀時，遇到了一名詐騙我的女士：她反駁了我所說的一切、要求更多時間，而且在占卜結束時聲稱她想要的是通靈，而非塔羅牌解讀，所以不會付我錢。

在她離開後，我決定要感謝她，儘管我不知道為什麼。在這麼做之後，我立即意識到，由於我採用獨特的互動解讀法，我必須提前告知問卜者關於自己使用的方法。如果他們同意我的說明，那我們就達成了口頭協議。我在週末期間完善了自己的聲明，從那之後的多年來，只有少數人認為這不是他們想要的，其餘的人都同意，因此願意更充分地參與。

以下的例子使用的是權杖五，可說明如何為單張牌的不同部分進行有效的確認和溝通，我稱之為「委員會牌」，可以代表腦力激盪或競爭。

權杖五令我想起在草地上的打鬥遊戲，一開始很有趣，但總是有人哭著回家。儘管它當然可以描述外在的情況，例如運動比賽或建築計畫，但也可以代表心靈的五個

新視界塔羅（*Tarot of the new vision*）

新視界塔羅（*Tarot of the new vision*）

部分在爭奪注意力，希望自己的觀點能被聽見和考慮（在權杖六中，其中一種觀點占了上風）。

我經常要求問卜者說出自己希望發生的五種不同事件的五個部分。這些部分不再需要參與衝突（克勞利的牌卡關鍵詞），因為問卜者正在傾聽。有時，我會請對方告訴我，他這五個部分有哪些外在的展現和行為。我們邀請所有的部分來到桌前，問卜者各自為每個部分發聲，然後我們思考要如何才能讓每個部分都能得償所願。然後，我們感謝他們。通常這並不像一開始看起來那麼兩難，因此衝突會轉化為奮鬥。

練習 15:2

探索你與牌卡上的人物之間，或牌卡內各個元素之間進行溝通的可能性。如果可以的話，請建立一些共識。感謝這些人物提供的洞見。

再訪女祭司和皇帝

讓我們思考另一個例子：上一個步驟的女祭司和皇帝（第 228 頁）。問題是在爭吵後如何撫平兩人之間的不安情緒。在元素的尊貴部分，我們得知這些牌有相反的元素：水和火。他們往往會看到對方的弱點和不足之處，而且很難理解對方的觀點。讓我們來看看如果你與他們交談會發生什麼事：

問卜者：女祭司，我能從你身上學到什麼？

女祭司：你可以學會保持平靜，並避免草率發言。尋求明智朋友的指引；保持包容和感恩。

問卜者：皇帝，你身上有我需要放下的特質。你有什麼看法？

皇帝：我什麼都不會放手。我是這裡的最高統治者，我期待得到尊重。如果有人惹我生氣，我就會懲罰他。

問卜者：女祭司，你對皇帝的建議有何看法？

女祭司：我不想說任何人的壞話，但他可能非常魯莽，而且以自我為中心。他想要一切都按照自己的方式進行、不會認錯，也不關心任何人的感受，其中也包括他自己的感受。

問卜者：皇帝，如果我聽從女祭司的建議，會發生什麼事？

皇帝：她是很容易受影響的人。告訴她一個悲傷的故事，你就會得到想要的所有同情。但說到保衛王國，她卻只會說些陳腔濫調，毫無骨氣。你想要把事情做好，就必須自己去實行。別聽她的。

我們可以嘗試將對話提升到不同的層次來解決這個問題。

問卜者：皇帝，如果我必須放下你，我能從女祭司那裡得到最好的東西是什麼？

皇帝：儘管她不擅長保衛城堡，但只要你召喚她，她總是隨時效勞。她可以為你提供更高遠的提醒，例如你的行為所帶來的靈性和長期影響。我認為從長遠來看，她的話語充滿智慧。

問卜者：女祭司，皇帝的哪些特質值得保留？

女祭司：嗯，他為自己的決定負責。他知道如何組織和達成目標。他承擔了維護和平與安全所需的艱鉅工作。

如果你在提問部分需要協助，請參考步驟 9。

練習 15:3

洗牌，並抽出第二張牌來代表與你選定牌卡對立的牌（或是抽兩張牌來代表你內心的對立力量）。使用幾個步驟（尤其可快速進行步驟 1 至 7）來初步了解新抽出的牌卡。接著與每張牌對話，了解每張牌想要什麼，以及它們如何反對對方（如果你有兩張相同或相合元素的牌，對立的概念要如何運作？）。你能找到與人物協商的方法，讓他們都支持你去實現目標嗎？

再訪兩位王后

最後一個例子是上一步驟的三牌解讀（參見第 242 頁的牌卡）。寶劍王后是你的過去，寶劍王牌是近期的未來，錢幣王后是你的成果。假設這兩個王后是你自己的不同面向，你表面上表現得像寶劍王后，但現在變得較像錢幣王后。因此，讓我們思考一下，他們可能會對對方說些

什麼：

　　錢幣王后：夫人，我希望你能放下那把劍。你砍下和修剪的還不夠嗎？現在是時候享受我鞏固的事業和積累的一切了。

　　寶劍王后：錢幣女士，你是因為我削減了開支才會獲利。你可能以為自己很務實，但你喜歡小小的奢侈和社交活動。必須有人保持冷靜和挑剔。

　　錢幣王后：沒錯，你還試圖切斷我所有的人際關係。

　　寶劍王后：我切斷的是不利於我們的關係。你也不希望身邊有一群弱者和馬屁精，對吧？

　　錢幣王后：實際上，我喜歡分享自己的恩惠。

　　寶劍王后：好吧，你很快就會需要我的劍了。你明白新員工派不上用場，必須解僱。你做得到嗎？

　　錢幣王后：這麼殘忍的事讓我覺得不舒服。

　　寶劍王后：但是你卻會讓我代勞，因為你知道這是該做的事，而你卻可以坐下來享受生活。

　　錢幣王后：：我承認那時辦公室的氣氛會改善，我們都可以放鬆點。或許等你幫我把冗員處理掉後，我就會請員工吃頓飯。

如果問卜者說這位寶劍皇后不是她，那就問她的生活中還有誰最像這個人物。一旦確認後，問卜者需要模仿這個人的特性，才能在不久的將來更有效地運用寶劍王牌（如牌陣所示）。寶劍王后知道善用寶劍王牌的最佳方式。這讓問卜者能夠「主宰」他或她自己過去從未表達，並投射到他人身上的部分。然而，如果不需要寶劍的能量，那也就不需要承擔投射的特質。這可視狀況而定。

練習 15:4

　　選擇並進行選項一或二。

　　選項一：讓你選定的牌卡上的人物，與自己之前抽到的另一張牌上的一個或多個人物對話。

　　選項二：或是觀察正面朝上的宮廷牌，選擇兩張代表你自己不同部分的牌，並從小阿爾克那的數字牌中選擇第三張牌來代表這個情況。

　　讓兩張牌互相談論他們對這個情況（第三張牌）的看法，並討論需要做些什麼。讓他們指出彼此的缺點和弱點，以及如何幫助對方。你如何在這種情況下運用這些洞見？你是否較認同其中一張宮廷牌？

療癒衝突

　　請記住，你不必「修復」任何事物。只要意識到內在的緊張或衝突，以及這對你生活的影響，療癒就會自然發生。聆聽牌卡人物的意見，以及他們建議採取的行動。他們反映了你的內在自我。

　　思考在特定情況下，哪些意見最有幫助，哪些會帶來限制。透過對話，你可以了解自己性格的隱藏面向，包括它的起源、目的、它如何發揮作用，以及它需要什麼才能從條件反射轉變為成熟且深思熟慮的行動。

步驟 16 ｜繪製

當我們體驗圖像時，我們也直接體驗到我們被圖像包覆的內在部分。

——羅伯特‧強森（Robert Johnson），《與內在對話》（Inner Work）

新手之道

　　這個步驟要求你比過去更深入地檢視牌卡——再度切換至不同的感知頻道。這項技法很少用於為他人進行的解讀中，但一旦體驗過，你就會理解整合牌卡意義的全新方法。從最基本的層面來看，這個步驟是要繪製牌卡的草圖（但此步驟的第二部分遠遠不僅止於此）。你不僅將探索以前從未發現的細節，還會探索真正用來表達牌卡訊息的是什麼。

火柴人塔羅牌 Stick-Figure Tarots

　　以個人洞見而言，不論是你的塔羅牌專業知識還是藝術能力，都不會影響這個過程——它對於高階實踐者和不折不扣的新手來說同樣有效。如果你不確定該怎麼做，可先從畫火柴人和草圖開始。

如果你會玩猜猜畫畫（Pictionary），那你就能做到！即使這聽起來不像是你會喜歡做的事，也請嘗試一下。用畫的和用想的是截然不同的方式，後者永遠無法取代素描時視覺和身體上發生的各種體驗。有些黑白色的牌組讓你可以自行為牌卡上色，通常這能讓人更理解顏色的象徵意義。儘管這本身就是個寶貴的過程，但我要求你進行的動作還有一些其他作用。

你可以從拉爾・迪舒沙（Lar deSouza）的火柴人塔羅牌（Stick-Figure Tarot，以萊德偉特史密斯塔羅牌為基礎）的牌卡上看到，從最赤裸裸的資訊中可以透露出多少訊息。拉爾意外發現有許多人告訴他，他們會使用這套牌組作為教學工具，因為它的圖像非常容易理解。你可自行選擇要不要畫火柴人或上色，或是在日記或紙卡上畫圖，或者將圖像放大為原來的兩倍。

火柴人塔羅的魔術師中有桌子、花色象徵、幾朵花、無限符號，以及指向上方和下方的典型手臂。他還畫了魔術師的腰帶，包含一條銜尾蛇（咬住尾巴的蛇）。所有重要的細節都在這裡。

錢幣六則讓我對牌卡有新的想法。人們看起來很熱情，好像玩得很開心。站著的人物可能正在分發靈糧嗎哪（manna），或是向高興的孩子而非絕望的乞丐發送禮物。

這是我個人嘗試畫出艾德‧伯林創作的威廉布萊克創意想像塔羅牌中的愚人火柴人版本。我開始清楚意識到，

牌卡的每個象限是由什麼所主導，以及要如何沿著重要的能量對角線擺放人、狗和原始的鱷魚。另外，我不記得左下角的太陽（與萊德偉特史密斯塔羅牌版本中出現的位置相反）。

NINE OF PENTACLES

在使用藝術家阿姆納特‧克蘭普拉查（Amnart Klanprachar）的亞洲之魂塔羅牌（Roots of Asia Tarot）時，我發現繪畫或口頭描述是必不可少的，因為圖像和乍看之下並不相同。看似簡單的背景裝飾中有人臉和動物。鋸齒狀的山實際上是一個女人躺著時彎曲的膝蓋；大腿是一隻鸚鵡。在我畫的錢幣九中，顯然看起來像樹枝的東西實際上是象鼻，而葉子是眼睛。有些事物不畫出來是看不見的。

練習 16:1

以你選擇的任何媒介或風格，為你選擇的牌卡（或任何其他牌卡）繪製基本草圖。即使是胡亂塗鴉也沒關係（提示：用鉛筆輕輕畫出一個 X 形以連接圖的對角處，有助於你定位牌卡上的元素）。你有發現什麼以前沒注意到的事嗎？

行家之道

你現在可以繼續往下探索，或是在嘗試其他的塔羅牌解讀法之後再回來。

不加掩飾的基本要素

個別塔羅牌可透過最簡明扼要的視覺手法來辨別。我曾經坐在舊金山的一家冰淇淋店裡，看著陳列的抽象畫。這些畫由彩色的幾何形狀所構成，而在某些畫上還有最基本的臉部線條。我突然意識到這些是塔羅牌的大牌，而我可以輕鬆認出大多數的牌。

幾年後，我偶然發現一套「塔羅石」，其中每個大阿爾克那都是一個矩形黏土。每顆塔羅石都僅透過印在上面的象徵符號來識別：雙紐線代表魔術師，一盞燈代表隱

士，但每一個都易於辨識。

練習 16:2

一、讓你能夠準確無誤地識別選定的牌卡圖像（不包括數字或花色等線索），而且還能讓你明確分辨它與其他任何牌卡的最小幾何形狀或單一象徵是什麼？

二、你會為每個大阿爾克那選擇什麼形狀或象徵？

畫出整個牌陣

當你從抽單張牌進展到抽出整個牌陣時，就會發生令人興奮的事。我強烈鼓勵你進行下一個活動，因為我發現這是教導人們組合牌卡意義的最佳工具。

三牌繪圖

幾年前，當我在紐約萊茵貝克（Rhinebeck）的歐米茄學院（Omega Institute）任教時，一名男子向我展示了他的塔羅日記。在每一頁上，他都記錄了一個完全以繪圖形式呈現的個人凱爾特十字牌陣。可以看出熟悉的布局，但他消除了牌卡上的邊框，讓場景相互貫穿，人物互動。

他簡單的線條繪圖活潑、富有表現力，而且俏皮。這

裡描繪的是他內在的心理景象，就像任何夢境一樣深刻而有力。它們也令人想起中世紀的插圖，即在單一的作品中呈現一連串的事件。

當我稱讚他畫作的品質時，他回答，任何人都可以做到，而且任何人都可以透過繪製牌陣的草圖而獲益。多年來，我的腦海中不斷浮現那些迷人的圖畫，但我無法想像自己會這麼做。

有一天，一名學生問她要如何才能學會將牌卡的意義融入到她的解牌中。這並非不尋常的要求，但我突然間明白了！我決定讓全班進行繪製三牌陣。由於這是一種體驗式的學習技巧，因此可繞過理性思維及其看門人：內在批評家。我想要一種不允許任何繁瑣細節或追求完美，而且還能鼓勵學習者追求樂趣的媒介，因此我拿出了一大盒一百二十八支彩色蠟筆。這個實驗的成功已超越我最瘋狂的想像，而且已經成為我最愛的教學工具之一，同時也是我產生個人洞見的寶貴方法。

有些人試圖透過瘋狂的塗鴉和抽象畫來逃避這個過程，但事實證明這些和字面的詮釋一樣有效。去掉牌卡的邊框並讓人物互動（或是一張牌上的人物接手另一張牌上的活動），你最終會得到一張在字面上和比喻上動態相互貫穿的圖。

通常使用蠟筆在標準白紙（兩面皆可用）上繪圖的效果最佳（可加上水彩蠟筆，例如瑞士卡達〔Caran d'Ache〕和 Payons 品牌的水彩蠟筆，或用彩色麥克筆來製造特殊效果，但並非必要）。我強烈建議你不要使用鋼筆或鉛筆，以期能更放鬆、有趣。

由於使用的是蠟筆，所以你會畫出比原圖更大的圖，並請自由選擇顏色，不論符不符合原圖都可以，請聽從你的直覺。

使用不同的牌組可能產生令人意想不到的結果。對我來說，威廉布萊克創意想像塔羅牌（Tarot of the Creative Imagination）帶來夢幻且充滿能量的景色和輕微煙燻的色彩（與上面的火柴人版本截然不同）。奈菲爾塔莉／埃及之光塔羅牌變得充滿超現實色彩。相較之下，我的萊德偉特史密斯塔羅牌組繪圖相當寫實，而且比牌卡上描繪的臉部表情更強烈也更清晰。

一張圖整合了萊德偉特史密斯牌組中的聖杯侍衛、聖杯五和錢幣二。聖杯侍衛正試著耍一堆的杯子，其中幾個杯子掉落，裡面的液體溢出，一條魚在河岸上掙扎（從他的杯中掉出）。因此，錢幣二中的雜耍者變成了聖杯侍衛，他因為掉了這麼多杯子而不高興地皺著眉頭。現在我們知道，聖杯五中的杯子是如何被打翻的了！

在基於死神、寶劍六和錢幣二等牌卡所畫出的繪圖中，船上通常會見到的人物已經被換掉，變成一副骷髏用鐮刀划船過河，而船的前方有一個人在耍著兩枚五角星／錢幣。遠方的太陽在劍門之間落下。

對塔、愚人和權杖六來說，有一個類似長髮公主的場景；其中，愚人從塔的窗戶探出身子，向騎馬經過的人遞上一朵白玫瑰（來自權杖六）。閃電擊中愚人的嘴。畫完這幅圖後不久，這人就離婚了。

練習 16:3

第一部分：準備畫出三張牌所需的繪圖材料。

- 一張白紙

- 多種顏色的蠟筆

- 三牌牌陣

- 二十分鐘的時間（可視需求延長）

拿起三張牌，移動、改變它們的順序，將它們疊成金字塔形，甚至可重疊在一起。留意吸引自己目光的部分。想像牌卡邊界消失，它們都存於同樣的環境中。是否有主導的特定背景？是否有人物、形式或結構出現在前方？一

張牌上的物體可以用於另一張牌嗎？

　　只要有些許圖像或主題浮現，就立刻開始作畫。不用等到完整的圖出現，它會以自己的方式浮現，讓元素為你帶來驚喜。你可以先用淺色蠟筆繪製簡單線條的草圖，之後再添加明確的線條、細節、表情和服飾。

　　你不必畫出所有的人和物體。事物的尺寸可以放大或縮小，場景可以重疊，花色的代表物（聖杯、權杖等）未必要維持「正確」數量，但要保持一致也無妨。有時，圖像會形成一連串的事件，但請小心不要陷入必須根據每張牌的空間來繪製插圖的迷思，這個過程追求的是超越。

　　你希望最終畫出一張完整的圖，儘管這張圖可以包含多個部分。

　　一次二十分鐘的計時有助於你保持專注並持續前進。你不想在開始繪畫之前事先規劃，甚至不想對於正在進行的事考慮太多。從任何腦海中突然閃現的事物開始。在二十分鐘結束時，用蠟筆的側邊為天空、地面或其他的大片白色區域畫上少許陰影，因為這有助於將所有部分連接在一起。如果你提前完成，請添加細節或更多顏色。

　　你可以獨自完成這個過程，但與其他人一起進行，將可透過集思廣益和事後對繪圖的討論，來強化焦點並加深

見解。

第二部分：運用你的圖像作品。

現在是時候進行我所謂的「讓圖像發揮作用」了。與其他人一起討論尤其令人興奮，因為他們會立即看到你沒有發現的東西。可在日記中寫下你的想法來自行探索和腦力激盪。

以下問題的目的是激發思考，並建議進行富有成效的思考。請依據個人喜好回答部分或全部的問題。大多數的解夢技巧都適用。儘管你可以和原始的牌卡進行對比，但請將注意力集中在繪圖本身。嘗試從遠處看看自己的畫。

一、描述你的圖

• 當中發生了什麼事？

• 你如何從牌卡進展至繪圖？

• 是否有什麼令你意外？

二、注意以下內容及其可能的意義

• 主色調（請參閱步驟 13 關於象徵的說明）

• 能量流（圓形、鋸齒狀、分組）

• 移動方向、視線

- 物體之間的距離（越近相當於關係越緊密）

- 相對大小（人和事物之間）

- 意外狀況（例如，沒有足夠的空間容納人物的頭？）

三、找到主要焦點——最強烈吸引你目光的地方。

- 這暗示你關注的焦點是什麼？

- 實際的中心是什麼？它與焦點有何關係？

- 其他主要的能量匯聚場所是什麼且在哪裡？

- 考量以下狀況（儘管未必總是適用）：

左邊為過去；中間為現在；右邊為未來

上方為靈性或超意識；下方為潛意識

前景為主導、主動、目前

背景為遙遠、幕後、效果較差

四、你位於圖中的何處，或你是圖中的什麼？從這個觀點而言：

- 你正在做什麼？

- 你感覺如何？

- 你想要或需要什麼？

- 你想去哪裡或下一步想做什麼？

五、其他人物有何身分或屬性？

- 第四項中的「你」與這些人物之間有什麼互動？

- 這其他的人物（和物體）如何也能代表你？

六、最大的問題、障礙或停滯的能量在哪裡？

七、圖中少了什麼？

八、你圖中的任務或機會是什麼？

- 是否需要做出一些改變才能讓你感到更有力量？

最後在圖的背面記下以下訊息來結束練習：

- 日期（亦可選擇性地記下簡短的地點和／或狀況）

- 使用的牌組

- 三張牌

- 繪圖的標題

- 用一句話總結：以第一人稱現在式描述圖中發生的
  事。別的不說，就這麼做！

- 行動：活動成果建議的一項任務或儀式，而且你現

271

在承諾要在接下來的四十八小時內完成（參見步驟
21）。

在幾週內回顧你的繪製作品和進行概述，並在幾個月
和一年內再度回顧和概述。記下任何新的洞見。

接下來該怎麼做

下次進行塔羅牌解讀時（在經歷了三牌繪圖的流程
後），看看你是否可以將自己的所學派上用場。找出你牌
陣中最重要（或最令人困惑）的三張牌，想像它們的邊界
消失，讓場景融合，讓人物互動、混合，或呈現彼此的特
徵。

整合看似截然不同的元素，看看解讀的中心主題和
關鍵是否沒有出現。牌陣位置可以為你的合成帶來細微差
別。例如，當「過去」位置的牌卡細節與「下一步」牌卡
的細節混合時，將顯示過去如何及在何處影響下一步。重
點是不要再將牌卡視為獨立的個體，而是要以出乎意料的
新穎方式將它們組合在一起。你已經開啟了另一種感知管
道，並學會了用新的眼光來看待自己的解讀。

步驟 17 ｜體現

每個動作都成為運作中的象徵，將內心世界的力量轉化為可見的物質形式。

——羅伯特·強森，《與內在對話》

新手之道

　　我們絕大多數的經歷都是非語言的。這個步驟將探索你身體的所知，即身體的內在智慧，而這可能是你沒有意識到的。這是塔羅牌的肉體層面，源自希臘語的 soma，意思是「身體」，描述的是如何透過身體實際演出塔羅牌人物的姿勢、手勢和動作，接著密切關注體內發生的事，就能從中獲取資訊。出發點是展現塔羅牌人物的精確姿勢：模仿手勢、姿勢和肌肉張力，然後再延伸至動作中。這會產生出自塔羅牌的獨特觀點和洞見，而且是無法透過任何其他方式獲得的。

　　我很少在沒有某種身體重現表演的情況下進行解讀，即使只是模仿手部動作。

　　有些牌組比其他牌組更適合這麼做。例如，萊德偉特

史密斯塔羅牌組中的許多牌卡都提供了關於牌卡課題的隱藏身體教誨，但唯有當你用身體重新演繹牌卡時才會顯現。

摩謝‧費登奎斯（Moshe Feldenkrais）是最出色的心身覺知教師之一，他表示，如果你想學習某件事，就必須親自體驗。因此在解讀一張牌時，用你的身體去體驗這張牌是有幫助的。我們的任務是將內在（我們體內）的所知與外在（我們有意識的思想和言語）的所知相結合。在解牌中，你希望自己的言語與內在活躍而真實的事物相連，這就是智慧的體現。

我在步驟 8 的隱喻中指出，當你體驗到錢幣五的「在戶外受凍」時，身體會自動對那記憶做出反應，也就是你可能會輕微顫抖，並保護性地向前聳肩。在此步驟中，你將探索自己的身體記憶、身體如何反應，以及它試圖告訴你什麼。

理解這個過程的最好方法就是身體力行。

練習 17:1

首先，請詳閱以下說明。如果你願意，可以對文字內容錄音，並在適當的地方停頓，讓自己可以全神貫注地完成說明的每個部分。或是請某人讀給你聽。

一、檢視萊德偉特史密斯塔羅牌組中的錢幣四。

二、坐在一張直背椅上，身體微微向前傾，才不會靠在椅背上。想像自己頭上正頂著一枚五角星／錢幣。你的膝蓋和大腿打開與肩同寬，雙腳踩住兩枚錢幣，腳趾微微朝外。將第四枚錢幣擺在身體前方。你的左手臂彎曲，左手掌放在錢幣上方，而右手和右手臂則從下方輕托著錢幣。

均勻地深呼吸幾次，感受一下自己正在進行的動作。為了保持對這四枚錢幣的察覺，並維持它們的平衡和安全，你需要什麼？

這時也同樣感受一下，你在生活中緊抓著不放的是什麼？只要等待，同時均勻地深呼吸，讓意識浮現。再次感受一下，要如何才能同時維持四枚錢幣？為此需要多大的力量和張力？嘗試抓緊和鬆開這些錢幣，然後盡可能完全放鬆，但不要放手。如何才能維持最大的穩定？

這時將注意力集中在中央的錢幣上，緩慢地上下移動它，可增加或減小它的大小，直到你找到無須緊張且完美平衡與安全的位置。想像你將中央的錢幣收進體內，同時仍保持平衡與安全。讓手臂放鬆地垂下，不必抓住任何東西。感覺你頭上和腳下的錢幣被輕鬆地吸入你體內。輕柔而均勻地呼吸。

中間的錢幣位於你體內的哪裡？讓自己意識到它，陪伴著它。這時，想像自己展開行動並離開那個地方——順利、毫不費力——以及在離開那個地方時，你如何無須抓住任何外在的事物。站著到處走動，讓中央位置的錢幣引領你行動。

三、完成後，坐下來寫下自己的體驗。你發現了什麼？你在生活中緊抓著不放的是什麼？放手的感覺如何？中央的錢幣到了你體內的哪裡？對大多數人來說，它可能位於心臟、太陽神經叢，也可能位於肚臍後方，即進入你的第三或第四脈輪（靠近所謂的丹田 hara 或氣 chi），也就是引導你的意志和心展開行動的能量中心。你自己的錢幣位置對你而言有何暗示？

如果你只讀了練習但不加以實行，那你永遠都不會知道實際上會發生什麼，以及實際的感覺如何。想像會帶給你一些資訊，甚至可能是重要的資訊，但會不同於你從體驗本身所學到的。

練習 17:2

一、拿起你選擇的牌卡（或任何其他牌卡），盡你所能地將自己擺在與牌卡上的主要人物完全相同的位置，確

認自己是否已經呈現出如圖所示的每個手勢、位置和角度。保持這個姿勢，同時輕柔地呼吸。

二、詢問你的體內有什麼需要覺察的地方。等待感覺出現。注意自己覺察到什麼。向自己描述你的覺察。承認它，坐下來和它交流，注意你的身體對它的感受，感受它的心境和情緒。

三、牌卡是否建議採取行動？如果是，就請展開行動，並視需求多次有意識地重複行動。如果人物靜止不動，則詢問人物接下來想做什麼，或是他或她對外在刺激（假設來自另一張牌）有何反應。讓動作和活動風格從體現的人物內在自然顯現。如果他想說話，就用他的聲音說話。這個行動與你的生活有什麼關係？讓意識從體內升起，詢問是否還有其他需要了解的訊息。

四、感謝這個人物，然後緩慢地回神，並擴展至恢復完整的自我意識。花點時間確認你的身體是否發生變化。你感覺如何？寫下自己的體驗。

在剛開始時，以時間較長的冥想體驗方式來體現你的塔羅牌是非常值得的。一旦你了解這個體驗可能的範圍，便能根據想要的資訊量縮減這項體驗的時間。此步驟的第二部分將提供相關的範例。

行家之道

你現在可以繼續往下探索，或是在嘗試其他的塔羅牌解讀法之後再回來。

體現解讀

在實際的解讀中，不到一分鐘即可完成體現的體驗。例如，如果你在市集上進行解牌，而牌陣中六張牌的其中一張是「節制」，可請問卜者伸出雙手，想像自己拿著兩個杯子，並將一個杯子裡的東西倒入另一個杯子裡。在他模仿這個來回反覆的動作時，杯子暗示著他自己生活中的兩件事，而他正以某種方式混合或組合這兩件事，可問他這兩件事是什麼。另外也要思考一下，他是否混合了牌陣中另外兩張牌所代表的任何事物。

錢幣二中也有類似的情況，但在這個案例中，人物是在玩雜耍。當問卜者模仿時，提醒她玩雜耍時不能直視任何物體，只能看正前方的中立點，讓視線變得分散；同時她必須保持雙手移動，並耍著空中的物體（如果你想增加複雜度，可以讓她同時跳舞）。詢問她在耍什麼，以及她雜耍的動機和方式為何。

如果是單純坐著的皇帝牌，可請對方確切體驗坐著的感覺，他如何握著地球儀和權杖，以及身穿盔甲的感覺。

請問卜者描述，當他這麼做時自己意識到什麼。接著讓問卜者像皇帝一樣起身和四處走動，並用皇帝的聲音說話。

如果是戰車牌，可探索當馬匹或獅身人面像朝不同方向奔馳時，駕御戰車的人會如何移動？她如何重新掌握和控制拉戰車的野獸？這和她的處境有何關聯？你可以將這次的體驗與力量牌對待獅子的方式進行對比。肌肉的活動、張力和呼吸的變化、身體的角度，以及多感官的意識都提供了訊息。

儀式為象徵的體現

儀式的定義包括從禮儀行為到簡單的既定例行公事。儀式和習慣之間的區別，往往只是意識和意圖之間的區別。早上刷牙是一種習慣，但透過有意識的意圖將它變成一種儀式，即清潔牙齒代表著正直和同情心，它就變得充滿個人意義。將塔羅象徵轉化為活動，可重新與人類原始經驗的源頭建立連結。儀式就是「運作中的象徵」。

可思考雙手可能具有的象徵和儀式意義。它們給予、拿取和握住東西，它們會建立連結。然而，請思考一下最微小的改變會帶來多大的差異。例如，將雙手舉到頭前，手掌張開並向外，你就會得到一個表示毫無隱藏，也無意傷害的普遍象徵。這可以代表和平、歡迎或投降，但只要

輕輕抬起和轉動，就會變成驚訝、沮喪或困惑（可參考威廉布萊克的愚人牌）。

　　來回或上下轉動手腕揮手，可以表示答謝、認可或告別。若加強肌肉張力，將手掌突然向前推，就形成一種強烈的自我保護手勢，代表「不要靠近」。將手掌向上伸展，就成了對偉大上天的祈求，祈求或接收上天的力量。可親自嘗試這些變化，看看會出現什麼想法，如果你的態度或情緒發生變化，你又會有什麼樣的臉部表情。

　　當艾德‧伯林請教我該如何詮釋威廉布萊克的創意想像塔羅牌時，我體現了每一張牌，我演出牌卡並為它們發聲。用這種方式讓布萊克的藝術發揮作用是非凡的體驗，因為他的神話人物是如此生動地展現出人類的創意與文化。我認為這是為任何新牌組開發詮釋方法的重要工具。

肢體語言

　　除了演出牌卡以外，身為互動解讀的塔羅牌解讀者，你也可以透過對問卜者肢體語言的覺察來進行更深入的解讀。丹尼爾‧高曼（Daniel Goleman）在他劃時代的著作《EQ》（Emotional Intelligence）中表示：「每種主要情緒都有其代表性的生物特徵、一種隨著情緒升高而帶動身體的徹底變化模式，以及在受制於情緒時身體自動發出的一

組獨特信號。」

關注問卜者的反應。說出你注意到的情況，並請他解釋這個反應和什麼有關。例如問卜者抽到塔牌後，立刻向後靠在椅子上。身為解讀者，你可以說：「看到塔羅牌時，你突然向後靠在椅子上。你正在經歷什麼？」如有需要，你可以提示他這個動作對你來說意味著什麼。例如，「你似乎想盡可能遠離塔」或「塔代表突然的爆炸，我看到你突然向後退，彷彿你被炸飛了一樣。發生了什麼事？」避免詢問對方的想法，因為你希望他停留在身體的層面，才能更深入觸及身體和／或情緒上的反應。有時身體反應就像挑眉一樣細微，卻非常重要。

與身體或情緒反應保持連結的其中一種方式，就是詢問問卜者身體的哪個部位正在經歷這種反應。一旦確定了位置，你可以請他將身體感覺或情緒想像成一個物體。這是什麼物體？它的顏色和形狀是什麼？你希望他完全專注於自己的體內。接著思考一下這個物體在牌陣中的作用。

扎克（Zack）前來占卜。和許多人一樣，當他看到塔牌時，明顯地退縮了。詢問之下，他說他可以想像爆炸和墜落的情景。接著他感覺肚子裡彷彿有重物落下。當他沉浸在這種感受時，它開始感覺像鉛塊，然後又像厚重的黑色淤泥，讓他無法起身。

Victoria regina tarot

16。The Tower

Victoria regina tarot

17。The Star

我問他，是否在解讀中看到任何暗示他如何處理這些淤泥的訊息？在這次的解讀中也出現了星星牌，於是他決定將這些淤泥交給星星牌的少女，請她洗淨。當淤泥被洗去時，變成了一團光球，他意識到自己終究還是需要它，因為塔牌是真的試圖想喚醒他，但他沒有發現，直到星星牌的平靜沉著為他揭露這件事。他自己想通這些淤泥實際上是恐懼於表達自己的才華。

自動反應是大腦正在建立連結並啟動內在模式的跡象，表示正在為你的外在行動做準備。這些是根據你通常覺察不到的信念和態度。與他人合作（注意並幫助他們注意自己的身體反應）是訓練自己留意身體反應，並在這些

反應發生時停下來和追蹤的絕佳方法。

練習 17:3

　　一、下次解讀塔羅牌時，請仔細觀察在你翻牌時細微的身體反應。當你專注於內在的體驗時，請與那自發性的感覺保持連繫。等待有事物浮現腦海。開始用手勢、語言或聲音來描述。如果這是一個物體，會是什麼？它給人的感覺如何？它想要什麼？它是否需要牌陣中其他牌卡的什麼？

　　二、在為他人解讀時，注意身體反應。告訴這個人你觀察到什麼。引導他或她完成這個覺察的過程。

步驟 18 ｜想像力

如今已證實的曾經是想像。

——威廉·布萊克，《天堂與地獄的婚姻》（The Marriage of Heaven and Hell）

新手之道

　　想像力是塔羅牌的主要用法之一。在某些奧祕的傳統中，塔羅牌僅用於傳授神祕學的原理和進行內在旅程的冥想。在這個步驟中，你將著重在想像力的實際層面，因為目的是為自己或他人解讀。

　　想像力練習又稱為引導觀想或積極想像，是先從特定的圖像開始，接著讓圖像自然發展。事實上，你早已在使用這種能力來創造故事和問題，並用於對話、繪畫和體現等活動中。

　　想像力有時被描述為形成圖像或願景的思維能力。然而，你會發現可以用自己任何和所有的感官來想像。或許更好的定義是：想像力是我們對創造力的運用。除非你能想像其他情境，否則就不會有這樣的情境發生。

　　想像力不受支配物質的時間和空間規則所約束。帕拉

塞爾蘇斯（Paracelsus）在他的煉金術著作中，曾提及魔法
與想像力的相關概念。他認為想像力就像是「靈魂的內在
感官」，而透過想像力的運用，才能感知身體感官所無法
觸及的事物。

　　透過想像，靈魂可以憑直覺感受到實體事物內在的力
量和美德。大衛・艾布拉姆（David Abram）在《感官咒
語》（The Spell of the Sensuous）中寫道，想像力是「感官
本身跳脫當下既定情境的方式，以便與我們無法直接感知
事物的另一面，以及感性事物隱藏或不可見的面向進行暫
時性的接觸」。

　　培養想像力的任務之一，就是探索自己的能力所在。
此步驟的後半部是自我診斷測試，它將幫助你找出最強的
想像力感官。由於你可以仰賴這些能力來強化自己的觀
想，因此儘管並非必要，然而你可能需要在開始之前先進
行這項測試。

　　展開任何想像力練習的方法之一，就是編造故事。
相信我，這不是在騙人！如果你可以自由想像任何東西，
那會是什麼？不要太無聊，請讓你自己開心。在你編造場
景中的某個時刻，會發生一些令你驚訝的事，或是讓你意
識到自己已經興奮到失去控制。或許是某個人物從中國的
長者變成年輕女孩，或是你的森林不斷變為草地——太棒

了，就這樣順其自然下去，或是再繼續編造故事。

如果你除了模糊的雲、黑暗或胡亂的喋喋不休以外沒有任何體驗，那麼請想像一下自己的衣櫥。請立刻這麼做。你是如何整理衣服的？當你想放鬆時，會穿什麼？你最愛穿的衣服掛在哪裡？它的質地如何？你能找出一件很少穿的衣服嗎？現在，想像將這些衣服暫時擱置一旁，在衣服背後的牆上找到一扇門。打開門，走進你選擇的想像景色中。如果你能在腦海中看到自己的衣櫥，應該也能在這時帶入同樣的感官意識。

練習 18:1

一、拿起你選擇的牌卡，想像自己是牌卡上的人物。你是站著、坐著還是躺著？你拿著什麼？你正在做什麼動作？你感覺如何？你與這張牌中的其他生物或事物有什麼關係？有什麼你想要或需要的事物嗎？接下來你打算做什麼？脫離人物角色，回到你的自我意識中，將注意力完全拉回至房間裡。

二、記下發生的事，加入在書寫過程中浮現的任何想法。如有需要，可閉上眼睛一會兒，然後再回頭確認牌卡上的人物。回過神來，再多寫一些。完成時，感謝牌卡上

的人物。這與上一步的體現牌卡有何不同？

行家之道

　　你現在可以繼續往下探索，或是在嘗試其他的塔羅牌解讀法之後再回來。

牌卡的視角

　　你隨時可以快速了解一張牌，只要想像自己處於這張牌的環境中，或像看電影一樣觀看正在發生的事。身為塔羅牌解讀者，你可以請問卜者這麼做，並請對方敘述正在發生的狀況。

　　請記住，牌卡人物提供的並非決定性的建議，而只是個人的觀點。聰明的問卜者會希望聽到幾種不同的觀點。十九世紀的法國魔法師艾利馮斯・李維在《超驗魔法》中解釋：

> 想像力的無所不能只屬於魔法領域……想像力實際上就像靈魂的眼睛；概述並保留其中的形式；我們看到無形世界的倒影；想像力就像觀影眼鏡和通往神奇生活的裝置。透過想像力的介入，我們可以治癒疾病、緩和季節的影響、警告生者遠離死亡，並使死者復

生，因為想像力提升了意志，並賦予其超越全權代理
人的力量。

加深體驗

可以深入研究，並從牌卡中獲取真正深刻的回應。
花點時間讓身體完全放鬆，並進入如下所述的輕度出神狀
態。一切仍在你的掌控中，而且你可以隨意進入這個狀態
或離開。

練習 18:2

可以請人讀出以下這段觀想引導，也可以錄製下來，
並在粗體字的地方停頓。在手邊備妥筆記本和筆。使用你
選擇的牌，或從牌組中隨機抽取一張大阿爾克那，同時詢
問：「此時哪種原型能量對我來說最有利？」並將抽出的
牌放在手邊。

這整個體驗都發生在你的想像中，同時讓身體保持
靜止和放鬆，除非有指示請你大聲說話或書寫。舒適且挺
直地坐在直背椅上，雙腳平放在地板上，或盤腿坐在地板
上。將雙手放在大腿上，掌心向上，只有在看牌卡時除
外。專注在輕柔的深呼吸上，不要緊張，讓腹部隨著每次

呼吸擴張和收縮。

持續像這樣輕鬆地深呼吸，接連確認身體的每個部位，有意識地釋放任何堵塞的部分，讓它們從你的腳或脊椎底部排出並進入大地。在你吸氣時，從大地之母那裡吸入淨化和復甦的能量，如此在它充滿你的身體，並為你所有的細胞注入能量時，你會感覺更精力充沛且活躍。當你感到有任何的緊繃時，請先暫時收緊那個部位，接著吐氣，釋放緊繃感，就讓它流掉。

從頭頂開始，讓意識向下移動至臉部，放鬆**眼睛、臉頰、下巴、頸部**和**肩膀、手臂、手**。接著是你的**胸部、心臟、胃**和**脊椎底部**。最後是你的**臀部、大腿、小腿、腳**和**腳趾**。

讓你的意識向下移動至腳下的大地，彷彿你正在將一根繩子從脊椎或雙腳延伸到**地心**，在你進行這項活動時，**繩子可以錨定在那裡**。這可以讓你釋放任何你不需要的東西，並讓你腳踏實地、得到滋養。如果你願意，可以召喚你的高我、守護天使或指導靈在**這段旅程中與你同在**。

觀察你的塔羅牌。盡可能注意各種細節。**閉上眼睛，在腦海中盡可能重現牌卡的細節。**

睜開眼睛，再度檢視你的牌。在你內在的想像中少了

什麼？檢查人物手中的東西、腳的位置、視線的方向、他們穿什麼、天空中有什麼。**閉上眼睛，並重新創造圖像。留意自己現在還能再看到什麼。**

第三次，而且也是最後一次睜開眼睛，確認是否漏掉牌卡上的什麼。有哪些顏色？前景和背景是什麼？**有什麼是你之前沒看到的？**

輕柔且不費力地呼吸。在你閉上眼睛時，請注意牌卡的圖像變得多生動、色彩如何閃爍和振動，以及**似乎比過去更有深度和清晰度。**這張牌似乎更生氣勃勃，**彷彿充滿了能量。**在你觀察時，**牌卡開始變大。**牌卡變得越來越大，向外延伸，變得**越來越大。**直到幾乎變得和真人一樣大，接著甚至**比真人還要再大一點。**

走向牌卡並越過牌卡的邊框，讓自己身處於牌卡的環境中。**環顧四周，既然你的視線可以越過邊界，那你現在能看到什麼？聽聽看，你聽到什麼？聞聞空氣的味道。空氣如何？有微風嗎？**伸出手去觸摸物體，**感受它的質地。**

你感受到來自牌卡上主要人物的能量牽引。**靠近它，人物在迎接你。**

這時，轉身背對人物，開始融入並填滿它，接著變成它的樣貌。充分伸展自己的身體，**直到完全符合這個形**

象。**感覺自己成為這個存有，充分占據這個存有，並呈現出它的姿勢、特質和感知。這個存有如何動作？以這個存有的身分伸出手或執行一些行動。**

這個存有知道一些對居住其中的人類有益的事。那是什麼？如果這個存有願意，就會大聲說出這項訊息，或是寫在筆記本上。**這個存有還必須分享什麼額外的智慧？是否有給這個世界的訊息？**

你開始意識到你的時間即將結束。連結開始逐漸鬆開。繼續前進，離開存有，將自己抽離它的形式和能量。轉身面對它，感覺自己已經與它完全分離，而且**自我的意識變得清晰。**感謝這個存有允許你進入它體內並獲得體驗。**送給它一份來自於你自己的贈禮。**這是什麼？這個存有送你一份禮物作為交換。**你的禮物是什麼？詢問你將如何使用它。要知道，你只需想到這份禮物就能記住發生的一切。詢問是否還有其他你需要了解的訊息。**讓自己以感恩和無為的態度靜靜地待一會兒。除了接受發生的一切以外，**你不需要知道任何事，不需要成為任何身分，也不需要做任何事。**

這時，轉身離開這個人物，回到牌卡的邊框。**跨過邊框，回到你的房間。**轉身看著牌卡縮小、縮小、縮小，變得越來越小，**直到恢復為正常大小。**它只是平面的紙板和

墨水，與你完全分開。下次吐氣時，對自己說三遍自己的名字，然後睜開眼睛。寫下你的體驗。這與第一個短暫的活動有何不同？

想像力測試

如前所述，想像力可以透過任何或所有感官來體驗。研究人類潛能的先驅認為感官遠不止五種。魯道夫・史坦納（Rudolf Steiner）辨識出十二種感官，其中有部分涵蓋在下方的測試中。

以下的想像力測試是一種主觀的診斷工具，有助於你了解想像體驗的範圍，並了解自己的優勢和劣勢，以便讓想像力的運作更能發揮預期的效果。可利用你的優勢來強化體驗，並改善較弱的領域以擴大能力範圍。

練習 18:3

如果可以的話，請準備一個可顯示秒數的時鐘，僅用於第八項（體驗時光飛逝）和第十六項（體驗時間緩慢流逝）。每次體驗約需半分鐘，請保持放鬆的狀態和輕柔均勻的呼吸。完成每個項目後，以 1 到 10 分進行評分，1 表示你沒有體驗到任何東西，10 表示你有清晰、生動的感官

體驗。完成後，重新檢查並調整各項的評分，讓 9 或 10 代表你個人最強烈的體驗，其他的則以此為標準調低分數。

想像力感官體驗	評分 （1-10）
一、觀想一個藍色的碗裡有一顆黃色的檸檬	
二、摸兔子的毛	
三、聽一首優美的樂曲	
四、品嚐酸菜	
五、觀看色彩繽紛的日落	
六、回憶悲傷的感覺。感到難過。	
七、吸入濃郁的玫瑰香氣	
八、快速體驗時光飛逝。不計算時間，估計二十秒 　　（在開始和結束時確認時間）。	
九、將手放入冰水中	
十、聞腐敗的肉	
十一、走過滾燙的沙子	
十二、感到快樂	
十三、吃一片甜西瓜	
十四、在心中想像自己緊握拳頭	
十五、輕鬆地仰面漂浮在溫度符合你體溫的泳池中	

想像力感官體驗	評分 （1-10）
十六、體驗時間緩慢地流逝，每一秒都延伸至很遙遠的地方。不計算時間，估計二十秒（在開始和結束時確認時間）。	
十七、舉起一塊很重的水泥磚	
十八、跑一英里賽跑的最後一圈	
十九、彷彿從天花板上往下看一樣，看著自己躺在床上的身體。	
二十、以完整的細節想像一隻過去從不存在的野獸（如果牠有前所未見的顏色，請為自己加分）。	

　　儘管大多數項目強調單一感官，但在你的想像中可能涉及多種感官。請為整體的清晰度評分。有人可以感受到沙子的熱度，卻感覺不到自己赤腳踩在沙子上。關於你的時間感，唯一重要的是你的時間明顯與實際上不同——如果第八項較長，那麼第十六項應該較短，反之亦然。寫下你的體驗。你最清晰的想像感官是什麼？這表示在建立內在景觀和想讓事物更清晰聚焦時可仰賴它們。

　　當記憶和想像之間存有差異時，出現了一個問題。儘管認知和情感思維無法分辨這樣的差異，但想像力不受記憶的順序或形式的限制，而是可以透過原始的方式使用。

你將想像中的不同元素相結合，形成概括的想法和概念。因為有些人比其他人更容易受到暗示和錯誤記憶的影響，因此在解讀時最好使用圖像，甚至是真實的記憶，彷彿它們是可以探究象徵性內容的想像情境。

可預見的遠見

儘管「看」並非想像的唯一模式，但「觀想」一詞最常用來描述想像力的運用。在現代社會中，感知實際上不存在的事物是一種令人抱持高度懷疑態度的活動。這樣的活動一直以來都被放逐至文化的邊緣，並被人們以極大的矛盾心理看待。

例如，《美國傳統英語字典》（American Heritage Dictionary）將預見（vision）部分定義為「非比尋常的洞察力或感知能力」和「明智的遠見」。然而，有遠見或富有想像力的人（visionary）的「特徵是腦海中會浮現畫面或遠見」，會以「幻想或夢想的本質」來看待事物，而「幻象……則只會存在於想像當中」。這種人經常被稱為非現實、不切實際、愛投機、理想主義和愛幻想。

黃金黎明協會的成員在想像領域進行了廣泛的研究，他們非常清楚這是想像力不利的一面。他們建議：

> 想像必須與幻想有所區分。這必須是有條理且帶有意

圖的心理過程，而結果……當一個人想像他實際上在星界或甚至更高的維度空間中創造了一種形式時，這種形式對於那個維度空間中的智慧生物來說是真實而客觀的，就如同我們的地球環境對於我們來說一樣真實和客觀。

艾利馮斯・李維為黃金黎明協會的形成過程帶來了重大啟發，他在《最高科學的悖論》（The Paradoxes of the Highest Science）中提到：

> 「想像」會放大智慧、誇大愚蠢、要求太多真理、使虛假看起來真實；同時，想像也並非謊言；它所肯定的一切都像詩歌一樣真實，詩歌會對我們說謊嗎？她發明的事物由她所創造，而被創造出來的事物就此存在。對事實進行想像就是占卜，而占卜就是運用神聖的力量。在拉丁語中，他們稱占卜者為 divinus，即神人，而詩人則被稱為 vates，即先知。

詩人、薩滿、神祕主義者、藝術家和塔羅牌解讀者會進行「想像偵察」，也就是進入事物和自我的祕密內在存在當中。遠見的同義詞包括謹慎和斟酌，定義是「在事件發生之前感知事件的重要性和性質」和「謹慎小心地為未來做好準備」。

透過預見和遠見的連結，想像力和預言有關，它最深層的目的就是呈現永恆的真理，而我們可以依據這些真理來選擇自己的行動。透過想像力，你可以面對和處理先前經驗以外的現實。十六世紀的醫生兼煉金術士兼魔術師帕拉塞爾蘇斯表示：

> 人有看得見和看不見的小工作坊。看得見的就是他的身體，看不見的就是他的想像……想像力就像人類靈魂中的太陽，會在它自己的範圍內發揮影響，正如我們太陽系中的太陽對地球發揮影響。只要陽光所及之處，種在土壤裡的種子就會生長，植物就會湧現；想像力在靈魂中以類似的方式發揮作用，因而產生各種生命形式……心靈是主人，想像力是工具；而身體就是具有可塑性的材料。

靈性觀想中的顯像占卜

黃金黎明協會發明了訓練魔法想像力的方法，他們稱之為「靈性觀想中的顯像占卜」。黃金黎明協會的魔法師會運用他們的魔法技能來執行探索的任務，繪製其他存在位面的地圖，並為他們的資料庫收集資訊。

塔羅牌在過去是通往明確界定的星界的大門。他們會透過儀式祈禱、徵兆和符咒來進行靈性校準和保護，同時

還會「撥號」至某個位置，然後確認旅行者是否在正確的
地點。這種占卜通常以小組方式進行，讓小組的其他人可
以糾正個人的弱點（透過他們的星盤找出弱點，因為這些
弱點可能會干擾這個人的感知）。〈附錄 E〉提供了一個實
際的黃金黎明協會占卜範例「皇后牌觀想」，僅有略加修
改，可作為你能選擇進行的引導觀想。

步驟 19 ｜神話與原型

神話影響並預言了後來我們在世界上的生活方式。

——薩爾曼‧魯西迪（Salman Rushdie），
《她腳下的土地》（The Ground Beneath Her Feet）

新手之道

你看待和描述塔羅牌的方式反映了你的個人神話。由此產生的故事，定義了你的自我意識，並賦予你意義、身分和目的。你的個人神話是由你扮演英雄的「偉大故事」，而這個神話選擇了世俗的小故事，並賦予其價值。你不僅是故事中的英雄，而且故事本身往往奠基於原型的主題，儘管存有文化差異，但這些主題隨時隨地都會出現。

榮格將原型解釋為本能的行為模式，以及來自集體無意識（包含神話主題）的人物模式。因此，皇帝牌是一種本能的統治和為人父的行為，在神話中的展現為古希臘的宙斯，在埃及則是法老，而在現代社會則是國家元首或你的老闆。

集體無意識指的是全人類共有的各種無意識心靈。這是所有宗教、靈性及神話象徵和經驗的貯藏室，而原型就

是它的基本結構。原型只是一種模式，即超自然且千篇一律的東西。如果你能看到或摸到，那就不是原型。我們看到的是圖像或圖案，透過它們的對應關係，指向預先存在的模式。

你可以談論原型事件，例如旅程或考驗，也可以談論原型人物，例如魔術師或嚮導，又或是談論原型物品，例如鑰匙或王座。如果你說一張椅子是原型，那你是在表示它體現了「椅子屬性」的最基本元素，而非描述某張特定的椅子。

榮格在《原型與集體無意識》（The Archetypes and the Collective Unconscious）中，則對這些概念的描述如下：

> 除了我們的直接意識以外……還存有第二個集體、普遍且非個人性質的心理系統，而這對所有個體來說都是完全相同的。這種集體無意識並非個別發展出來的，而是透過傳承。它由預先存在的形式、原型所組成……為某些心靈內容賦予明確的形式。

亞瑟・愛德華・偉特在《圖像關鍵塔羅書》中使用了非常類似的措詞來談論塔羅牌：

> 塔羅牌體現了普遍概念的象徵性表現，其背後隱藏著人類思想的所有隱含之處，而正是在這樣的意義上，

它們包含了祕密教義，這是嵌入在全人類意識中少數真理的實現。

原型的素材是個體內在自主且獨立於自我而運作，其內在意圖可能會讓你的意識自我感到驚訝。你需要意識到內在的原型，如此才不會盲目地為它們所驅使，而是提升生活品質和意識。正如塔羅作者瑞秋·波拉克所描述的，這在最深的層次上將導向「自我與神性的重新結合」。

榮格發現每個人的心靈中都有主要的原型中心思想，他稱之為陰影和阿尼瑪／阿尼姆斯（參見步驟 15 的「對話」）——儘管我們會看到更多的原型中心思想。從心理學來說，原型圖像充滿了情感，而情感會為圖像賦予感知價值。部分塔羅牌組的圖像奠基於神話故事，而這正是因為牌卡的傳統圖像似乎與特定的神話密切相關。

基於你對選定牌卡的探索，請找出一個在某種程度上符合這張牌及你先前相關描述的神話、故事、童話、電影，甚至是一首歌曲。為了讓你有一些概念，在此步驟後面以及〈附錄 F〉中提供了與塔羅牌相關的原型中心思想和神話人物列表。

- 你的特殊情況出現在故事的哪個階段？

- 在這之前和之後的故事中發生了什麼？

- 這些情況可能暗示了哪些可能的動機和未來的選擇？

- 你可能會如何重寫神話或故事的結局，讓其他的選擇成為可能？

例如，如果你抽到了星星牌，可能會看到類似潘朵拉神話的景象，即潘朵拉在邪惡從盒子裡逃出後仍然保持著希望。或是賽姬（Psyche）的神話，她愛上了厄洛斯（Eros，邱比特的希臘名），因而引起母親阿芙蘿黛蒂（Aphrodite）的憤怒。

在重寫賽姬的故事時，可想像一下賽姬和她的婆婆阿芙蘿黛蒂需要什麼條件才能成為朋友。聖杯侍衛令人聯想到漁夫捕到一條神奇的魚，並實現三個願望的童話故事。如果是你得到他的三個願望，你會怎麼做？

行家之道

你現在可以繼續往下探索，或是在嘗試其他的塔羅牌解讀法之後再回來。

潔西卡的神話

在練習這個步驟時，我收到了一封來自某人的電子郵

件，當她發現塔牌是她的本命牌之一（透過將她出生日期的數字相加而確定）時，她認為這是自己極其艱辛的生活中，壓垮駱駝的最後一根稻草。潔西卡寫下：

> 我在塔牌和業力哲學方面遭遇重大障礙。我的生日相加至個位數為7，這為我帶來了7和16（戰車和塔）的靈魂／個性／隱藏因素牌。我無法克服的是，塔牌是多麼令人沮喪，就像薛西弗斯（Sisyphus）永無止境地把石頭滾上山一樣，如果你周圍的生活不斷地崩塌，又要如何才能前進呢？

> 我想克服這個路障並認真學習塔羅牌，但我擔心如果它無法為我的生活帶來希望和洞見，我可能不得不放棄。我轉向塔羅牌尋找希望，那是學習如何克服障礙和更能看到機會的工具。但當我看著自己的牌，我很挫敗。我自問，如果是這一切都會被毀壞的循環模式，不得不一次又一次從底層開始，而且不斷地感到卑微和沮喪，那又有什麼意義？

Ancient tarots of bologna

> 聽說生命中的所有事件和生命靈數都是業力的結果。老實說，我

不敢相信現在的生活是我所應得的。我是一個誠實、
有愛心、非常喜歡神祕學,而且慷慨的人。我總是不
遺餘力地幫助弱勢,並為任何需要支持的人事物——
人類、動物、植物或礦物——伸出援手。我童年時期
最喜歡的電影是《甘地》,我會試圖了解每個人的觀
點。然而,我的生活卻是折磨人的地獄。我仍保有幽
默感,努力堅持,保持開朗、樂觀、慷慨(一直都在
尋找我能做的善事),並努力在每一朵花、每一根草、
每一件事中看到神性。

潔西卡將自己比作神話中的薛西弗斯。薛西弗斯被視
為是最聰明的人,因為背叛了宙斯而受到懲罰,不得不永
無休止地把石頭滾上高山。這是重大的原型考驗之一。奧
德修斯(在某些版本中是薛西弗斯的私生子)在造訪冥界
時,發現這項任務實際上是多麼不可能達成:

> 我看到了薛西弗斯正在承受難以忍受的痛苦。他用雙
> 臂抱住一塊巨石,手腳並用,將巨石推到山頂,但當
> 巨石即將越過山頂時,一股強大的力量將巨石轉向,
> 無情的巨石又滾了回來,並滾至下方的地面。

奧德修斯所看到的,以及潔西卡所描述的,是英國神
祕主義者查爾斯·威廉姆斯(Charles Williams)在他的小
說《王中王》(The Greater Trumps)中對塔牌的描述:

這座塔是由手所抬起的，手從高聳的牆內爬過來，自己搭建成塔，並將下方的手推至適當的位置，用拳頭當鎚子敲擊，因此整個塔是由層層疊疊的手所構成的⋯⋯接著一道陽光突然從上方照射在這座塔上，拳頭就會回復至視線以外的位置，手也會分開⋯⋯ 表面上的磚石結構，由於受到某種無形的力量所撕裂，會再次變回緊抓和分離的手。

這聽起來完全就像潔西卡的悲嘆，她周圍的「事物不斷瓦解」，「進入這一切都會被毀壞的循環模式，不得不一次又一次從底層開始，而且不斷地感到卑微和沮喪」。她將這座塔視為「路障」，但仍不斷努力重建。這座塔象徵著身體，潔西卡的身體為她帶來極大的障礙，甚至可以說她的身體正在分崩離析。

但塔也代表一個人最高的憧憬。希臘詩人品達（Pindar）寫到通向土星塔的「宙斯之路」，任何抵達這座塔的人都會遠離悲傷和無知。這座塔實際上既象徵著潔西卡的障礙，也是救贖。潔西卡寫到障礙似乎已擴及塔羅牌本身：「我轉向塔羅牌尋求希望⋯⋯但我在看到自己的牌時，反而感到自己很挫敗。」她被困在塔牌中，沒有意識到接下來的牌是星星牌，代表希望的那張牌卡。

潔西卡想知道自己的生活事件是否是業力的結果，儘

管她無法相信自己做了任何必須過上現在生活的事。她將自己與薛西弗斯相比，而薛西弗斯正是因為身為「最聰明的人」（甚至比眾神更聰明）而受到懲罰。他曾一度囚禁死神，因此不會有人死去。潔西卡至今始終和死神保持距離。或許業力解讀可以揭露前世的情境，為她提供更多的洞見。

業力還有其他面向，它也能塑造性格並集中意志。潔西卡用來描述自己的字句也適用於靈性戰士、受壓迫族群的捍衛者，就如同戰車牌，那是她的靈魂牌：「我總是為任何需要捍衛的人事物而奮鬥。」

神話中的英雄往往有不可思議但卑微的出身，因某種缺陷而受苦，但很早就證明他們具有某種力量或特殊的特質。接著是導師或守護者的出現，受到考驗並克服驕傲，最終因背叛或犧牲而被擊垮。

潔西卡參與了榮格所謂「個體化」的原型之旅。最終，她必須帶著靈性恢復劑——聖杯或煉金術的黃金——回到社會，這讓她的整趟旅程都變得值得。根據艾瑞旭・諾伊曼（Erich Neumann）在《意識的起源與歷史》（The Origins and History of Consciousness）中所述，這是「對自己的自我解放，努力將自己從無意識的力量中解放出來，才能在困難重重的情況下仍能維持自己的力量」。我們了

解潔西卡多麼堅決地不願向絕望低頭，在一封簡短的電子郵件中，潔西卡寫下了她個人神話的精髓，以戰車和塔牌看似矛盾的原型圖像為縮影，她將這些圖像與古典神話（薛西弗斯）和現代神話（同樣也接受了不可能任務的甘地）相連。

潔西卡個人神話中的矛盾面向其實沒有那麼不可思議，因為我們每個人內在都有衝突的元素。透過檢視牌卡本身，我們可以看到這一切是如何組合在一起的。潔西卡正是在其中可以獲得重要的洞見，因為透過改變她的隱喻（以及她的個人神話），她就能改變自己體驗生活的方式。

戰車代表原型的交通工具，會承載著她前進。從占星學來說，在黃金黎明系統中，戰車與巨蟹座有關。巨蟹是一種具有盔甲般外殼的生物，而牠的外殼既是牠的家，也是牠的交通工具。現代版本的交通工具是汽車，由引擎中的活塞點火來提供動力，正如同塔牌的爆炸。

塔的數字是 16，相加至個位數為戰車的數字（1+6=7）。駕馭戰車者控制著這種能量。正如這些牌卡所描述的，潔西卡的任務是掌握（戰車）她體內塔的爆炸性能量（占星學中好戰的火星），懂得如何容納和釋放這樣的能量，才能在需要時有效地應用。

同樣地，有所追求的戰士會因為不公不義或熱門議題而「激動不已」，這可能就像有人被神聖的閃電擊中，開啟了頂輪並粉碎限制性的信念。潔西卡對塔牌的關注，暗示她正瀕臨重要的心理變化。最終，塔牌試圖將她的靈魂從任何阻礙她真實自我蓬勃發展的事物中解放出來。而戰車試圖掌握她在這世上活動的方式。

對潔西卡來說，探索關於展現塔牌力量和明晰的神話故事可能是值得的，就如同夏威夷火山女神佩蕾（Pele）的故事。在賽姬和厄洛斯的神話中也有一座塔，這座塔幫助賽姬完成阿芙蘿黛蒂設定的任務。

個體化的過程

榮格注意到在個人的夢境中存有一種心理成長的模式，他稱之為個體化的過程，這會使人們緩慢地走向更高的意識和成熟。榮格將個體化稱為「自我甦醒」或「自我實現」，在這段期間，無意識的內容變得有意識，進而使心靈和諧地融入所謂「自我」的整體。以下活動將檢視個體化過程中的重要原型。

練習 19:2

一、根據下方說明，從正面朝上的大阿爾克那牌中選擇牌卡，並將你對它們的印象寫在日記中（以下提到的陰影、阿尼瑪／阿尼姆斯和表面形象等說明可參考步驟 15 的「對話」和詞彙表）。

（一）找一張最像你自己的大阿爾克那。它哪裡像你？這是你的社交面具或表面形象。

（二）找出你最不喜歡的牌卡。你不喜歡它的哪裡？這是陰影的面向。

（三）哪張牌上的異性人物最能描述你的理想伴侶？這是你的阿尼瑪或阿尼姆斯。

（四）找出一張你最欣賞它特質的牌卡。描述這些特質。這是你的較高自我或內在指引。

二、這四張牌講述你有什麼樣的個人神話，用這些人物作為角色編一個故事。

三、將這些牌上的數字相加，接著將總和相加至 22 或以下的數字。這個數字代表你完整的自我。請描述它最有益的特質（參見步驟 11 的「範圍」）。例如，如果你牌卡的數字為 2、4、1 和 9，相加就會得出 16，也就是塔，這

表示你的自我比你的社會角色所暗示的還要強大得多。

如果你得出的數字是 22，那麼你的自我將由愚人所代表（22=0）。如果將總數相加至 22 以下的數字，結果得出的數字與原本四張牌卡的其中一張數字相同，那就從總數中減去該牌卡的數字，得出新的總和。你得到的牌卡並非決定性的，而是應能激發想法——它們如何能成真？

神話與塔羅牌

每一張大阿爾克那和許多小阿爾克那都可能與許多神話、故事、童話故事和神話／英雄人物有關。例如，錢幣四令人聯想到邁達斯國王（King Midas），他將他觸及的一切都變成了黃金，也包括自己的女兒。聖杯三經常被視為美惠三女神（three Graces）。偉特將權杖二描述為「亞歷山大大帝在這個浩瀚世界之中的悲傷」。

在十五世紀，宮廷牌以偉大經典和中世紀英雄和女英雄的名字命名（可參考我的著作《跟著大師學塔羅宮廷牌》）。了解這些故事有助於記住原型主題。神話保存了知識，並讓歷久不衰的人類真理和文化理想變得戲劇化。它們還告知、啟發、提供指導，甚至迫使我們展開行動。我們需要它們才能理解周圍發生的事。

喬瑟夫・坎伯在《你就是那樣》中表示：「神話原型

引導我們了解一個人的存在和生活經歷的超個人和超歷史的維度」。它們不僅表明你是誰，而且還表明你想成為誰。英國魔法師兼小說家荻恩‧佛瓊（Dion Fortune）也承認：

> 我最終發現歷史寓言是心靈上的真理，只需用現代思想的方式重述，就能成為難以言喻事物的準確運作模式。然而，如果只看這些寓言和架構的表面價值，麻煩就來了，因為它們非常容易誤導人並帶來阻礙。

榮格學派治療師羅伯特‧強森（Robert Johnson）講述了一名小男孩的故事。當被問到什麼是神話時，這名小男孩回答說神話「內在真實，但外在不真實」。正如喬瑟夫‧坎伯常說的：「神話是大眾的夢；而夢是私人的神話。」神話是隱喻。如果你相信神話的字面意義為真，那你就會錯過隱藏在故事中更深層次的真理。塔羅牌的多種維度有助於揭露更深層次的真理。

同樣地，透過為問卜者檢視神話或故事，你可以：

- 查看問卜者現在處於故事中的哪裡

- 預測可能的下一步或下個階段

- 如果問卜者似乎陷入困境，從神話中提出建議將有助於問卜者掃除障礙並繼續前進（或是找出另一個

具有類似元素並提供其他選擇的故事）。

- 探索問卜者的人際關係，以及這些人如何影響問卜者的生活。

- 為體驗賦予意義和目的（因為大多數神話最終會導致轉化和更新）

重新講述許多世界神話的羅伯托・卡拉索（Roberto Calasso）在《卡德摩斯的婚姻與和諧》（The Marriage of Cadmus and Harmony）中表示，在我們冒險時，我們就進入了神話王國，因為「這種時刻在我們內在施展魔法的正是神話」。因此，在解讀的過程中，當你定義和重新定義自己的隱喻時，就是在對自己施魔法；你會吸引新的個人神話，或是為舊的神話帶來新的變化。

要創造改變，你不必直接改變生活，只需改變你告訴自己的說法。這讓你能夠以新的方式自我想像並修正你的可能性。透過將你的意識拉到過去沒有注意到的事情上，這產生了榮格所稱的神奇「共時性」，即一種非因果原則：在某個時刻，發生的一切都以有意義的方式息息相關。

愚人之旅

榮格和坎伯是近代關於探索完整性神話之旅這個概念

的倡導者，但許多早期的作家也探討過這個主題。十四世紀初，但丁在他的《神曲》（Divine Comedy）中講述了這樣一段穿越地獄、煉獄和天堂的旅程，與塔羅牌有很多相似之處。有跡象顯示，最初的十五世紀塔羅牌是為了闡述宇宙的起源而創作的，概述了穿越宇宙動態結構的旅程。

十八世紀的威廉・布萊克虛構了一個全新的神話，涉及他稱為若阿斯（Zoas，代表黃道十二宮）的超自然生物。若阿斯代表人類心靈的一部分，他們的長篇故事講述的是他們最終合一為神人的結局。

艾德・伯林的威廉布萊克塔羅牌用布萊克自己的藝術講述了這個故事（靈魂的旅程）。瑪莎・海內曼（Martha Heyneman）在《呼吸的大教堂》（The Breathing Cathedral）中提到人類對宇宙學的需求：

> 人類需要對一切事物懷抱願景，包括整個時空、整個宇宙、它如何運作、它的用途、它來自哪裡、我們位在其中的何處以及原因。總之，我們需要一個宇宙的形象，不僅是數學上的形象，而且是有生命、有意識的形象，而且這個形象的存在是帶有目的性的。

喬瑟夫・坎伯在各種文化的神話中發現了與榮格的個體化過程類似的模式，他稱為英雄之旅，並將這視為生

命復甦、進入宇宙的方式。坎伯的英雄之旅因為啟發了喬治・盧卡斯（George Lucas）的《星際大戰》而廣為人知。1870 年，塔羅牌作者保羅・克里斯蒂安在塔羅牌中看到了這樣的旅程，將這描述為「歷經人生百態的智慧之路」，而亞瑟・愛德華・偉特則將大阿爾克那的順序描述為「靈魂的進展」。

然而，最早是紐約書店的老闆艾登・格雷（Eden Gray）在《塔羅牌完全指南》（The Complete Guide to the Tarot, 1970）中使用了這個用語，並描述為「愚人之旅」。以下是坎伯所謂的「原型探索情節」的神話輪廓與大阿爾克那牌之間的比較。

喬瑟夫・坎伯的英雄之旅	大阿爾克那的對應牌
I：啟程	
一、冒險的召喚（感覺有事即將改變）	愚人、魔術師
二、拒絕召喚（平凡世界中的抵抗或義務）	女祭司、皇后、皇帝、教皇
三、超自然力量的援助（導師、嚮導、魔法或動物幫手）	力量、隱士、魔術師、女祭司等
四、跨過第一個門檻（進入未知）	戀人、戰車

喬瑟夫・坎伯的英雄之旅	大阿爾克那的對應牌
五、「鯨魚之腹」（接受分離；最低潮）	倒吊人
II：啟蒙	
六、試煉之路（測試、考驗、犧牲）	戰車、力量、命運之輪
七、與女神相遇（吸引力、尋找愛情、對立面的結合）	戀人、正義
八、誘惑（來自真正的道路、對身體缺陷的厭惡）	惡魔
九、向父親贖罪（最高的考驗、與終極力量的對抗）	死神、塔
十、神化（變得像神一樣、回歸前的休息與平靜）	節制、星星
十一、終極的恩賜（實現目標：聖杯、長生不老藥、煉金術的黃金）	節制、星星
III：回歸	
十二、拒絕回歸	月亮
十三、神奇逃脫（歸途）	月亮
十四、外來的救援（回歸時得到嚮導或導師的協助）	隱士（或大多數牌卡）
十五、跨越回歸的門檻（記住所學、分享智慧）	太陽
十六、兩個世界的大師（在世俗和靈性世界中感到自在）	審判、世界
十七、生活的自由（掌控；免於死亡的恐懼）	審判、世界

以下是依序對上表的說明。首先，英雄旅程各個階段的順序並非絕對；順序可能會改變，而且一連串的事件可能會重複。其次，關於塔羅牌的分配還可以做出其他選擇，因此以下是上述選擇背後的原因。

　　一開始，愚人感受到冒險的召喚。一旦上路，他就開始展現出神奇的特質──至少是以發展未完全的形式。女祭司、皇后、皇帝和教皇代表了家庭、社會訓練和一般的世界價值觀。力量代表動物助手，而隱士則作為嚮導或導師（但任何牌卡都可以發揮這樣的作用）。從戀人受到另一個人所吸引開始，他們就開始與家人分離。戰車有跨越門檻的意志和手段。倒吊人懸掛在巨大的未知之中，必須接受新的視角。戰車和力量是掌握途中考驗的兩種方式，而命運之輪則帶來了不同的考驗。

　　坎伯所謂的「與女神相遇」涉及到對自我內外在對立面的認可和平衡，並以戀人和正義牌為代表。惡魔則是強大的誘惑者。在基督教中，透過耶穌生與死的贖罪，帶來與靈性父親的和解。這是探索之旅的中點，也是保證得到救贖的最崇高行為，即使是要透過死神或塔牌的毀滅才能實現。

　　死神和塔牌之後分別是節制和星星牌，顯示平靜與重建的達成是這趟旅程的恢復階段。月亮象徵回程的困惑與

不情願。隱士再次出現，作為月亮牌景觀的嚮導。太陽代表平凡世界的重生和啟蒙。世界牌的舞者手持兩根雙頭魔杖，展現對世俗和靈性的掌控。從墳墓中解脫（即從對死亡的恐懼中解脫）符合審判牌，但兩者都可以成立，所以我把它們放在一起。這些最後的牌卡也代表了超越個體化的階段，即榮格所謂的超越。

〈附錄 F〉則對大阿爾克那到英雄之旅、愚人之旅、相關原型，以及神話人物的範例進行比較。

練習 19:3

可練習使用凱爾特十字牌陣、你最愛的牌陣，或用自己對英雄之旅的想法打造一個新的牌陣。將牌卡正面朝上進行選牌（也就是透過瀏覽圖像的方式），將它們擺在牌陣的位置上。概念是打造一個圖像來展現你身為塔羅解讀者的理想化動機、能力和自我意識。

這時，請解讀牌陣，彷彿自己問了這個問題：「身為塔羅解讀者的我是誰？」想像你已隨機抽出這些牌卡，像說故事一樣概述牌陣。這個解牌練習暗示了身為塔羅解讀者的你最重視的是什麼。

原型

正如塔羅牌所描繪的，原型就像你為了實現或應對某事而暫時承擔或遭遇的偽裝或職責。在牌陣中，它們代表自我激勵的面向，以及發展過程的階段。它們也是普遍的中心思想，象徵對完整性的渴望。了解哪些原型與塔羅牌最相關將有助於你在解讀中辨識出它們的神話和心理對應。

原型的類別

主要的原型和相關的塔羅牌分類如下。同一張塔羅牌可以出現在幾個不同的類別中，這些範例只是建議，而非決定性的。

主要原型

家庭、皇室：在此包括與內在母親、父親和小孩等經典概念相關的一切，體驗範圍包括從不成熟到成熟的責任。在塔羅牌中，宮廷牌、皇帝和皇后描繪了普遍和個人的家庭與父母的角色。太陽和愚人代表兒童的原型，尤其是永遠長不大的男孩（puer）／女孩（puella），或「永恆少年」，如同彼得潘症候群（Peter Pan syndrome）。聖杯十和錢幣十也代表家庭的原型。

性、性別、親密關係、平衡、聖婚（Hieros gamos）：這個類別涵蓋所有性別二元性的圖像。具體而言，這些是阿尼姆斯（內在男性）和阿尼瑪（內在女性）的形象。聖婚的意思是「神聖的婚姻」，指的是自我內在對立特徵的整合，而這就是權杖四中的慶祝活動。此類別中的主要圖像是戀人和聖杯二，但所有的平衡牌卡都可以扮演這個角色，例如節制、正義、星星，甚至是教皇。惡魔牌和他兩個被鏈住的奴僕通常代表這種整合的扭曲、邪惡的束縛。世界牌意味著所有的二元性在單一的意識中完全整合。

陰影、惡魔、誘惑者：這是抑制或阻礙人生之路的事物。在榮格心理學中，陰影描述了被意識心靈忽視或壓抑的人格面向。瑪麗-路薏絲·法蘭茲（Marie-Louise von Franz）在《人及其象徵》（Man and His Symbols）一書中指出，「陰影的功能是代表自我的另一面，並體現出人們最不喜歡在他人身上看到的特質」。在中世紀，人們會避免落入教皇祝福（教皇牌中教皇舉起的手）的陰影中，因為這個陰影代表惡魔。逆位的皇后、皇帝或教皇可能帶有這些特徵。這個原型還包括任何誘惑你過度放縱的事物，例如聖杯七；或是讓你陷入羞恥和沮喪，例如寶劍九和十。

導師、指導者、老師、明智的長者、較高自我：這個

類別代表智慧，但也表示某些事物已經成熟且過了全盛時期。這是忠告和指引的神諭之聲，提供超然且富有哲理的解答，而非直接的答案。隱士最能體現這個類別，其中也包括女祭司（如老巫婆）、教皇和世界。各種花色的國王、9 和 10 也可能會出現在這裡。

守門人、龍、食人魔：有時，惡魔牌更像是守門人而非邪惡的生物，儘管看起來具有威脅性，卻會讓你遠離危險。守門人通常會保護寶藏，例如你的創造力或帶有愛的本性。如同命運之輪上方的獅身人面像監督著成長過程。對於將審判牌視為嚴厲批評的人來說，牌中的天使可能是令人恐懼的。

搗蛋鬼、愚人、小丑：這是憑藉著本能行動的人，成了靠不住的英雄或非典型的英雄，獲得了拯救生命的天賦，但同時也會造成破壞。這顯然包括愚人，但也包括魔術師、侍衛和如錢幣二（萊德偉特史密斯）中的人物。他的打破常規揭露了過時的習俗，而他的天真則展現出靈性和道德的真理。綠精靈（Green Man or Woman）也涵蓋在這個類別中，即我們的生魂和覺魂，我們未開化的部分仍然與動植物息息相關，而它們會出現在異教的牌組中。

魔術師、煉金術士、變形人、賭徒、小偷：你會在上一類中找到巫師的學徒，而在這一類中會找到巫師。從

一種形式或本質轉變為另一種形式或本質是這個類別的主要特色，包括將某人擁有的物品轉移至另一個人手上。將這一切融合在一起的神話人物是托特—赫爾墨斯（Thoth-Hermes）。這裡有狡猾機智且口若懸河的行騙者，也有可扭轉他人感知的魔術師。你將在魔術師、節制（作為煉金術士），以及權杖和寶劍的花色，尤其是寶劍七中找到這樣的原型。

犧牲、治療師、烈士、受害者、癮君子：這是眾所周知的「負傷的治療者」原型，並奠基於這樣的格言：唯有傷害你的才能治癒你。倒吊人是這個類別中最顯著的牌，而節制則代表靈性治療。更艱辛的受害和成癮面向可能會出現在錢幣五，寶劍三和十，聖杯三、四和五，以及權杖九。

神祕主義者、藝術家、詩人、說書人、夢想家：這個類別代表那些觸及超凡領域的人，與前兩個族群密切相關，尤其是「倒吊人」。這個類別還包括月亮、星星、騎士和聖杯七，以及寶劍四。

女祭司、女巫、女魔法師、聖母妓女（Virgin-Whore）：傳統上，這些女性具有祕密的智慧和非凡的力量，無論是神聖還是受到詛咒的力量。她們令人著迷、擅長誘惑，而且懂得駕馭熱情，同時又能保持超然。這類的

牌卡包括女祭司、力量、星星、四位王后，甚至是世界。

戰士、亞馬遜、英雄、女英雄、騎士、惡霸：英雄的象徵與對物質世界的掌握有關，這會激發自我意識的發展。儘管戰車是最密切相關的牌，但整個大阿爾克那都描繪了英雄原型探索的各個階段。在這裡，我們還能找到權杖騎士、權杖六和七，以及寶劍王牌和寶劍五。

調停者、復仇者、法官、報應女神涅墨西斯（Nemesis）、復仇三女神（Furies）：這些人物暗示每個行動都會產生後果。他們進行嚴懲並恢復社群的平衡。這類的相關牌卡包括正義、命運之輪、塔、審判、權杖十、錢幣六、寶劍十和寶劍國王。

原型故事的中心思想

創造、誕生、死亡、重生：所有儀式都可以視為是「初次經驗」的重現，並帶領我們經歷死亡和重生的季節或狀態變化。王牌和十號牌以及愚人、死神、命運之輪和世界牌都體現了這種創造的循環。

旅程、螺旋、路徑：這代表了一個人生命的軌跡或方向，即從誕生至死亡之間的歷程，包括其中多次象徵性的誕生和死亡。隱含或如實的路徑出現在如愚人、隱士、死神、節制和月亮等牌卡上。牌陣或任何牌卡的順序都描繪

了這段旅程的一部分。我們都在尋找道路，因為我們嚮往意義並渴求最終目標。道路象徵前人走過的路，暗示一路上的指引。迷路則暗示漫無目的和絕望。

　　啟蒙、成年禮、磨難、考驗、測試：一路上，你會遇到考驗力量和品格的經歷（擁抱美德而不是罪惡）。它們帶來死亡的威脅並產生轉變。馬賽牌組的第六張大阿爾克那牌有時被稱為「考驗」（Trial）或「兩條路徑」（Two Paths），代表做出正確選擇的磨難。戰車、倒吊人、死神、塔和月亮是其他代表重大考驗的大阿爾克那。權杖四是代表成人禮的牌。在黃金黎明系統中，它被稱為「完成」，占星屬性是金星牡羊，代表春分，象徵一個人生階段的結束和另一個階段的開始。

　　個體化、超越：正如我們所見，這是榮格對有意識地穿越這條路徑的稱呼。個體化在太陽牌中達到巔峰，而審判和世界牌都描繪了超越。

　　樹、世界軸心、上升與下降：螺旋路徑通往中心，而垂直路徑則邁向超越。所有文化都描繪了一棵下降到地下世界並上升至天堂的世界樹，暗示這條道路最終會離開世俗平面，穿越其他的存在領域。魔術師一隻手舉起，一隻手放下，便展示了這點。倒吊人、塔和王牌特別意味著這樣的中心思想。卡巴拉生命之樹，在四個世界中有十個質

點，以及它們之間的二十二條路徑，同樣是使用塔羅牌時的重要圖表。它出現在萊德偉特史密斯的錢幣十和女祭司背後的帷幕上。亞瑟·愛德華·偉特在他的自傳《生命與思想的陰影》（Shadows of Life and Thought）中，肯定了遵循塔羅牌和卡巴拉垂直路徑的力量：「身為攀登生命之樹的人，我披著象徵的外衣向上走去，並擔任以圖像傳達訊息的聖職。」

中心、曼陀羅、聖杯、心、聖殿：聖杯代表「終極的恩賜」，從心理靈性上來說，這可以在心的聖殿或心靈的中心找到。太陽牌和世界牌都表明了這點，而聖杯王牌就代表著要追求的聖杯本身。偉特宣稱塔羅牌隱含著一個祕密教義，而這個教義「揭露了通往內心隱藏聖殿的道路，在那裡我們終將與神性結合」。他將這條道路視為「流亡與回歸、即刻探索與成就的道路、隱藏生命的道路，並以回歸內在的神性結束……在這種狀態下，心裡就會聽見聲音。這就是追尋的終點，從此以後不再尋找已經存於內在的智慧」。

練習 19:4

檢視你在步驟 4 中獨創的故事和步驟 16 中的三牌繪

圖，看看它們包含哪些原型人物和主題。

- 你的繪圖或故事的中心哪裡像祕密的聖殿？

- 終極的恩賜在哪裡？

- 這顯示或暗示什麼樣的路徑？路徑從哪裡開始和結束，它的形狀是什麼？

- 你最認同的人物代表什麼原型？

練習 19:5

仔細查看你的塔羅牌組，將所有牌卡按你認為最相關的原型類別進行分類（將上面列出的每個類別的標題寫在一張紙上，並將相關牌卡放在周圍）。

- 每組的牌卡有何關聯？

- 哪些牌明顯屬於幾種組別？

- 根據牌卡的原型分組，你可能賦予牌卡什麼意義？

步驟 20 ｜牌組比較

沒有事實，只有詮釋。

—— 弗德里希·尼采（Friedrich Nietzsche），《曙光》（Daybreak）

新手之道

　　一張牌，甚至一副「真正的」牌組都不會有「正確」的意義，而是有無限的變化。這個步驟是將你選定的牌與多副牌組中的同一張牌進行比較。這個有趣的過程會帶出過去沒發現的可能性，擴展了牌卡的潛在意義，並增加重要的象徵意義。你也會發現真正吸引自己的是哪些牌組。

　　有時在比較兩個不同牌組的同一張牌時，它們起初看似彼此不相關。也許它們是以完全不同的系統為基礎，權杖可能與土或風有關，而非與更常見的火元素有關。有些牌組將「壞」的寶劍花色重新定義為較「好」的牌，就如同領航者塔羅牌（Voyager）和月亮女兒塔羅牌（Daughters of the Moon）等牌組。

　　基於十八世紀艾特拉牌組最初意義的詮釋，通常會將數字 5 視為每種花色的至高點，代表最佳的特質，只有寶

劍除外（除非毀滅和破壞是它所能提供的最佳狀況）。相較之下，黃金黎明協會則將牌卡與生命之樹連繫在一起，其中 5 是 Geburah 的數字，名為「嚴厲」，由火星所主宰，並與恐懼和懲罰相關（不論正確與否）。

　　牌組的比較部分涉及分析不同系統和書面詮釋之間的相似性和差異，但正如以下的範例所示，這對於視覺象徵、情緒和主題上的比較來說尤其有效。最重要的是，牌組的比較提供了你可能無法用其他方式意識到的嶄新選擇。

練習 20:1

　　拿起你選定的牌，並在其他幾副牌組中找到相對應的牌。如果你沒有其他牌組，可用網路搜尋其他牌卡的線上版本。用來比較的牌組數量取決於你，但我建議至少三組。

- 描述每張牌。

- 用可以追蹤牌卡設計變化的方式來排列牌卡。這些牌卡有何相似和不同之處？

- 你可以從其他的牌卡中找到哪些新的意義和觀點？運用說故事、隱喻、對話、體現、觀想，或任何其他的步驟來獲取想法。留意當你與每張牌互動時會

出現什麼情緒。

- 你現在如何看待所有牌組中的這張牌？請至少列出三個最能表達你看法的關鍵詞或語句。你現在使用的關鍵詞是否不同於你剛開始時使用的關鍵詞？

- 哪個版本最能表達你最想給自己的建議？它建議你做什麼？

- 如果你要為這張牌設計你自己的版本，你會怎麼做？

行家之道

你現在可以繼續往下探索，或是在嘗試其他的塔羅牌解讀法之後再回來。

範例牌卡比較

瓦萊麗・西姆（Valerie Sim）在開啟了「塔羅牌比較」的熱門討論時發現，比較不同的牌組可能會令人上癮。這對你的塔羅牌日記來說是個很好的主題，可納入不同版本牌卡的快速瀏覽或草圖，以及對每張牌卡的評論。請先描述你自己的印象，再參考書本的說明。

練習 20:2-1

一、從你一直在使用的牌組中取出寶劍七，簡單寫下這張牌對你而言的意義。

二、從其他幾副牌中取出同一張牌，或是檢視下一頁中的牌。

- 依相似性排序。它們有何相似之處？又有何不同？

- 意義是否會依據版本而有所變化？有什麼樣的變化？

- 寶劍七最有可能出現在哪種情況下？

- 如果這張牌位於牌陣中建議的位置，你會如何解讀這張牌？如果你使用的是不同的牌組，建議會改變嗎？

- 查看牌組隨附的小冊子說明。

- 列出最能表達寶劍七牌義的三個關鍵詞或語句。

三、閱讀接下來的關於寶劍七的討論，接著回答練習20:2-2 中的問題。

和平之母塔羅的設計，某部分是為了回應托特和萊德偉特史密斯塔羅牌。托特塔羅牌的寶劍七，名為「徒勞」

（futility），顯示的是六把劍撞擊一把劍的畫面，阿萊斯特・克勞利描述：「存有暴力、不妥協的力量，它們將（劍柄向上的寶劍）視為理所當然的獵物⋯⋯彷彿一場弱者與強者之間的較量，而他的努力是白費力氣的。」

　　和平之母塔羅牌的寶劍七中有六隻雞在柵欄內，一隻狐狸在柵欄外。七把劍插在柵欄上，形成狐狸可以攀爬的梯子。設計師凱倫・沃格爾 (Karen Vogel) 將這張牌視為心理策略。她表示：「狐狸找到了進入雞舍的方法。牠規劃或擬定策略來得到牠想要的東西。」當然，你也可能是小雞，被動地擔心會發生不好的事。凱倫・沃格爾和薇琪・諾布爾（Vicki Noble）將克勞利的暴力力量和理所當然的獵物轉化為狐狸和雞，強調狐狸擅長謀略的能力（你會在寶劍七的牌卡中發現數量驚人的狐狸）。

神聖循環塔羅牌（Sacred circle tarot）

　　在神聖循環塔羅牌中，這張牌的名稱是「外交」（diplomacy）。創作者安娜・富蘭克林（Anna Franklin）和保羅・梅森（Paul Mason）同樣拒絕接受黃金黎明協會

認為這張牌具有不穩定特質的看法。儘管偉特認為這代表紛爭和可能失敗的計畫，但他們建議可與周圍的力量合作並善用機智。但在圖像背景中，暴風雨的天空不禁令人懷疑他們能有多成功。此外，優芬頓（Uffington）的白堊馬（出奇地長得像狐狸）建議快速逃離，而非坐下來參與會議或簽署協定（如牌組創作者建議的）。

Robin wood tarot

　　羅賓伍德塔羅牌的寶劍七也有暴風雨的天空，但劍不是集中在一個點上，而是分成三堆，每一堆都有不同的劍柄，強調在處理上的難度。一名小偷帶著五把劍翻牆而過。就像在偉特塔羅牌中一樣，他似乎正試圖從裝備精良的敵營中奪取勝利。這就是游擊戰或特務之類的任務。問題是，你是小偷，還是有人正在偷你的東西？

　　在尼格爾‧傑克遜的中世紀魔法塔羅牌中，有六把劍交叉成籃子編織的圖案，擋住了第七把更大的劍。底下有隻狐狸走過。傑克遜寫信告訴我，他不熟悉和平之母塔羅，但「將年老的列那狐（Reynard the

Medieval enchantment tarot

SEVEN OF SWORDS

Shapeshifter tarot

Fire Element (Swords)

7 Deception

Fox）描繪成循著牠獵物（肥鵝或雞）的氣味小心翼翼地爬行，似乎完全恰如其分……牠象徵著運用腦袋、細微和巧妙的詭計，而非發達的肌肉來實現一個人的目標」。

然而在圖像中，較大的寶劍似乎正在慢慢地從織物中滑過，而過於自信的狐狸甚至沒注意到懸在上方、威脅著自己的寶劍。

由麗莎・杭特繪製的變形塔羅牌也有一隻狡猾的狐狸，牠即將受到浣熊臉變形者的襲擊。作者指出：「狡猾的騙子即將受騙；暗中監視者受到監視」。他被對手的計謀擊敗了嗎？這張牌的基調是不祥的（就像其他幾張牌一樣），而且誰會贏得勝利還沒有定論。

瑞秋・波拉克的閃靈

部落塔羅牌的小鳥七顯示兩名
澳洲原住民唱著「歌行路線」
（songline）來界定他們領地之
間的邊界，就像鳥類會透過歌
聲來界定牠們的領地一樣。波
拉克賦予的意義是「設定界
限、尊重差異的合作；創意解
決方案」。正如神聖循環塔羅
牌所暗示的，我們沒有作惡者
和受害者，而是大家一律平等
地合作解決他們的分歧。波拉
克表示溝通是祕密行動和欺騙
的替代方案。

7 of Birds

Shining tribe tarot

　　根據書中所述，在丟勒塔
羅牌（Tarot of Dürer）中，談
判發揮了作用，「成功解決了
長期存在的個人、法律和商業
糾紛」。然而，圖上顯示一隻
微笑的狐狸（沒錯，又是狐
狸！）將一批揮舞寶劍的憤
怒士兵拋在後頭，暗示這是

SPADE · SWORDS · SCHWERTER · ESPADAS · EPEES

Tarot of dürer

可疑的解決方案。

回到步驟 5 中數字的意義，我們發現數字 7 既代表理性，也代表機會，同時也代表勝利，以及可能擾亂勝利的最輕微擾動，還有七宗罪與七美德。在現代塔羅牌中，數字 7 通常描繪的是危機關頭或考驗的時刻。約翰‧奧普索帕斯（John Opsopaus）在他的《畢達哥拉斯塔羅牌指南》（Guide to the Pythagorean Tarot）中指出，對數字 7 來說，掌握關鍵時刻是多麼重要。因此，奧索帕斯提供了「透過大膽或衝動的行動迅速投入」的選擇。

大多數牌組都暗示，在這場危機中，即使形勢對你不利，你也必須迅速採取行動，抓住機會，以避免成為受害者。無論你選擇祕密行動或暴力行動，還是進行外交與合作，都仍需要用計謀和策略來實現你的目標。此外，對你看似是美德的事，可能是他人眼中的罪惡。你是否因為想到被擊敗而感到鬱悶？在這種情況下有什麼危險？

由於狐狸出現得如此頻繁，我在傑米‧山姆斯（Jamie Sams）和大衛‧卡森（David Carson）的《動物藥輪卡》（Medicine Cards）一書中查詢，發現狐狸意味著「適應力強、狡猾……以及思想和行動的敏捷」，以便快速做出決定並保持腳踏實地。就像狐狸一樣，你可以利用偽裝來觀察未被察覺的事物。而且狐狸假裝漠不關心，卻睜著一隻

眼睡覺。

到目前為止考量的所有牌組都來自二十世紀末。早期的牌組提供的圖像訊息很少。回到艾特拉最早的寶劍七意義，我們發現有「希望、欲望、願望、意圖、意志、誓言、等待、要求、創立、建立或維持、高估」。而逆位的意義是：「好主意、忠告、諮詢、指導、警告、勸告、消息、聲明」（對於艾特拉來說，危機直到寶劍八才出現）。

在帕普斯（Papus）的著作《塔羅牌占卜》（Le Tarot Divinatoire）中，加百列・古利納（Gabriel Goulinat）牌卡的關鍵詞為「希望、勝利」，以及逆位的「明智建議」。

Ancient tarot of marseilles

在保羅‧馬托（Paul Marteau）的馬賽塔羅牌（Tarot de Marseille）中，即便是小阿爾克那牌，每個細節都經過嚴格審視。他將中央直立的寶劍解釋為：透過意志行為將六把彎劍構成的橢圓形分開，這是一種栩栩如生的衝動，使潛意識的運作變得可以察覺，進而產生清晰的理解。這張牌和讓自己接受測試有關，而這些測試需要透過目標明確的活動和智力，才能洞察內在意識和自我認識。值得留意的是，古老的英格蘭闊劍就類似牌卡中央的寶劍，又稱為「狐狸」（fox）。

因此，早期的法語意義為你提供另一種選擇：你可以用意志力突破障礙，積極索取你想要的事物，無論是財產還是對潛意識的洞見。

若要再更深入進行這個過程，可嘗試在你的意識中同時保留某張牌所有矛盾的意義，並以一種不加評判的冥想狀態來面對它們。在某個時刻，彷彿它們周圍的空間——平面設計所稱的負空間（negative space）——來到了前景，你看到了更全面的圖案。另外也可能會發生這樣的情況，如果你在幾天的時間內仍記得牌卡的變化，可能會注意到有些意義比其他的意義更合理。

練習 20:2-2

既然你已經檢視了幾張寶劍七（你自己的和本書中的）：

- 你對這張牌的看法有何變化？

- 列出一些關鍵詞或字句來描述你現在如何看待寶劍七。你現在使用的關鍵詞是否不同於你剛開始時使用的關鍵詞？

- 當這張牌位於牌陣中建議的位置時，你現在會如何解讀這張牌？

- 這張牌的哪個版本提供了最全面的詮釋可能？

- 哪張牌在視覺上具有最明確的意義？（你偏好像這樣明確的詮釋，還是較模稜兩可的詮釋？）

- 如果讓你創作自己的寶劍七牌，你會使用什麼圖像或概念？隨意從你看過的圖像中竊取想法──這就是非常具有寶劍七風格的行為（但如果你發表了自己的牌組，請務必承認你的靈感來源）。

練習 20:3

釣魚趣

出於好玩,將幾副不同的牌正面朝下地放在地板上,以繞圈方式混在一起,就像在一個大水池中一樣。挑選一個你最喜歡的牌陣,然後閉上眼睛,為牌陣中的每個位置「釣」一張牌。希望最終的牌陣將由來自不同牌組的牌所組成。

出現在某個位置的特定牌組是否會增加它自身的意義?例如,在過去的位置出現了由伊莎(Isha)和馬克・勒娜(Mark Lerner)創作的內在小孩指引卡(Inner Child Cards),可能會喚起童年的記憶。如果是在未來的位置,則可能是建議要更樂在其中或更有創造力。馬賽塔羅的小阿爾克那可能會引導你關注數字和花色的意義。如果是變形塔羅牌,則請思考有哪些可能的轉化。

練習 20:4

團體循環釣魚

這「釣魚趣」的紙牌遊戲變化版是開啟塔羅牌學習的

第一堂課，或在聚會上玩樂的好方法。每個人從混合了幾副不同牌組（正面朝下）的牌池中抽出兩張牌。當輪到那個人自我介紹時，她會使用兩張牌的其中一張來描述自己（或是她想從課堂上學到什麼）。

接著，她將剩下的牌卡「送」給下一個人，並解釋她為何認為這張牌對那個人很重要。第二個人說明為何這張送給他的牌很適合他，談論他選擇的牌，接著將剩下的牌送給下一個人，並解釋他送出這張牌的原因。

因此，每個人都會談論三張不同的牌：他們收到的一張、他們保留的一張，以及他們送出的一張（第一個人在最後收到來自最後一人的第三張牌）。接下來討論哪些牌組最有趣以及原因。

選擇解讀的牌組

在本書的最後才討論如何挑選解讀的牌組或許看似奇怪，但是隨著市面上不斷有推陳出新的牌卡，思考牌組的哪些特質最適合你是很有幫助的。你可能會因為一副牌具有吸引力、「傳統」，或是使用有趣的主題而選擇這副牌。但是，如果有副牌從靈魂層次與你對話，彷彿是你的靈魂伴侶呢？這裡有些需要考量的條件。

一、如同步驟 2、練習 2:2 的程序，將要考慮的牌組攤

開在地板上或大桌子上。

- 這副牌在外觀上吸引你嗎？它的藝術展現、使用的材料、顏色、尺寸、格式等是否吸引你？去掉邊框會增強你對圖像的喜愛度嗎？

- 它採用的系統或組織方法對你來說重要嗎？如果是，它的花色、數字和對應關係是否有清楚勾勒出採用系統的輪廓？這個系統對你來說有意義嗎（例如，你可以將權杖用於風元素嗎）？

- 你對它的象徵、概念或神話原則感興趣嗎？與神話或主題的對應看似勉強還是自然？故事情節是否有助於你記住牌卡的意義，而且反之亦然？對概念的理解和運用有多深入？

- 所有牌卡上都有圖像這件事很重要嗎？如果是如此，你能隨機選擇一張牌，並根據它輕鬆地講述一個故事嗎？你講述的故事與書中對這張牌的說明有何關聯？

二、將你已經非常熟悉的牌組（有時稱為你的「舒適牌組」）中的牌放在相關牌組旁邊。

- 你是否能將你對舒適牌組的了解與新牌組相連？你能想像這兩副牌之間的對話嗎？

- 新牌組比你熟悉的牌組更具生命力嗎？它有什麼吸引你的地方？

三、拿起新牌組並洗牌，選擇三張牌，同時詢問：「這副牌能為我提供什麼？」閱讀書籍或牌卡說明書中關於這些牌的說明。

- 這是你想要的建議嗎？你想預知未來、接受神聖的智慧、探索性格特質，並得到具體而明確的答案嗎？你偏好強調內在資源和成長的回應，還是對你無法控制的問題和事件發出警告的回應？

- 創作者的意圖和世界觀和你一致嗎？這副牌是提供選項還是告訴你事實？這暗示你可以改變事件，還是你受命運所支配？這些詮釋會讓你感到樂觀、充滿力量，還是不知所措和綁手綁腳？

- 這副牌是否容易理解且用途多元？對於特定的問題，你能獲得快速的回饋意見和深入的答案嗎？需要學習複雜的系統嗎？這些牌會直接與你「對話」嗎？

四、如果這副牌通過了先前的所有步驟，那就請洗牌並挑選一張，同時問：「我現在的生活中最需要留意的是什麼？」用這張牌來進行解讀塔羅牌的二十一種方式。

• 解讀結束時，牌卡是否似乎變得更立體、更充滿活力、朝氣蓬勃且色彩繽紛？

五、使用這副牌為其他人（最好是你不認識的人）進行解讀。

• 你是否能使用你偏好的解讀方式，還是這副牌需要不同的解讀法？

• 這些牌對你來說夠明確嗎？那對問卜者來說呢？

• 你是否希望將這副牌主要由自己使用、與他人一起解讀時使用，還是兩者皆可？

步驟 21 ｜可能的自我

生生不息，繁榮昌盛。

——傳統的瓦肯問候語

新手之道

每張牌，即使是象徵困境的牌卡，也包含有價值的部分。有價值的面向指出一個人如何表達他或她的可能自我。現在是時候將牌卡中你最欣賞的特質和特徵，轉化為描述你已經成為理想自我的肯定語了。另外，你還要設計並執行一項可表達這些特質的簡單任務。

偶爾會有人抱怨（這總是發生在理論的討論中，但至今從未在實踐中發生）這只是「自我感覺良好」的玩意，而他們尋求塔羅牌的指引是為了得到「痛苦的真相」。這樣雖然不錯，但前提是如果你想生活在一個命定的宇宙中，充滿困難，你幾乎或根本無法控制人生要如何走下去。

當然有些事是你無法控制的，但可以決定如何回應。某個事件是「痛苦的事實」還是「富有成果的機會」？如此簡單的轉變，就會造成重大影響。看到自己有能力處理

343

某種情況，並以令自己感到自豪的方式去做，這就是賦權。

當你形成自己成功的心理形象時，就可以基於這種強化的自我概念去解決更大的問題。美國國家老齡化研究所（National Institute on Aging）的研究人員希望找到最佳方法，以確保患有糖尿病的老年人能定期檢測血糖值。第一組反覆且大聲地背誦指示，第二組列出了測試血糖的利弊，第三組花了三分鐘的時間觀想他們第二天要做什麼，以及測試血糖值時他們會在哪裡。第三組有四分之三的時間都記住了他們的任務，而其他組成功記住的時間則不到一半。塔羅牌解讀者可以幫助問卜者找到並想像成功的策略，以應對解讀中顯示的壓力和困難。

解讀的目的是學習如何才能成功發展。成功發展（Prosper）一詞的詞根意義為「使某人幸運」或「迎向某人的希望」。除了在財務上的明顯意義以外，成功發展更常涉及的是滿足、幸福和身體健康上的體驗。這是迎接挑戰、實現夢想以及蓬勃發展和成長的能力。

為了達成這個目標，你必須突破慣性的運作模式，並將洞見融入日常生活中。若用喬瑟夫‧坎伯的概念來詮釋，塔羅牌的最大功能就是喚醒心靈。目的是詮釋塔羅牌上的象徵，以帶來啟發並在靈性上滋養自我，即靈性上的成功發展。為使解讀臻於圓滿，我們必須找到能夠在各個

層面滋養自己的事物，這就是這最後步驟的目的。

練習 21:1

一、拿起你選擇的牌卡，記住它具有各式各樣的意義。描述你在這張牌上看到自己最想發展的特質。想像在五年或十年後，當你回顧這段時光時，你會說：「在這種情況下，這一切都是值得的，因為我發展了……」只需花費一、兩分鐘即可完成這項活動，並盡可能寫下你的想法。

二、稍微闡述你的一、兩個字句。例如，如果你寫下「優雅」，那你想在哪方面發展優雅？想優雅地進行什麼活動？如果你寫下「寧靜」，那是關於什麼的寧靜？

三、如果你使用了「不」、「沒有」、「沒什麼」，或任何其他的否定形式，請將它變為肯定形式。例如，如果你寫下「我不害怕」，那如果你不害怕，你在展現什麼樣的特質？強大的？堅決的？堅決要做什麼？

四、運用你寫下的字句，撰寫對自己的肯定、正面的陳述。

- 用第一人稱現在式書寫

- 進行簡單而精確的描述

- 僅使用你列出的單詞，但不必全部使用。你可以改變詞根，並增加連接詞。

五、完善並編輯你的肯定句

- 在以行動為導向時，你的肯定句最為有力。使用主動動詞，而非被動的形式。將你的一個詞變成動詞。例如，與其說「我是一個道出我真相的舞者」，不如試著說「我舞出我的真實」。不要說「我很優雅」，而是試著說「我很優雅地……」或「我用……讓我周圍的環境變得優雅」。

- 你**現在**已經是自己想成為的模樣。如果你使用了「我將會……」，那就改為現在式。將「我想要」改為「我有」或「我確實」，或更棒的是，使用主動動詞。

- 事實令人信服。大聲說三遍自己的肯定句。投入情感、公開宣告。你能說服自己這是真的嗎？如果無法，請再快速查看你可以如何修改這些話，以便讓它們更真實且更誠摯？

使用你的肯定句

- 讓它成為你的一部分。大聲唸三遍，每天三遍，持

續二十一天。例如，可以早上起床時、午餐時和睡前說。

- 以書面形式做出承諾。將你的肯定句抄寫一百遍。印在一張卡片上，並貼到鏡子上。

- 提升能量。注入一些情感，用行動來表現。要有說服力。

- 將你的肯定句作為測試工具。留意這確實反映在你生活中的哪些領域，無論是多麼微小，接著給自己一點獎勵，或只是單純承認這個情況符合你的肯定句。這是你已經成為可能自我的領域。試著盡可能擴大這些情況。

- 在感受這成功帶來興奮之情的同時，想像一下自己在其他情況下也能做到這點。盡可能詳細地描述你的想像。

- 以幽默感接受不符合你肯定句的領域（「人無完人」），然後就放下。別把精力投入在失敗中。只要微笑或大笑，就可以繼續過生活。

行家之道

你現在可以繼續往下探索，或是在嘗試其他的塔羅牌解讀法之後再回來。

與問卜者合作

如果你是在為他人解讀，請指導他或她完成上述流程。如果你熟悉肯定句的書寫，可以協助他們寫肯定句，不過，要注意只能使用他們的字句（你可以更改詞性，並添加冠詞、介詞和連接詞）。

搭配牌陣

在詮釋整個牌陣時，無論是三張牌還是二十張牌，都請將上述流程留到最後再進行。

接著問：「哪張牌代表你最想發展的特質？」當人們說他們無法在兩張或多張牌中做出決定時，我請他們將這些牌排成一排，以顯示一張牌如何導致另一張牌的結果。牌陣中的最後一張牌代表這個人最想發展的特質。或是如果這樣看起來更恰當的話，也可以將兩張牌的特質整合為一個肯定句。請跟隨自己的直覺。

以寶劍七為例

對於寶劍七（關於這張牌的討論，請參閱步驟 20），我寫出以下我在這張牌中看到最想在自己身上發展的特質：「知識。知道我想要的是什麼。為了得到它願意做任何事。平安無事地離開。勇於冒險。當機會出現時，要抓住機會。在寡不敵眾時仍不放棄。堅決。」

因此我自問：「如果我不是『不放棄』，那我是在做什麼呢？」我是在堅持。因此我將「堅持」添加至我的清單中。我也可以自問：「決心要做什麼？」決心保持安全。儘管我覺得這很奇怪，但我還是將它寫了下來。

我第一個初步嘗試寫下的肯定句是：「我知道我想要什麼，願意盡一切努力來達成目標，而且是以安全、勇敢且堅持不懈的方式。」

再稍微修飾一下，就會變成：「我知道自己想要什麼，因此只要有勇氣和毅力，我就會在機會來臨時抓住機會。」

我意識到，我的任務是探索自己真正想要的！如果我完成了所有其他步驟，那我可能會發現它已經變得清晰。如果沒有，那我需要留意這個肯定句反映在生活中的哪些領域。

我發現我最想要的是如期完成這本書,但這似乎是不可能的任務,部分原因是我想從中理解的知識(我在上面提到的第一項特質)是永無止境旅程的一部分。在接下來的幾個禮拜,我用我的肯定句來測試自己遭遇到的一切,以探索真正想要堅持的地方,以及如何抓住出現的機會。

事實上,當我完成這本書時,我發現自己真正想要的不是寫這本書的機會(這是我原本就一直在進行的事),而是抓住與朋友相聚、看電視或看電影的時刻。我開始意識到這些時間對我來說有多重要,我不想感覺自己在「偷閒」。此外,正是在這些休息期間,讓我得以同步確認自己在書中寫下的知識。

就英雄之旅而言,投入這個行動方針意味著我必須測試自己想達成目標的極限。喬瑟夫·坎伯在《你就是那樣》中寫道:「英雄就是無論命運會帶來什麼樣的結局,都會主動採取行動的人。」我們每個人都是自己故事的英雄。任何真正真實的肯定、積極的探索和體現,都會帶你走向你的命運,即使它一開始看似極度平凡。

儀式的任務:啟動你的洞見

最後的步驟是在二十四小時內做一些符合你肯定句的事。這應該是實實在在的行為,無論多麼渺小,都能體現

你的肯定句，並將你的洞見融入日常生活中。

　　實際上，它是運作中的象徵，這是儀式最簡單的定義。請記住，象徵是無意識與意識對話的語言，反之亦然。它們是你如何讓內外、上下、意識和無意識相互交流的方式。

　　儀式可進一步定義為「為了轉變的目的而有意識進行的象徵性行為」。我們常見的日常儀式大多是習慣，因為它們很少是有意識的，更常與保存有關，而非轉化，但它們展現了我們賴以生存的隱喻及其逐漸灌輸的價值觀。

　　萊考夫和詹森在《我們賴以生存的隱喻》一書中解釋：「我們對自己隱含且通常無意識的看法，以及我們賴以生存的價值觀，也許最強烈地反映在我們一再反覆進行的小事中，也就是說，在我們日常生活中自然而然出現的隨意儀式中。」

　　這個步驟讓你有意識地改變自己賴以生存的隱喻。它的作用就像咒語，可以打破慣性的運作，讓你不再昏睡。它讓你意識到內在的靈性力量，並為你的外在行動產生情感能量。

　　情感是原始能量（火），並以過去的事件為燃料。你的任務是檢查習慣、控制能量，並有意識地加以引導。正

念使控制成為可能，而達成目標的證明如下：一、增加信心；二、減少不當回應；三、行動中的自我指導感。執行這個步驟是全神貫注為生活帶來某些轉化的方法。

　　你可能會問，我的肯定句（「我知道自己想要什麼，因此只要有勇氣和毅力，我就會在機會來臨時抓住機會」）適合什麼樣的任務，因為這似乎需要等待機會。為了回答這個問題，我憶起珍・羅伯茲（Jane Roberts）透過與名為賽斯的靈體通靈而寫下的幾本書。他極為重要的名言之一就是「你的力量之點就在當下」。換句話說，無時無刻不是機會。

　　我最主動的動詞是「抓住」。因此我需要有意識地抓住機會，需要一些能向自己發出強大訊息的事物。我反省了自己在抓住機會方面最疏忽的地方。幾個月來，我一直拖延修車的事，於是我決定打電話跟技師預約。這只需要一分鐘，這感覺是我所能做的最有力的事，而且會讓我了解我車子的狀況。

　　我讓這成為一種儀式的原因是，這可作為我肯定句的有意識展現。我感覺自己像隻狡猾的狐狸，從小雞那裡偷走時間來緩慢進行書籍的寫作（記住，偷竊是寶劍七的意義之一），但這讓我感到充滿力量，為我帶來所需的知識，儘管是在我的另一個生活領域。

接著我利用取得的能量來為我想像的畫面充電：成功完成我的書並如期寄出。我從國家老齡化研究所的實驗中知道這將有助於完成任務。

對我來說，設定意圖、與高我建立連結、對象徵意義的覺察、有意識地行動，並引導我的能量，將這個簡單的任務提升為轉化儀式。之所以說轉化，是因為這個過程為結果帶來了轉變。因此，我意識到我的肯定句的本質是「我堅持獲取（抓住）和分享知識」。這種肯定成了對可能自我的召喚，顯示肯定句本身就是具有強大力量的工具，可以喚醒我們進行這項行動的真正原因。

練習 21:2

搭配你的牌卡和你的肯定句，決定一個你可以在一天內完成的簡單任務或儀式。展開行動。二十四小時的時間限制可作為能量的容器，有助於引導你完成任務。

部分範例任務：

- 利用部分的午餐時間冥想、在公園散步或寫生。

- 購買一株象徵你理想目標的植物，接著種植並照料它。

- 清理或整頓環境的一小部分

- 去遊樂場玩耍

- 以舞動表演出自己的肯定句

- 用牌卡上的物品，或象徵你意圖的物品打造一個聖壇。

- 為某人寫一封誠摯的信（無論是否要寄出）

- 在蠟燭和音樂的陪伴下進行儀式性的沐浴。在水中加入具特殊意義的藥草或精油。洗去你不想要的事物，帶入你想要的事物。

- 做一件你一直拖延的事

- 對某人說實話

- 改變你的外表。穿上具象徵意義的顏色。

- 關掉電視，閱讀一本被忽略的書。

- 順道拜訪教堂，祈禱並留下供品。

- 做志工，或從事慈善事業。

- 隨意做出一項善舉

- 打造一張拼貼畫或「藏寶圖」來展現你的成功發展

步驟 00 ｜回到原點

人生的重點就在於你是生活中的愚人，你扮演著這個角色，你做出了各式各樣的嘗試，而你也因此而受苦。但你以一種最令人不滿意的方式扮演這個角色，如果你認同它，就會製造很多麻煩或痛苦，甚至是災難。

——卡爾．榮格，《願景》（Visions）

延續上方的引述，榮格解釋，任務並非認同任何特定的角色，那是我們扮演愚人的地方，而是認同「超越的部分，在那裡你是超然的」。他稱之為「自我」。

真正的意義在於充分參與其中的含義。這是你周圍的世界和自己的神性之間的相互作用。意義是充滿活力且生機勃勃的，在當下具有充分的意識。它完全致力於滿足任何需求。唯有當你運用所有的感官，並在多維度中體驗意義時，你才能做到這點。

如果你卡在它的故事或辯解當中，或是想要它有所不同或消失，那你就無法再滿足這樣的意義。如此一來，意義就只是定義，而塔羅牌的圖像也變得平淡而毫無生氣。如果你有意識地停留在意義、認知中，它就會帶你超越意義本身，到達意識遍及一切的地方。實際結果是能夠有效

且誠實地應對發生的任何情況。

解讀塔羅牌的問題並不在於釐清牌卡或牌陣的真正意義，甚至不是要你採取什麼行動。在處理牌陣的議題後經常發生的情況是，你開始意識到這並不重要，因為這個問題已不再是生活中的主題。

這種情況可能似乎不需要你付出多大的努力或干涉就能自行解決。另一個人，或甚至是事件，會以你意想不到的方式發生變化。沒有什麼戲劇性的解決方案，只是有一天，你意識到自己已經成長，而且超越了這個情境。有些深層的事物已經發生轉變。當專注於具體結果時，很容易會忽略這些事。這就是為何寫塔羅日記如此有幫助的原因。

寫這本書就像寫日記一樣。例如，我在步驟 14（尊貴與主題）中隨機抽了女祭司和皇帝作為範例，接著在步驟 15（對話）中再度使用它們。一個禮拜後，我在教學的課堂上隨機選擇了這兩張牌，我們在課堂上進行了步驟 16 中的三牌繪圖。這次，它們還伴隨著聖杯十一起出現，意味著家庭的改善。

突然間，我意識到這些牌卡準確地描述了我與一名承包商的互動，而這名承包商正在我家進行大規模的工程。我決定相信直覺，儘管出現了大量延誤，但透過耐心和同

理心而非憤怒或對抗，這項工程將會圓滿完成，而且確實如此。

對於傳奇塔羅牌中的聖杯十、騎士和國王（參見步驟5 和 11），我也很難找到為自己解讀的「核心」主題。我將這些牌與自己的冥想練習相連，並聯想到我奮力以明確而精準的方式，解釋那極為真誠而往往不明朗的靈性存在和意識，而這需要運用本書的方法才能深入解讀，但我的分析感覺尚未完成，我決定完全接受這種開放性和模稜兩可。

在完成步驟 11 的初稿後一週，我參加了位於加州大瑟爾（Big Sur）的伊色冷研究所（Esalen Institute）舉辦的研討會。我每個空閒的時刻都像是做夢般坐在懸崖邊的熱水浴缸裡，懸浮在深邃的夜空和波濤洶湧的海洋之間，再不然就是待在冥想勝地，而冥想勝地就坐落在湍急的溪流邊綠樹成蔭的小樹林裡，高處還有春季的徑流流下。這些地方和三張牌上描繪的環境出奇地相似。我確實是在釣魚，但是是在心靈和精神深邃、黑暗的水域中，就如同亞瑟王傳奇塔羅牌的聖杯國王。

我陶醉於這些寧靜的時刻，以及與一切萬有的深刻連結，而且感覺完全沉浸在我的三張牌所代表的一切，但這也讓我捨不得回到真實的世界中。在完成手稿時，我從全

新的視野來看待牌卡，因為我幾乎完全孤立了自己（聖杯十上孤獨的城堡）來完成這本書（我的聖杯），而且感覺自己一直生活在一個多水而夢幻的地方（在我的腦海和想像中）。

當持續幾天、幾週或幾個月深入研究少量牌卡時，你會發現沒有必要知道精確的解讀內容。相反地，請向各種可能性保持敞開。隨著時間，牌卡會以多種方式向你展現自我，你會在你的一切行動中找到它們的回應。願所有的步驟都能引導你走向靈性的恩典。

附錄 A ｜情感列表

情感詞彙表可能多達數百個。以下僅是可能的情感表達範圍的一小部分。請參閱練習 3:3，了解評估塔羅牌情感內容的方法。

接受	惱火	好鬥	自滿
完成的	預期	仁慈	自信
傾慕	焦慮	怨恨	困惑
勇於冒險	無動於衷	幸福無比	輕蔑
溫柔親切	擔憂	勇敢	滿足
詫異	激發	冷靜	英勇
矛盾	傲慢	無憂無慮	好奇
開心	震驚	謹慎	大膽
憤怒	敬畏	富有同情心	果斷
防禦性	渴望	失望	不滿

挑釁	絕望	厭惡	憂傷
沮喪	堅決	不喜歡	懷疑
熱切	謙虛	懷舊	羞愧
狂喜	難堪	樂觀	震驚
興高采烈	幽默	不知所措	沾沾自喜
尷尬	不耐煩	驚慌失措	悲傷
熱衷	無能為力	熱情	懷恨在心
羨慕	無法勝任	有耐心	驚愕
期盼	優柔寡斷	平靜	驚訝
恐懼	無動於衷	沉思	猜疑
喜慶	缺乏安全感	可憐	同情
沮喪	感興趣	開心	溫柔
歡快	敵意	淘氣	輕蔑

感激	惱怒	貧困	安心
悲痛	嫉妒	驕傲／自豪	安詳
愧疚	高興	不解	驚恐
快樂	孤單	狂暴	意氣風發
令人討厭	渴望	遺憾	擔心
心碎	失落	堅定	崇敬
無助	深情	尊敬	嚮往
充滿希望	好色	恭敬	熱情洋溢
絕望	憂鬱	傷心	
驚駭	愉快	滿意	

附錄 B ｜數字和位階關鍵詞

王牌（Ace）

新奇、簡單、古怪、焦點、種子、根源、潛力、一個週期的開始、禮物、靈感、刺激、機會、意圖、誕生、來源、神聖的能量、最高成就、觀點、緊急情況、純粹的能量、獨自、完整性、內在力量的啟動。**Kether***：王冠

在情感上，王牌往往會受到啟發、奮發、決斷、渴望、奇妙的、敬畏、滿足。

逆位：延遲、沒有把握機會、無能、物質性、專注於內在、前意識（pre-conscious）。

2

選擇、平衡、決定、所有的對立面、二元性、兩極、適應性、合作、分離、聯盟、內在真理、界限、對話、溝通、加入或分裂、成雙成對、合夥、配對、相關、回應、反應、反思、接待、記憶、保留、關係。**Chokmah**：智慧

---

* 卡巴拉生命之樹包含十個質點（sephiroth，單數為 sephira），對應於數字 1 到 10。每個質點的希伯來語名稱均以粗體顯示，隨後是對應的名稱。

在情感上，數字 2 往往較為謹慎、優柔寡斷、矛盾、期待、有耐心。

逆位：不平衡或內在平衡、不和諧、對立、表裡不一、打破僵局。

3

創造力、混合、團結一致、合成、整合、結果、愛、理解、排序、施肥、先前聯合的結果、發展、取得成果、團聚、建築、社會化、合作、配合、表達、關鍵點、三位一體、悲傷、行動、應用、世代、孩子、平面、維度、工作中的成就感、概念。**Binah**：理解

在情感上，數字 3 往往會感到滿足或充滿期待。

逆位：無法運作、不合作、過度放縱、無所作為、康復和治療、努力在內在形成一致。

4

鞏固、休息、實現、基礎、調和、確立、穩定、秩序、堅定、權威、保持、積累、退縮、停滯、建立穩固的基礎、控制、力量、自滿、妥協、關懷、結構、方向、維度、固體、收成、限制、穩定期、現狀、和平主義。**Chesed**：慈愛；憐憫

在情感上，數字 4 往往較固執、沉思、感到無聊、猜疑、沮喪、可靠。

逆位：不安全感、魯莽、失去控制、預感、擺脫限制、強大的內在基礎。

5

更改、不穩定、危機、改變、沮喪的、動盪、逆境、進行必要的改變、適應、可能需要創造性破壞的改變、危機創造挑戰和機遇、解決問題、衝突、中斷、騷亂、不確定、損失、推翻數字 4 的自滿情緒、徹底變革、改造、困難、試驗、不平衡、約束、嚴酷、人性、魔法、反叛、多變化、局外人、災難、風暴和壓力、勁敵。**Geburah**：嚴屬

在情感上，數字 5 往往會懊悔、好鬥、絕望、傷心。

逆位：慣性、教條、抑制、受害、遵從、希望、重新燃起興趣、和解、滿足。

6

組合或重組、選擇、結合或團聚、知識、支持、合作、責任、同情、互惠、能量交換、吸引力、平衡、克服（數字 5 的）考驗、歧視、成功的機會、平靜、成就、幫

助、均衡、反思、犧牲、和諧、世代、循環、認可、報酬、援助、完善、理想主義、社會關注。**Tiphareth**：美麗

在情感上，數字 6 往往心存感激、滿懷希望、讚賞、仁慈、有愛心。

逆位：自我中心、虛榮、隔閡、膚淺、自我實現、不服從。

7

挑戰、測試、運用技巧和勇氣、誘惑、掌握、投射、擴大、付出努力、真正的動力、把事情做好、證明自己、達到精通或勝利、失去穩定性、力量、把握機會、對抗、惡習、罪惡、過度、狂野、力量和活力、想像與實驗、體力、改變、不確定、疑慮、神祕。**Netzach**：勝利

在情感上，數字 7 往往態度強硬、期待、大膽、渴望、不耐煩。

逆位：傲慢、欺騙、偏執狂、尷尬、怯懦、聚焦、設計、恆久不變、執行。

8

再生、復甦、擴大、分配、複雜、調整、承認錯誤、

重新評估、重新排序、再分配、重定向、組織、系統化、方向、控制、抑制、陣容、實際的努力、調節、進步、過程、處置、團組、條理化、效率、勝利的結果和變化、移動、現實、整頓、謹慎、拘謹。**Hod：榮耀**

在情感上，數字 8 傾向於順從、堅決、熱情、啟發。

逆位：缺乏毅力、判斷力差、倉促行動、靈性上的進展、慷慨、擴展。

9

限制、力量、謹慎、高潮、成就、完成、孤獨、安全、自主、保護、暫時穩定、滿足、體現（實現）、放鬆、恢復、飽足感、休息、隔離、智慧、正直、慈善事業、人道主義、理想主義、耐心、絕望、無意識、夢、星界、懷孕、月相、意識、覺察、詮釋、期待、預期。**Yesod：基礎**

在情感上，數字 9 往往較為冷靜、憂鬱、滿意、滿足、孤獨。

逆位：缺乏紀律和自我意識、依賴、敵意、內在的智慧、人道的同情心、無形的收益。

10

必要性、完整性、圓滿、結局、傳承、完成與新的開始、完成的效果或結果、業力、職責、持久、更新、社群、放大、增加、解決方法、實現、轉化、物質力量與私人財產、解脫、為新的週期做準備、確立、收穫、收成、滿足、現實、極端、衰弱。**Malkuth**：王國

在情感上，數字 10 往往容易滿足、歡快、滿溢、喜慶、懷舊。

逆位：元素過量、反叛、損失、爭吵、短暫的結果、內在豐收、釋放、解脫。

侍衛

孩童、使者、學生、催化劑、開始、依賴、不成熟、脆弱、冒險、樂於接受、開放、準備、研究、學習、服務、嘗試和發展、身體、內在小孩、未開發的潛力、誕生。

在情感上，侍衛往往是好奇的、感興趣的、期待、滿懷希望、令人驚奇、嚮往、頑皮。

逆位：不成熟、輕信、受傷、沮喪、鬧脾氣、自我封閉、無知、脆弱、糟糕的開始、壞消息、內在小孩、未開發的潛力。

騎士

行動、冒險、革新、動作、驅動力、挑戰、尋求、推翻、擴張、活力、旅程、啟程、好鬥、剛愎自用、不穩定、任務或目標導向、阿尼姆斯、自我。

在情感上，騎士往往缺乏耐心、自豪、大膽、傲慢、堅定。

逆位：元素力量的狂熱動力、不是魯莽，就是受衝動所支配、具破壞性的、不負責任、誤導、遲緩、內在的追求。

王后

為人母、培育、內在和人際關係的掌握、有魅力、令人信服、敏感的、養育、收養、支持、激勵、虔誠、沉思、多產。

在情感上，王后往往是關心他人的、富有同情心、仁慈、啟發。

逆位：自私、不明智地使用權力和控制、無能、善變、不忠誠、怯懦、心不在焉、缺乏女人味、受侵犯、嘮叨、令人窒息、壞的、推翻父母或社會的限制和權威、內在女性。

國王

為人父、發號施令、對外界和大眾的掌握、好鬥、規則和法律、力量、權威、設定目標、制定政策、命令、指揮、堅決、固定不變、靜止、抵抗、過時、衰落。

在情感上，國王往往是驕傲的、固執的、堅決的、傲慢的、仁慈的。

逆位：自私、不明智地使用權力和控制、無效的、不穩定、不忠誠、虛弱的、缺乏的、沒有男子氣概、欺凌、傲慢、專制或寬容、壞的、推翻父母或社會的限制和權威、內在的男性氣質。

附錄 C｜模式、花色、元素關鍵詞

模式的關鍵詞

模式	訴說	體驗為
宮廷牌	誰 （who）	某人。個性、工作或角色的面向。行為風格或態度。與他人產生連結的方式。擬人化的能量。在某些情況下，特定的物體或事件。
數字牌	什麼事 （what）	情況。生活事件。行動。發生什麼事。俗世的現象和影響。
大阿爾克那	為什麼 （why）	原因。要學習的課題。原型能量、心理靈性需求。神聖起因。
王牌	在哪裡 （where）	最具潛力的元素、領域或範圍。新的機會或元素能量。

小阿爾克那的元素對應關係

（根據影響現代牌組的資料來源）

	GD*、李維和馬托	艾特拉† Etteilla	加德納巫術‡ Gardnerian witchcraft	贊和帕普斯§	皮卡德／西班牙**	約瑟夫·馬克斯韋爾†† (Joseph Maxwell)	威廉·布萊克‡‡（伯林）
權杖	火	土	風	火	火	土	土
聖杯	水	水	水	水	風	水	火
寶劍	風	風	火	土	水	火	風
錢幣	土	火	土	風	土	風	水

元素對應關係標題的補充說明

*GD＝ 黃金黎明協會（成立於 1888 年），成員包括麥克達格‧馬瑟斯、亞瑟‧愛德華‧偉特、潘蜜拉‧科爾曼‧史密斯和阿萊斯特‧克勞利。此類別包括許多以他們作品為基礎的牌組。艾利馮斯‧李維（本名是阿爾方斯‧路易斯‧康斯坦丁 Alphonse Louis Constant）是十九世紀中葉的法國魔法師，他的著作對玄祕塔羅牌的發展帶來重大影響。保羅‧馬托是格里莫馬賽塔羅牌（Grimaud Marseilles tarot）的出版商。他的著作（1948）對馬賽系統的塔羅牌解讀產生了重大影響。

† 艾特拉（讓－巴蒂斯特‧阿利埃特 Jean-Baptiste Alliette）寫了第一本關於塔羅牌解讀的書（1783），現代的詮釋由此發展而來。他設計了個人獨特的塔羅牌版本，稱為艾特拉牌組（Etteilla deck，他姓氏的反向拼寫）。

‡ 傑拉德‧加德納（Gerald Gardner）是二十世紀中葉現代英國巫術的創始人。儘管他沒有撰寫過任何關於塔羅牌的著作，但他的元素聯想對一些現代的牌組產生了影響。

§ 贊（C. C. Zain，艾伯特‧班傑明 Elbert Benjamin）創作了埃及風格的塔羅牌「光之兄弟會」（Brotherhood of Light）。**帕普斯**（Papus，熱拉爾‧昂科斯 Gérard Encausse 醫師）撰寫了《波西米亞塔羅牌》（Tarot of the Bohemians,

1889）和《塔羅牌占卜》，採用的是由加百列·古利納所
設計的埃及風格牌卡。

厄德·皮卡德（Eudes Picard）撰寫了《綜合塔羅實用手
冊》（Manuel Synthétique & Pratique du Tarot），其中涵蓋
小阿爾克那的原始設計和詮釋。二十世紀的幾副西班牙牌
組都受到了皮卡德詮釋和設計的影響，尤其是馬里特蘇·
古勒（Marixtu Guler）的《深奧塔羅牌》（El Gran Tarot
Esoterico, 1976）。

†† **約瑟夫·馬克斯韋爾**（Joseph Maxwell）撰寫了《塔羅
牌》（The Tarot，法語：二十世紀初；英語）。他依據馬賽
牌組的細節來詮釋小阿爾克那。

‡‡ **威廉·布萊克**（1757～1827），英國詩人、神祕主義者
兼藝術家，他的元素對應關係奠基於革命性的靈性概念，
即土元素為現實的基礎，與永恆的靈性領域相關，而水元
素則代表可變性，與瞬息萬變的物質領域相關。艾德·伯
林在使用布萊克的藝術和概念創作（威廉布萊克創意想像
塔羅牌）時，則構思出花色的對應關係。

小阿爾克那的花色和元素關鍵詞

權杖

火（大部分）：新的想法或靈感、計畫、創新、風險、活力、採取行動、商業、職業、地位、志向、進取精神、靈性成長、靈感、論點、創造力、啟蒙、熱情、渴望、熱情、洞察力、行動、移動、具體化、樂觀。

在情感上，他們往往充滿期待、堅決、熱情、挑釁、防禦性、激動、興奮、固執、大膽、狂喜。

風（加德納巫術）：溝通、智力、啟蒙、創新精神、想法和計畫、力量、信心、志向、注意力、社交互動、知識、教學與學習、領導、異議。

土（艾特拉、馬克斯韋爾、布萊克）：創造力、生產力、陰莖、欲望、物質上的成長、財富、職業、進步、安全、專橫、鄉村、靈性領域、永恆（布萊克）。

聖杯

水（大部分）：對某個想法的情感反應和養成、感受、心、關係、感情、喜悅、樂趣、滋養、心情、無意識、想像力、直覺、通靈、夢、觀想、內在過程、感受性、沉思、反射、同理心、家、抑制、懷孕。

在情感上，他們往往是快樂的、喜悅、深情、憂鬱、令人驚奇、平靜、關懷、讚賞、熱情友好、高興、感激、滿足、歡樂、懷舊、害羞。

風（皮卡德）：愛、感情、家庭、家、懷孕、誕生、孩童、心的不朽（描繪為蝴蝶）、慶祝活動、多愁善感。

火（布萊克）：熱情、創造力、情緒、音樂。

寶劍

風（GD 等人、艾特拉）：奮力規劃與解決問題、意志、想法、心理歷程、理解、批評、分析、原因、計畫、策略、評估、鬥爭、疼痛、心靈的考驗、衝突、決定、機智、狡猾、討論、溝通、敏銳、悲觀主義、合成、整合、規劃、解決問題。

在情感上，他們往往感到絕望、毫無希望、悲痛、順從、心碎、憂鬱、沮喪、可恥、可怕、愧疚、自我懷疑、不知所措、輕蔑、調皮、惡意。

火（加德納巫術、馬克斯韋爾）：能量、意志、星火（astral fire）、精神、熱情、狂熱、熱衷、行動、勇氣、力量、信仰、平衡、權力、進步、征服、暴力。

土（贊和帕普斯）：耐心、勤奮、實用性、辛勞、僱

用、組織、憂鬱、物理或環境條件、艱困、掙扎、痛苦、敵人。

水（皮卡德）：意志引導的力量、無形的困難、要克服的障礙、暴怒、風暴、必要性、惡意、陶醉、疾病、負面情緒（憂鬱、憤怒、擔心）。

五角星／錢幣

土（大部分）：成果或最終結果、金錢、感覺、安全、自我價值、價值、身體、健康和適合、結果、實現、接地、中心性、本能、表現、技能、工藝、成就獎勵、勞動成果、傳統、實體和物質。

在情感上，他們往往是有安全感的、滿意、滿足、仁慈、高興、熱情友好、讚賞、感激、不自信、擔心、無聊、感興趣、耐心、無動於衷。

風（贊、馬克斯韋爾）：智力、觀察、知識、睿智、溝通、貿易、志向、變化無常、善於交際、精神警覺、科學、健康、金錢、財務、投機、財產、政策、旅行、想法、神祕學研究。

火（艾特拉）：「全面性的太陽醫學」、家庭取向的幸福、滿足、繁榮的花色。

水（布萊克）：就像土元素，但強調暫時性、幻覺和情感。

大阿爾克那的元素對應關係

下表是依據黃金黎明、法國（李維）和埃及（光之教堂／贊）等系統在占星學上的對應關係，來比較大阿爾克那牌的元素關聯，顯示有多少可能的變化。

大阿爾克那的元素

	黃金黎明協會	法國	埃及
火：光芒四射、精力充沛、熱情、勇敢、渴望、熱衷、好鬥、任性、樂觀	皇帝 力量 命運之輪 節制 塔 太陽 審判	皇帝 教宗（教皇） 隱士 力量 惡魔 狂人（愚人） 世界	教皇 征服者（戰車） 收割者（死神） 閃電（塔） 太陽 行家（世界）
水：滋養、接受、維持、保護、感受、同理心、融合、流動、順從、祕密	女祭司 戰車 倒吊人 死神 月亮	女教皇（女祭司） 正義 死神 節制 太陽	君主（皇帝） 女巫（力量） 殉道者 （倒吊人） 月亮 石棺（審判） 唯物主義者 （愚人）

	黃金黎明協會	法國	埃及
風：心智、邏輯、理性、警覺、公平、善於溝通、好問、聰明、緊張、客觀	愚人 魔術師 戀人 正義 星星	江湖騙子 （魔術師） 戰車 倒吊人 星星 月亮	古波斯的僧侶 （魔術師） 揭開面紗的愛西斯女神（皇后） 賢者（隱士） 命運之輪 星星
土：務實、腳踏實地、現實、可靠、感官、固執、謹慎、堅持、占有慾強、多產	皇后 教皇 隱士 惡魔 世界	皇后 戀人 命運之輪 雷擊 塔 審判	戴面紗的伊西斯（女祭司） 兩條道路 （戀人） 平衡（正義） 煉金術士 （節制） 黑魔法師 （惡魔）

附錄 D │元素尊貴組合

涉及四種元素的三牌陣有四十種不同的組合（假設一張牌位於中心牌卡的左側或右側沒有差別）。在下方以元素名稱顯示，因此可以視需求應用於花色上。

　　元素為：F＝火，A＝風，W＝水，E＝土

　　單張牌或牌組可以是「非常有力」、「有力」、「略微有力」、「中性」或「無力」。

全部三張牌都具有相同的元素，無論好壞。

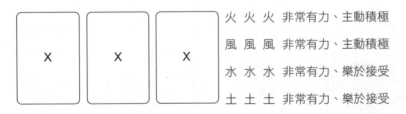

火 火 火　非常有力、主動積極

風 風 風　非常有力、主動積極

水 水 水　非常有力、樂於接受

土 土 土　非常有力、樂於接受

　　兩張牌具有相同元素。其中一側的牌為不同元素，無論好壞。

火 火 風　有力、主動積極

風 風 火　有力、主動積極

水 水 土　有力、樂於接受

土 土 水　有力、樂於接受

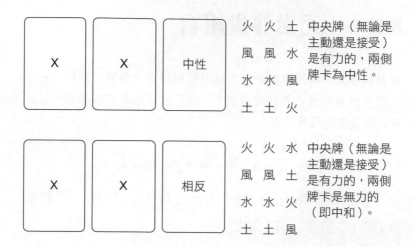

		火 火 土	中央牌（無論是主動還是接受）是有力的，兩側牌卡為中性。
X	X	風 風 水	
	中性	水 水 風	
		土 土 火	

		火 火 水	中央牌（無論是主動還是接受）是有力的，兩側牌卡是無力的（即中和）。
X	X	風 風 土	
	相反	水 水 火	
		土 土 風	

兩側牌卡具有相同元素，中間牌是不同的，無論好壞。

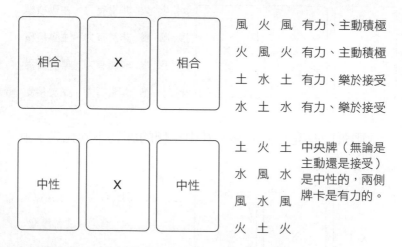

		風 火 風	有力、主動積極
相合	X	火 風 火	有力、主動積極
	相合	土 水 土	有力、樂於接受
		水 土 水	有力、樂於接受

		土 火 土	中央牌（無論是主動還是接受）是中性的，兩側牌卡是有力的。
中性	X	水 風 水	
	中性	風 水 風	
		火 土 火	

380

相反	X	相反	

水 火 水　中央牌（無論是
土 風 土　主動還是接受）
　　　　　是無力的，兩側
火 水 火　牌卡強而有力，
　　　　　會主宰三牌陣。
風 土 風

三張牌的元素皆不同，無論好壞。

相合		相反	
X	Y	Z	
	中性		

風 火 水　中央牌（無論是
　　　　　主動還是接受）
　　　　　略強，兩側牌卡
火 風 土　為中性。

土 水 火

水 土 風

中性		相合	
Y	Z	X	
	相反		

土 火 風　中央牌（無論是
　　　　　主動還是接受）
　　　　　略微有力，兩側
水 風 火　牌卡是無力的
　　　　　（即中和）。

風 水 土

火 土 水

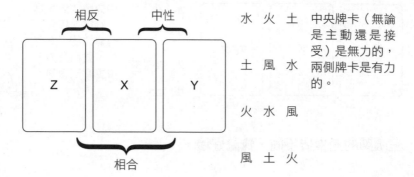

水　火　土　中央牌卡（無論

是主動還是接

受）是無力的，

土　風　水　兩側牌卡是有力

的。

火　水　風

風　土　火

附錄 E ｜皇后牌的觀想練習

　　以下觀想法改編自黃金黎明協會成員佛羅倫絲·法爾（Florence Farr）和莉娜·漢彌爾頓（Lina Hamilton）於1892 年 11 月 10 日對皇后塔羅牌（Empress tarot card）的觀想占卜（法蘭西斯·金〔Francis King〕的《星體投射、儀式魔法與煉金術》〔Astral Projection, Ritual Magic and Alchemy〕中的「起飛」〔Flying Roll IV〕）。原文稍微修改，以引導觀想的形式呈現，你可以記錄下來，然後親自體驗。魔法召喚儀式（請見以下楷體字）可以在黃金黎明的相關作品中找到（參見參考書目）。

　　將皇后牌放在你的面前。放鬆，雙腳踩在地面上，並專注在自己身上。

　　在四個方位實行卡巴拉十字（Kabbalistic Cross）和驅逐五芒星（Banishing Pentagrams）儀式。製作用於魔法召喚的金星六芒星。在中央畫出金星的符號。唱誦：Yehovah Tzabaoth、Kedemel、Haniel、Beni Seraphim、Daleth。

　　想像自己穿過面前的六芒星，彷彿這是掛有門簾的入口。你發現自己置身於一片藍綠色的景色中，如同中世紀

的掛毯般遙遠而模糊。

你緩緩升高，在平面上升起，穿過雲層，直到看到淡綠色的景觀。景觀中央可看到一座神殿，隱隱約約的輪廓中閃爍著燈光。走近這座神殿。在你靠近時，神殿會變得越來越清晰，越來越具體，直到出現一個堅固的建築結構。

製作 Netzach、Portal 和 LVX 的標誌。

入口對面有一個十字架，上面有三道橫，還有隻鴿子在上面。旁邊是通往黑暗的階梯。走下這些階梯，感覺自己在引導下走過一條黑暗的通道。突然間，你發現面前有一隻美麗且發光的綠龍，牠並不打算傷害你。龍移到一旁，讓你通過。

你在轉角轉彎，從黑暗中現身，來到一個明亮的白色大理石露台，露台外有個花園，裡面滿是鮮花和質地柔軟的細緻綠葉。走進花園，你會看到一名大於真人比例的女子，她身穿綠衣並佩戴寶石腰帶，頭戴星冠，右手執金色權杖，權杖頂端有一朵晶瑩潔白但尚未綻放的蓮花。她的左手拿著一個帶有十字架的球體。

她驕傲地對你微笑，因為你已經走了這麼遠。你詢問她的名字，而她回答：「我是強大的母親愛西斯（Isis），世上最強大的母親。我不戰鬥，但永遠勝利。我就是人

們一直在尋找的睡美人，通往我的城堡的道路充滿了危險和幻象，例如找不到沉睡的我，或是受到複雜蜃景（Fata Morgana）所追趕，結果因受到幻覺的影響而誤入歧途。我受到眾人推崇，男男女女都對我心生嚮往。我是全世界的渴望，但找到我的人卻很少。當我的祕密被說出時，那就是聖杯的祕密。」

你要求了解這個祕密，她回答說：「跟我來，但要先穿上白衣，赤腳跟著我走。」

脫掉衣服和鞋子，穿上在那裡找到的精美白袍。跟著她的腳步，直到你停在一面大理石牆之前。她按下一個祕密開關，你進入一個小隔間，穿過濃密的蒸氣登高，直到現身於一棟建築物的塔樓上。太陽有如金色的球體般從東方升起。

你像那位女士一樣，向太陽低下頭。你們倆的視線持續朝下，同時轉向中央。抬起頭，你看到一個心形的杯子，陽光照在上面。杯子內有一種清澈的紅寶石色液體。

維納斯女神對你說：「這就是愛。我把我的心掏出來交給了世界。這是我的力量。愛是人神的母親，用她生命的精髓拯救人類免於毀滅，並展示了通往永生的道路。愛是基督之母。基督之靈是最高的愛，因為基督是愛的核

心，偉大母神和大自然女神愛西斯的心。他是她力量的體現。她是聖杯，而他是聖杯中靈性的命脈。全人類的希望在於仿效這個榜樣。」

如果你願意並感受到召喚，你可以全心全意地守護聖杯。這樣做讓你感受到的不是死亡，而是最高的勇氣和力量的湧入，因為你自己的心從此將與維納斯女神的心保持連結，而這就是全世界最強大的力量。

感謝這位女神所教導的一切。這時你可以離開，因為你知道愛就是力量，愛會降臨在為了眾人利益而付出愛的人身上。

你發現自己很快且輕鬆地回到了神殿，從神殿下降並穿越雲層，大氣層變得更藍且更稠密，接著持續向下，再向下，回到你的身體。

製作金星六芒星驅逐儀式和小五芒星驅逐儀式。

附錄 F ｜原型中心思想表

這張表顯示了大阿爾克那如何與兩個原型旅程的中心思想、榮格原型和範例的神話人物（其故事可能與每張牌有關）產生共鳴。步驟 19 的「神話與原型」包含關於此處提到的原型，以及喬瑟夫‧坎伯將英雄之旅概念化的詳細說明。

大阿爾克那	愚人之旅	原型	英雄之旅	神話人物
愚人	展開偉大的旅程，其中……	永恆少年、乞丐、流浪漢、么弟、未顯化狀態	冒險的召喚	帕西法爾（Parsifal）、戴奧尼索斯、巴克斯、哈爾波克拉特斯（Harpocrates）、綠精靈、每人（Everyman）、小丑、搗蛋鬼提爾（Till Eulenspiegel）
魔術師（雜耍者）	每個行為都是神奇的、創造性的、自我表現的……	阿尼姆斯、搗蛋鬼、巫師、變形人、賭徒、小偷	冒險的召喚；超自然力量的援助	赫爾墨斯、托特、墨丘利（Mercury）、洛基（Loki）、梅林、普羅米修斯、郊狼（Coyote）、亞當
女祭司（教宗、朱諾 Juno）	與記憶和情感結合。	阿尼瑪、處女、女祭司、智慧老婦	拒絕召喚（平凡世界的義務）；超自然力量的援助	阿提米絲（Artemis）／黛安娜、黑卡蒂（Hecate）、波瑟芬妮（Persephone）、西比拉（the Sibyls）、卡珊德拉（Cassandra）、面紗愛西斯（Isis Veiled）、觀音、瑪雅（Maya）、莉莉絲、夏娃、蘇菲亞（Sophia）、安息女神、抹大拉、艾克莉西婭（Ecclesia）、忠誠女神費特斯（Fides）、女教宗瓊安（Pope Joan）

大阿爾克那	愚人之旅	原型	英雄之旅	神話人物
皇后	我們創造了我們所生活的世界和現實，而且……	母親、女造物主、大地之母、阿尼瑪	拒絕召喚（平凡世界的義務）	狄蜜特／穀神克瑞斯（Demeter/Ceres）、希拉／朱諾（Hera/Juno）、瑞雅（Rhea）、蓋亞、哈索爾（Hathor）、愛西斯－烏拉尼亞（Isis-Urania）、阿芙蘿黛蒂（伊南娜（Inanna）、弗蕾亞（Freya）、關德溫（Cerridwen）、大地之母、聖母瑪利亞（Madonna）
皇帝	我們統治我們自己和我們的領域……	父親、造物主、一家之主、阿尼姆斯	拒絕召喚（平凡世界的義務）	宙斯／朱比特、戰神瑪爾斯（Mars）、歐西里斯、梵天（Brahma）、沃坦（Wotan）、耶和華、亙古常在者（Ancient of Days）、宇宙建築師（Architect of the Universe）、亞瑟、凱撒
教皇（教宗、朱比特）	以信仰和傳統為指引，而且……	師生、牧師、導師	拒絕召喚（平凡世界的義務）	教宗、彼得（Peter）、朱比特（Jupiter）、卜塔（Ptah）、荷魯斯（Horus）、密特拉（Mithras）、佛陀、穆罕默德、先知、安佛塔斯（Amfortas、聖杯守護者）

大阿爾克那	愚人之旅	原型	英雄之旅	神話人物
戀人	以我們與他人的關係進行調解。	摯愛、天堂、選擇	跨過第一個門檻；與女神相遇	亞當與夏娃、歐西里斯與愛西斯、厄洛斯與賽姬、珀爾修斯與安朵美達（Perseus & Andromeda）、濕婆與夏克提（Shakti）、海力克斯在善惡之間抉擇
戰車	踏上自我超越之路……	戰士、英雄、阿尼姆斯	跨過第一個門檻；試煉之路	阿波羅、辛（Sinn）、搭模斯（Tamuz）、費伊登（Phaethon）、伊卡洛斯（Icarus）、亞馬遜人（the Amazons）、阿提米絲、因陀羅（Indra）、濕婆、荷魯斯、伊底帕斯（Oedipus）、以利亞（Elijah）、以西結（Ezekiel）
力量	我們對抗欲望和本能……	女巫、熱情、阿尼瑪	超自然力量的援助；試煉之路	塞赫麥特（Sekhmet）、芭絲特（Bastet）、昔蘭尼（Cyrene）、歐羅巴（Europa）、勒達（Leda）、狄蜜特、喀耳刻、希柏利（Cybele）、美女與野獸、巴比倫淫婦（Whore of Babylon）、參孫（Sampson）、海克力斯、聖喬治（St. George）

大阿爾克那	愚人之旅	原型	英雄之旅	神話人物
隱士	尋找智力和靈性上的謹慎和智慧。	智慧老人、導師、嚮導	超自然力量的援助；外來的救援	薩圖恩（Saturn）、克羅諾斯（Chronos，時間之父）、赫爾墨斯普緒科蓬波斯（Hermes as Psychopomp）、托特、特伊西亞斯（Tiresias）、第歐根尼（Diogenes）、維吉爾（Virgil）、聖若瑟（St. Joseph）、聖方濟（St. Francis）、赫斯提亞、黑卡蒂
命運之輪	隨著季節的變化、際遇的波動……	業力、宿命／命運、改變	試煉之路	福爾圖娜（Fortuna）、幸運女神（Lady Luck）、天命（Kismet）、摩伊賴（Moirae、命運三女神）、羅塔蒙迪（Rota Mundi）獅身人面像、轉輪王（Chakravarti）、瑪格魯斯（Mug Ruith、凱爾特的輪子巫師）

391

大阿爾克那	愚人之旅	原型	英雄之旅	神話人物
正義	我們的使命是要對我們的決定負責，而且……	業力、復仇者、調停者	與女神相遇	雅典娜（Athena）、泰美斯（Themis）、墨提斯（Metis）、阿南克（Ananke）、涅墨西斯（Nemesis）、狄刻（Dike）、利貝拉（Libera）、瑪阿特、蘇菲亞（Sophia）、阿斯特利亞（Astraea）、瑞亞狄克廷娜（Rhea Dictynna）、厄里倪厄斯（Erinnyes）、諾倫三女神（the Three Norns）
倒吊人	我們承受後果，產生新的觀點。	犧牲、烈士、受害者	鯨魚之腹	奧丁（Odin）、阿提斯（Attis）、歐西里斯（Osiris）、阿多尼斯（Adonis）、戴奧尼索斯（Dionysus）、普羅米修斯、密特拉、巴德爾（Balder）、聖塞巴斯提安（St. Sebastian）、約拿（Jonah）、代罪羔羊、基督、拉撒路（Lazarus）、猶大、克里斯蒂安·羅森克蘭玆（Christian Rosenkrantz）

大阿爾克那	愚人之旅	原型	英雄之旅	神話人物
死神	我們放下已經廢棄或無用的事物……	死亡／重生、轉化、陰間之旅	向父親贖罪	黑帝斯（Hades）、普魯托（Pluto）、桑納托斯（Thanatos）、卡戎（Charon）、冥界之父（Dis Pater）、濕婆、閻摩（Yama）、冥后赫爾（Mother Hel）、啟示錄的騎士（Horsemen of the Apocalypse）、卡莉亞赫女神（Caillech）、愛瑟瑞爾（Azrael）
節制	學習帶有同理心地接受並結合所有對立面……	煉金術士、治癒者、守護天使	神化；終極的恩賜	赫柏／伊麗絲（Hebe/Iris）、蓋尼米德（Ganymede）、赫斯提亞（Hestia）、諸神（Panthea）、阿斯克勒庇俄斯（Asclepios）、凱龍（Chiron）、哈匹（Hapi）、尼羅河神）、拉斐爾、啟示錄的天使（Angel of the Apocalypse）

大阿爾克那	愚人之旅	原型	英雄之旅	神話人物
惡魔	為了面對無知、恐懼和限制。	陰影、對手、破壞者	誘惑	牧神潘、普里阿普斯（Priapus）、賽特（Set）、堤亞、魔羅（Mara）、提阿瑪特（Tiamat）、阿里曼（Ahriman）、巴力（Baal）、路西法（Lucifer）、別西卜（Beelzebub）、巴風特（Bahomet）、交界處的居民（Dweller on the Threshold）、角神（Horned God）、傷害小孩的惡鬼（Boogeyman）、薩堤爾（Satyrs）
塔（教堂、火、晴天霹靂）	當舊有結構在意識的灼熱光芒下粉碎……	毀滅者、復仇者、考驗、世界樹	向父親贖罪	戰神馬爾斯、宙斯、赫菲斯托斯（Hephaestus）、伏爾甘（Vulcan）、厄莉絲（Eris，不和女神）、索爾（Thor）、卡莉女神（Kali）、佩蕾（Pele）、濕婆、巴別塔、聖殿的毀滅（Destruction of the Temple）、地獄之苦（Harrowing of Hell）、特洛伊、地獄之口（Hell-mouth）

大阿爾克那	愚人之旅	原型	英雄之旅	神話人物
星星	我們喚醒了對更大格局的覺察……	靈魂、預見、阿尼瑪	神化；終極的恩賜	潘朵拉、維納斯、厄俄斯（Eos，黎明女神）、烏拉尼亞（Urania）、賽姬、達那伊得斯（the Danaids）、揭開面紗的愛西斯女神、努特（Nuit）、伊絲塔（Ishtar）、阿斯特莉亞、阿娜希塔（Anahita）、蘇菲亞、諾斯底派的靈魂（the Gnostic Soul）、夏娃、天狼星
月亮	影響我們本能的進化和成長。	月下世界、本能、靈魂暗夜（心靈陰影）	拒絕回歸；逃脫	阿提米絲、塞勒涅（Selene）、黑卡蒂、梅杜莎（Medusa）、喀耳刻（Circe）、美狄亞（Medea）、亞莉阿德妮（Ariadne）、海神波賽頓（Poseidon）、柯爾柏若斯（Cerberus）、凱佩拉（Khepera）、阿努比斯（Anubis）、摩根勒菲（Morgan le Fay）

大阿爾克那	愚人之旅	原型	英雄之旅	神話人物
審判	聆聽較高意志對永生的召喚……	解放者、重生	生活自由；（兩個世界的大師）	時間之神伊雍（Aion）、普羅米修斯（Prometheus）、荷魯斯、鳳凰、印度教的爭鬥時（Kali Yuga）、大天使迦勒
世界	我們意識到較高意志與我們的意志是一體的。	自我、較高自我、完整性	兩個世界的大師；（生活自由）	希臘女神歐律諾墨（Eurynome）、大地之母蓋亞（Gaia）、希臘生育之神法涅斯（Phanes）、濕婆（Shiva）／雪山神女（Parvati)、世界之靈（Anima Mundi；World Soul）、聖母（Queen of Heaven）、基督復活（Christ Risen）、新耶路撒冷（New Jerusalem）

附錄 G ｜解牌風格步驟表

以下列表列出了各種塔羅牌解牌風格會使用的主要步驟。在實際的占卜中，解讀者會混合不同的風格，有時也會借助額外的步驟。可參閱〈附錄 I〉的「21 種方法工作表」，並思考你在解讀牌卡時最常使用哪些步驟。這些步驟呈現的是什麼風格？

核心（可能出現在以下任何或所有的風格中）

步驟 1：說出牌卡的名稱（大多會這麼做，但不一定會使用）

步驟 2：描述牌卡（經常這麼做，但不一定會使用）

步驟 8：隱喻（沒有隱喻就無法進行詮釋）

步驟 12：修正（在使用問題或牌陣時需要用到）

純感應

步驟 0：透過某種……形式運作的靈感

步驟 18：想像，而結果是……

步驟 4：故事（以「你」為開頭的陳述）

背誦的意義

步驟 10：意義，經由……組織

步驟 12：修正，產生某種形式的……

步驟 4：故事（以「我」或「你」為開頭的陳述）

系統（分析）

步驟 5：數字／位階，再加上……

步驟 6：模式／花色／元素，關聯來自……

步驟 14：尊貴與主題，結果是……

步驟 7：綜合

象徵性

步驟 13：象徵，被視為……

步驟 8：隱喻，可組織成……

步驟 14：主題（未必要使用尊貴）

神話

以上的象徵性還可再加上……

步驟 19：神話，並重述為……

步驟 4：故事

治療

步驟 3：情緒……

步驟 4：故事……

步驟 9：提問和快照……

步驟 13：象徵……

步驟 15：對話

步驟 18：想像力、主題規劃……

步驟 14：主題（未必要使用尊貴）

儀式魔法

步驟 13：象徵

步驟 11：範圍

步驟 17：體現

步驟 18：想像力

步驟 19：神話（非必要）

步驟 21：可能自我

R.I.T.E.（互動、轉化、賦權的解讀）

視需求進行任何或所有的步驟。

附錄 H ｜ **R.I.T.E. 解讀的四十個迷思與解決方案**

在進行互動、轉化和賦權（R.I.T.E.）的解讀時，問卜者和我們很容易基於期望而陷入「應該」發生什麼的迷思。有些迷思可能適合使用不同的塔羅牌解讀風格。

迷思一：試圖「修復」某人或某個情況。

解決方案：接受你無法在一次十五到九十分鐘的占卜中，解決一個人用了一生時間所形成的問題，而且他們可能已經花了幾年的時間進行治療。

迷思二：塔羅牌解讀必須能消除疑惑、解決議題，或解答每一個問題，尤其是以能「取悅」或滿足問卜者的方式。

解決方案：覺察比解決方案更重要。有些問題沒有答案或結果尚未確定。有時一個人做出什麼樣的選擇並不重要，重要的是他的態度和選擇方式。專注於提升對課題、目的、選擇和價值觀的清晰度和了解，進而為問卜者提供隨著局勢變化繼續處理該情況的工具。

迷思三：認為你不得不回答所述的問題。

解決方案：不應期待你回答未獲得許可或未受過相關訓練等領域的問題。醫療、法律、財務等相關問題，可諮詢該領域的專業人士。可嘗試重新表述問題，以符合你可以提供的建議。這個過程將釐清你是否為問卜者探討相關議題的合適人選。

迷思四：為問卜者生活中的其他人進行解讀，即「我女兒要如何才能在工作上更快樂？」

解決方案：一個人只能改變他或她自己。將解讀的重點擺在問卜者身上。改寫問題：「我能做些什麼來緩解因女兒不快樂而帶來的壓力？這個情況試圖想告訴我什麼？」

迷思五：忽略細節或停留在空泛的討論（例如：問卜者一再提到旅行的事，但解讀者並沒有詢問相關狀況）。

解決方案：了解具體情況。詢問他們要去哪裡旅行（或許也能詢問旅行的時間和方式）。當有人說：「嗯，你知道父親是怎麼樣……」你不知道。改問：「父親會怎麼樣？」

迷思六：自以為了解狀況（例如，假設工作問題表示他們為別人工作，或是他們是同性戀或異性戀，或是「光之存在」是友好的而非可怕的）。

解決方案：保持開放。假設你可能是錯的。如果對解

讀過程有幫助，請直接詢問更多資訊。表現得彷彿你從未聽過_____（無論是什麼）。

迷思七：對某張牌的所指事物做出假設（例如，國王是某人的父親，而且一定是問題的根源）。

解決方案：其他牌或這個人本身是否支持這樣的假設？可試探這個概念，或保留作為一種可能性。請對方描述這張牌，然後詢問他或她生活中的哪些領域發生過這種情況。記住，國王可能是某人的母親。

迷思八：假定你知道牌卡上的人是誰，或認同牌卡人物的態度和觀點（例如，認為塔上的人物是驚恐的，即使問卜者認為他們是高興的，或是當問卜者看到自己在塔中時，就認為他們是墜落的人）。

解決方案：在問卜者描述完牌卡以及人物在做什麼和感受後，詢問問卜者身處牌卡的哪裡。「你的生活中哪裡像這個人物？」透過詢問「哪裡」而不是「誰」，讓問卜者有更多的選擇可發揮創意。

迷思九：迴避「敏感」話題、眼淚和「熱點」。

解決方案：跟隨能量！「熱點」指的是焦點、聲調、強度、眼淚和肢體語言發生變化並展現出能量增加的時刻。請跟隨這些時刻，因為它們就像是線索。請對方保持

這種感覺,並描述他們過去何時有這樣的感覺。他們的故事與引發這種感覺的牌卡有何關聯?

迷思十:試圖減輕恐懼。認為你需要擁抱、觸摸或安慰哭泣的問卜者。

解決方案:一般而言,不要觸碰問卜者。不要試圖讓他們感覺好受。如實承認反應。讓自己接地,輕鬆地深呼吸,保留一個神聖的空間讓對方哭泣。確認這張牌存有令人恐懼或負面的面向,但不要詳述。只有在這個時刻,如果看似合適的話,才能透過牌卡本身的意義,或透過其他牌卡的意義來提供替代方案。

迷思十一:詢問問卜者你為他們提供的資訊是否正確。試圖從順從或脆弱的人那裡得到肯定。

解決方案:可改為詢問:「在我所說的這些事情當中,什麼看起來最準確或最符合你的狀況?」「這對你來說有什麼意義?」這簡單地轉變情況:一、讓問卜者可將洞見融入自己的語言中;二、將訊息更清晰且更具體地印在他們的腦海中;三、有助於你了解這與這個人的生活有何相關性;四、讓你有機會應用他們自己的語言和背景來改正或補充他們對你所述內容的看法;以及,五、有助於了解你的洞見在哪些方面最清晰有效。

迷思十二：用你自己而非客戶的語言來表達事物（例如，問卜者說某件事是「支離破碎的」，而你說「混亂」，因為你認為支離破碎意味著混亂）。

解決方案：盡可能使用問卜者自己的話。確認是否有任何用詞的變化，看看是否真的適用於問卜者的狀況。

迷思十三：根據自己的價值體系來判斷事物的好壞對錯。

解決方案：僅使用問卜者自己的評估。如果他們還沒表明，那就詢問。並非每個人都認為偷竊是錯的——問問詹姆士·龐德吧！這並不表示你不能承認自己的道德偏見（特別是如果它們影響了你的解讀）。

迷思十四：「迷失在叢林中」。你和問卜者都沉浸在故事當中，忽略了牌卡及其象徵（問卜者可能會偏離議題，以避免談論敏感的訊息）。

解決方案：不斷地將情況帶回至牌卡上，彷彿它們「具有黏性」，而且一直拉著你。如果圖像不支持轉換話題，就放下（至少暫時放下）。或詢問牌卡人物的經歷或對故事的看法。

迷思十五：讓問卜者太快從描述牌卡轉換至個人聯想。

解決方案：從牌卡人物的觀點（代表他們的願望、想法、渴望和需求）開始，並經常回來檢視。

迷思十六：認為自己沒有任何進展，因為對方沒有說太多。

解決方案：即使是最微小的意見也可以使用。如果問卜者有所抗拒，也許是他在抗拒這種情況。或是情況和你想像的不同。當你觸碰到正確的開關，一切都會打開。

迷思十七：認為牌卡上的一切都是隱喻，因此緞帶意味著心理上的痛苦，而非實際的身體傷害。

解決方案：檢查字面意義。有時緞帶就只是緞帶，僅此而已。詢問：「牌卡上的人物實際上在做什麼？」、「鑰匙是做什麼用的？」

迷思十八：假定一切都是字面上的意思（例如，逆位的皇后是壞母親）。

解決方案：如果沒有字面上的連結，請嘗試情感連結或童話故事。

迷思十九：由於問卜者很容易將某張牌認定是其他人，就認為這張牌就只能是那個人。因為侍衛牌明顯是某人的孩子，就認為這張牌不會同時也代表這個人的內在小

孩。

解決方案：每張牌和牌中的每個元素都是被解讀者的一部分，儘管也可能指的是外在事物。每次的解讀都有幾種層次，但並非所有的層次都需要探索。

迷思二十：當對方不認同時，仍堅持自己的解釋或觀點──尤其是當你知道自己是對的時。

解決方案：讓那個人是對的！承認你可能是錯的。這會導致什麼結果？即使你是對的，也不要強迫別人去看他們抗拒的事物。

迷思二十一：認為自己腦海中不斷出現的想法、感覺或圖像是錯誤的或侵入性的，因為你無法理解它與牌卡的關聯。

解決方案：告訴問卜者類似這樣的話：「我不知道這有什麼關聯，也不知道它來自哪裡，但是……」不要試圖詮釋。快速回到解讀本身。沒有意外的話，揭露的真相會讓你擺脫困擾，而且可能會帶來心靈上的洞見。

迷思二十二：假設有不相關的想法或圖像不斷浮現在你的腦海，這就是解讀真正的重點所在，因此你可以選擇忽略這些牌卡，或是讓它們符合情境（否則它們不會）。

解決方案：同上。如果對方看不出關聯，就放棄這個概念。在稍後的解讀或過一段時間之後可能會產生意義（也可能不會）。這也可能是你自己議題的投射。什麼都別強求！

迷思二十三：當你對牌的意義有強烈的直觀印象時，就忽略了基於數字和花色的基本意義和關鍵詞。

解決方案：快速瀏覽基礎知識清單，詢問問卜者是否有相關內容。有時即使書中的意義和你的直覺洞見相互矛盾，但還是真實的，它們的整合是整個解讀的關鍵。

迷思二十四：解讀者採取悠閒的態度，或是可能會分心、不著邊際的的幽默、閒聊，或講述個人例子，超出直接進行解讀的範疇。

解決方案：保持眼神的交流，身體面向問卜者並向問卜者敞開，雙腿不交叉，雙腳放在地上。堅決將題外話和解釋帶回牌卡上的細節。你不恰當的幽默可能會顯得不尊重。嘗試在沒有個人範例的情況下進行解讀（這並不是說你一直都必須這麼做）。

迷思二十五：太快試圖檢視一切。

解決方案：停下來探索背後蘊含能量的字句。詢問關

於它們的訊息。保有沉默的空間。

迷思二十六：假定每張牌都是各自分開獨立的。

解決方案：讓牌卡互動，可透過表演、對話，以及借用某牌卡的部分人物特徵，或其他牌卡上的象徵。這名人物會給予另一張牌的人物什麼建議？

迷思二十七：認為提及你已經了解的人事物就是作弊。

解決方案：誠實。比方說：「當我看到錢幣騎士時，我立刻想到你如何稱比爾為『沙發馬鈴薯』。聖杯五是否會成為你的遺憾，因為他永遠不會和你一起去任何地方？」如果她否認，請向她重新描述這張牌。

迷思二十八：假設問卜者是塔羅牌占卜師，他或她將會批評和揣測你所說的一切。

解決方案：認識牌卡和象徵的人有時會進入「塔羅占卜師模式」或成為「分析者」。可請他們描述牌卡的字面細節、情感或編造童話故事等，而不要進行詮釋。

迷思二十九：忽略問卜者的題外話、玩笑、偏執、誇大或諷刺的話語。

解決方案：令人不安的事實往往披著空洞的外衣。將每個陳述視為具有微量真理的寶石。是否有相關的情感負

擔？如果有，請加以檢視。問對方：「你所說的真相在哪裡？」讓他們看到、接受並感激它。對他們的真正意思感到好奇。

迷思三十：當你對一張牌還不清楚時就試圖去定義它。

解決方案：誠實。承認你不確定在這種情況下這意味著什麼。再重新回到描述的部分。保持好奇心；記在心裡。稍後再回來討論。有時一張難以解讀的牌到了解讀的最後總結時才會變得清晰。

迷思三十一：使用「應該」、「必須」、「應當」、「不得不」等用詞。而且認為你必須讓問卜者採取某種行動。

解決方案：協助問卜者找到選擇或獲得洞見，而非答案或義務。詢問他們，哪些牌卡代表他們可以做的事。詢問他們，牌卡上的一個或多個人物建議他們做什麼。什麼行動可以滿足所述的需求，或實現他們的目標或肯定句？

迷思三十二：表示某張牌的特色太多或太少，因為這是你自己的偏見。例如，你認為權杖騎士太火爆。

解決方案：這樣的假設通常指向自己的問題，而非問卜者的問題，除非其他的牌卡或牌陣位置有暗示和證實。如果這是你透過心靈上的感知，請謹慎確認你的想法。可提問「火爆可能是權杖騎士的問題，你認為是這樣嗎？」

然後，如果是這樣，可再追問「你喜歡這種火爆，還是覺得它難以承受？」他們可能根本不認為騎士是火爆的。

迷思三十三：以為自己可以解決問卜者的困境，因為牌卡清楚地說明他或她應該做什麼。

解決方案：提供真正開放式且不帶貶抑的選項。或是讓自己出錯。提出你認為錯誤的選項，或是故意誇大立場，讓問卜者糾正你。不要催促或指責。保持開放和好奇。

迷思三十四：使用與牌的花色或元素無關的詞語。例如，將聖杯（水）牌描述為理性的、爆炸性的或實際的。

解決方案：忠於符合花色的詞語，例如土元素的錢幣不會「激動」，除非故意探索反常現象。

迷思三十五：專注於名詞、形容詞和具體圖像。

解決方案：也要留意問卜者的動詞，並盡可能使用這些動詞。因為動詞就是動作的所在！它們告訴我們到底發生了什麼事。

迷思三十六：問卜者過快提出明顯的「解決方案」。「我想這張牌意味著我應該（或不應該）做……」

解決方案：鼓勵問卜者探索可能性，而非執著於解決方案。例如，對於寶劍八，問卜者可能會說「就這樣離開

吧」，但如果這麼簡單，為何牌卡上的人物不這樣做呢？當問卜者使用「應該」時，表示可能存有相互衝突的信念。

迷思三十七：向問卜者提出可以回答是或否的問題。

解決方案：是非題會抑制想像力和感知，並讓人開始思考和分析過程。這樣的問題可以只用一句話來回答，而且不帶任何感情。有時你可以使用，但只是為了釐清、取得關注或獲得肯定。大多數時候，你會想使用開放式問題：「如何能……」「哪裡……」「什麼……」「誰……」這些問句會促使人們在腦海中建立或重新建立場景。

迷思三十八：忽略一張不合理且似乎不符合解讀其餘部分的牌，或對這張牌視而不見。

解決方案：最不合理的牌通常掌握著整個解讀的關鍵，或至少提供了重要的洞見。牌卡的字面意義往往證實了你的所知。難以解讀的牌卡提供了新的洞見和方向，理解這些牌卡可以達到更深入的解讀層次。為了理解這些牌卡所付出的額外努力將得到豐厚的回報。回歸原點，留意「快照」。

迷思三十九：卡在某個關鍵詞中，而無法看得更遠。認為這個詞就是這張牌的意義，或是其他牌不可能也有同樣的意義。

解決方案：可嘗試以下任一種方法。一、從卡片上剪下關鍵詞，或用麥克筆遮蓋。二、逼自己在不使用任何關鍵詞的情況下行解讀。尋找其他更新鮮的詞語。三、考慮對立的詞語要如何符合事實。如果聖杯三代表豐盛，那它又代表什麼樣的匱乏──缺乏悲傷？記住，關鍵詞包括可能出現的概念或議題，在該組的某些牌卡中，這就像是缺乏的元素。

迷思四十：相信你為牌卡提供了正確、唯一或最好的詮釋。你確信自己所說的是事實。你的任務是說服問卜者接受這項事實，並採取牌卡建議的行動（在你的判斷下）。

解決方案：這是個棘手的問題。在某種程度上，你需要有信念才能相信塔羅牌解讀是值得付出的努力，而且對一個人有益。請專注於協助問卜者尋找他或她自己的信念。為了做到這點，請關注情緒上的反應。

附錄I｜21 種技巧工作表

步驟 0：我向所有的可能性敞開

步驟 1：牌卡的名稱是：

步驟 2：這張牌的字面描述為：
　　　　——以「我」為開頭的句子複述：

步驟 3：人物的情緒、感受和態度，以及環境的基調和氛
　　　　圍是：
　　　　——以「我」為開頭的句子複述：

步驟 4：「從前……」（我的童話是）：
　　　　——以「我」為開頭的句子複述：

步驟 5：數字或位階是關於：

步驟 6：花色／元素／模式是關於：

步驟 7：整合數字加上花色，再加上元素和模式，得出：

步驟 8：這個圖像中的隱喻包括：
　　　　——將改變的隱喻之一化為行動，暗示要進行：

步驟 9：要問的問題是：
　　　　——我的回答是：

　　　　——出現的快照包括：

步驟 10：這張牌在書上的意義是：

　　　　——概括而言，它們的建議是：

步驟 11：這張牌從負面到正面的一系列意義是：

　　　　——我目前在這系列意義範圍內的位置是：

　　　　——我想去的地方是：

　　　　——能讓我從一個位置轉換到另一個的條件是：

步驟 12：根據提出的問題、牌陣的位置、其他牌和逆位
　　　　牌，這張牌可修正為：

步驟 13：這張牌上的象徵暗示：

步驟 14：基於牌卡的尊貴、相似性和差異的主題是：

步驟 15：與這張牌上的人物和物體對話時，我了解到：

步驟 16：在畫出這張牌時，我了解到：

步驟 17：在體現這張牌時，我了解到：

步驟 18：在想像自己身處於這張牌中時，我了解到：

步驟 19：與這張牌相關的神話和原型包括：

　　　　——它們建議：

步驟 20：將這張牌與其他牌組中的同一張牌比較時，我發

現：

步驟 21：我對這張牌的肯定句是：

——我的任務或儀式是：

步驟 00：當我向各種可能性保持開放，隨著時間，這張牌
會揭露：

詞彙表

Active Imagination 積極想像：一種利用心像來處理無意識並連結原型的創造性技術（參見「Imagination 想像力」）。

Affinities 親和度：一種吸引力，通常透過某種相似性來促進意義的結合（亦可參見「Correspondences 對應關係」）。

Affirmation(s) 肯定：斷言某事物存在或為真；尤其用於促進個人改變的正向言論。

Air 風：經典的四種基本元素之一，對應的是心智能力。最常與寶劍的花色相關，但有時也與權杖或錢幣相關。

Amplify 擴大：一種透過擴展聯想和理解來探索象徵的方法。

Anima ／ Animus 阿尼瑪／阿尼姆斯：榮格學派使用的術語，分別表示男性身上無意識或隱藏的女性元素，以及女性身上的男性元素。儘管在男性和女性身上的運作方式有所不同，但基本功能都是激勵。

Anomaly 反常：偏離常態的事物。在塔羅牌的解讀中，當

問卜者以不尋常的方式描述一張牌時，這顯示當中存有對個人意義重大，而且可能充滿情感的因子。

Arcana/Arcanum 阿爾克那：詞根的意義為「盒子或箱子」，而較古老的詞根意義為「容納或守護」。意指包含或受到守護的魔法祕密（另請參見「Major Arcana 大阿爾克那」和「Minor Arcana 小阿爾克那」）。

Archetype 原型：柏拉圖關於物質世界中預先存在事物標準的概念。在榮格心理學中，人類心靈中自古代殘留下來的本能意義模式影響著我們的心理。這些是普遍、與生俱來、經過傳承且充滿情感的模式。

Cabala 卡巴拉：參見「Kabbalah 卡巴拉」。

Celtic Cross 凱爾特十字：一種用來排列塔羅牌的十張牌牌陣或圖案，最早發表於偉特的《圖像關鍵塔羅書》一書中。亦稱為古老十牌陣（Ancient Ten-Card Spread），這是最著名的塔羅牌陣（可參考「Spread 牌陣」）。

Coins 錢幣：早期的花色符號，相當於五角星。

Collective unconscious 集體無意識：榮格術語，指具有集體性、普遍性和非個人性的無意識心理系統，這對所有個體而言都是完全相同的，並將它的存在歸因於遺傳。它的主要結構是原型。

Conscious(ness) 意識：對自我、環境和心理過程的覺察。

Correspondences 對應關係：宇宙中具有相同或相似振動的一切事物之間，存在著象徵性的類比和親和關係，事物透過這種象徵性連結而影響其他事物。被概括為赫爾墨斯公理「其上如其下」（As above, so below）。

Court cards 宮廷牌：十六張「人物」牌，分為四種花色。在詮釋上，通常指的是自己或他人，或他們的角色、面具和次人格，或作為一種行為模式；也可以指遇到的情況。儘管有多種名稱，但最常見的是國王、王后、騎士和侍衛。

Cup 聖杯：小阿爾克那的四種花色之一。最常與水元素相關。

Decan ／ Decanate 區間：占星學術語，指 360 度黃道帶的 10 度部分，每個星座分為三個部分，並由一系列行星所守護。黃金黎明協會將數字牌（王牌除外）分配給三十六個區間。

Destiny 命運：意味著目的地，並暗示更高、神聖或最終的目標，一個人受到比自我更偉大或超越自我的事物所驅使。代表的是可能性而非必然性。

Dialog 對話：兩個或更多人之間的交談，涉及交換想法或意見。這種技法的目的通常是為了獲得洞見。

Dignities 尊貴：這個術語是用於找出兩張或多張塔羅牌之間是相吸（即相合）還是互斥，而這可以增強或削弱牌卡在牌陣中的影響。這些取決於內在因素彼此相合和支持的程度（可參見 Elemental diginities 元素尊貴）。

Divination 占卜：透過超自然的方式，通常是透過象徵性溝通的工具來尋找答案（關於未來或隱藏的知識）。物理學家戴維・玻姆（David Bohm）將占卜定義為「涉及當下秩序的未來預期」。

Earth 土：古典四大基本元素之一，對應的是物質世界。最常與錢幣花色相關，但有時與權杖相關。

Ego 自我：心靈內部組織和合成的活動。是意志的所在，也是人格的一部分，被有意識地辨別為主動的我或被動的我。

Element(s) 元素：在西方文化中，被認為是自然界的四個基本成分：火、水、風和土。小阿爾克那的四種花色通常等同於這四種元素。

Elemental dignities 元素尊貴：一種牌卡的詮釋法，使用元素對應關係來辨識互相強化或削弱的牌。

Emotion 情緒：對象徵的心理反應。自發性產生，並伴隨生理變化的不自覺精神狀態；一種感覺。它們是導致行動的衝動；讓我們感動的事物：計畫和決策的激勵因素。

Empathy 同理心：人與人之間產生共鳴的無意識交流，導致觀察者產生情緒，以作為對另一個人感同身受的反應。透過同理心，你可以根據自己記憶或想像的動機和態度等經驗來解釋他人的行為。

Empowerment 賦權：源自意義為「使能夠」或「允許」的字詞；掌握自己的命運；有意識地找到正確的立場來接受和面對某種情況。

Esoteric 奧祕：參見 Occult 神祕學。

Faceup, Facedown 正面朝上、正面朝下：「正面朝上」代表讓你可以看到圖像的牌卡放置方式（通常會在出於特定原因而需有意識挑選牌卡時使用）。「正面朝下」是通常用於洗牌和發牌的方式──你看著牌的背面，直到牌翻過來才能看到它是哪張牌。

Fan 扇形：一種為牌陣挑選牌卡的選擇性方法。這些牌正面朝下地擺在某個表面上，並用手刷開形成一排圓弧形的牌卡，每張牌都露出一小部分（就像一把扇子）。若要從攤開成扇形的牌卡中進行選擇，請用手在牌卡上方

移動，直到你覺得受到某張特定的牌卡所吸引，就可將牌抽出。

Fate 命運：假設結果是先前原因（儘管有時未知）的成果或後果。這包括展現出先前的行為或傾向，因為它們已經成為條件反射作用和習慣。

Fire 火：古典四大基本元素之一，對應的是創造力。最常與權杖花色相關。

Focusing 聚焦法：由尤金‧簡德林（Eugene Gendlin）開發的自我覺察技巧，包括將注意力集中在一個人身體上正在發生的狀況，進而產生你原本不知道自己需要的資訊，並帶來新的行動可能。

Fool's Journey 愚人之旅：最早由艾登‧格雷（1970 年）提及，談論大阿爾克那牌一連串的發展順序。亞瑟‧愛德華‧偉特使用「靈魂的進展」一詞也有類似的意圖。

Fortune 際遇：意味著「運氣」，但也暗示著隨機和不可預測的事物。代表即將碰上什麼機會或偶然事件。

Fortunetelling 算命：預測未來事件，辛西亞‧賈爾斯（Cynthia Giles）將算命重新定義為「命運敘述」（destiny narration）。

Functions 功能：榮格的類型學（也稱為心理類型），以四種元素和氣質為基礎。感覺告訴你某物存在（透過感官）；思考告訴你它是什麼（它的定義）；感情告訴你它是否令人愉快（它的價值）；直覺告訴你它何去何從（它的可能性）。經常與四種元素和花色有關。

Gestalt 格式塔：德文單詞，意思為「形式、模式或配置」。用於表示大於各部分總和的整體（即心理模式），可為經驗賦予連貫性。而且也是弗里茨・波爾斯（Fritz Perls）在 1940 年代創立的存在現象學心理治療法，強調對話的使用（參見「Dialog 對話」）。

Golden Dawn 黃金黎明：一個名為黃金黎明協會（Hermetic Order of the Golden Dawn）的組織，於 1888 年在倫敦創立並延續至今，專門從事西方魔法傳統的儀式魔法實踐。儀式和實踐是基於塔羅牌、占星上的星座和希伯來字母之間的一套對應關係，而這些對應關係影響了二十世紀最受歡迎的兩副塔羅牌——萊德偉特史密斯和托特塔羅牌的創作。

Habit 習慣：透過頻繁的重複而獲得的一種經常出現且通常為無意識的行為模式。通常是不必要且效率低的，是殘餘的補償行為，不再適用於最初的目的，因而讓人無法獲得全方位的選擇。

Hebrew alphabet 希伯來字母表：有二十二個字母，是最早的閃語字母表的直系分支，該字母表將字符或符號創新為單獨的聲音和事物，因而能以有限的數量來代表所有單詞。卡巴拉的核心要素，代表創造的元素。根據各種系統而與大阿爾克那相關，而且是黃金黎明儀式的核心。

Hero's Journey 英雄之旅：一個人個體化過程中的「原型探索場景」，可以在許多神話和故事中找到，而這是喬瑟夫・坎伯所構思出來的。

Imaginal Realm 想像領域：精神、情感和想像力活動的區域。

Imagination 想像力：在腦袋中形成的圖像，不受時間和空間規則的約束，具有象徵性或形而上學的真實，而非物理上的現實。

Individuation 個體化：榮格學派用語，指的是成為一個有自我意識的人、擴大可以體驗的範圍和做出有意識選擇能力的過程。

Insight 洞見：在感知領域中，重要的現實變得顯而易見的一種模式；掌握事物內在或隱藏的本質，尤其是以直覺的方式。

Intention 意圖：有意且刻意追求的目標。意志。

Interactive 互動：個人或群體之間不斷變化的一系列社交動態行為，而這些行為和反應會因其互動夥伴的行為而改變。

Intuition 直覺：向內在探求；不使用理性過程的感知或理解。

Journal 日記：既是名詞也是動詞，意味著形式自由、不受約束，而且大多關於個人經歷和見解的私人注釋。用於記錄解讀和牌卡洞見。

Jung ／ Jungian 榮格／榮格學派：卡爾・古斯塔夫・榮格（Carl Gustav Jung，1875 ～ 1961），瑞士心理學家兼精神科醫師。指榮格的心理學理論，這個理論大大地影響了對心靈或靈魂的探索，以及對象徵的詮釋。

Kabbalah 卡巴拉：意思是「從嘴巴到耳朵」，意指祕密的口述傳統。希伯來神祕主義原則的主體，以希伯來字母編碼，並映照在生命之樹上，構成了西方奧祕傳統的基石和焦點（另可參見「Qabala 卡巴拉」、「Cabala 卡巴拉」；也可參見「Hebrew alphabet 希伯來字母表」、「Sephira 質點」）。

Karma 業力：意味著「行為」或「行動」，作為對欲望、厭惡和執著的回應。最初為印度教的概念，意思是每個

行為都會帶來結果或後果，被視為宿命或命運，而這決定了性格。

Keyword 關鍵詞：概括塔羅牌意義的單詞或短語，可探索並有助於理解牌卡的內容，並暗示著與更廣泛的相關單詞、概念和圖像的關聯。

Layout 排列：參見 Spread 牌陣。

LWB：大多數塔羅牌隨附的「小白皮書」（little white book）或小冊子。經常是通用且簡短的詮釋，但有時包含僅限於某特定牌組的資訊。

Magic ／ Magick 魔法：利用鮮為人知的自然力量，以實現意識和物理環境變化的技巧和科學。在魔法領域，原型具有實質意義，而且靈魂變得可以感知。

Major Arcana 大阿爾克那：由二十一張有編號的牌和一張無編號的牌所構成，描繪寓言式的情境，源自歐洲中世紀晚期和文藝復興早期眾所周知的圖像。在現代的詮釋中，它們通常指的是原則、課題，以及事件。

Marseilles Tarot 馬賽塔羅牌：早在十七世紀就生產的木刻式牌組，並成為法國和歐洲其他地區的標準占卜牌組。小阿爾克那數字牌僅顯示花色的標記（無圖像場景）。亦稱 Tarot de Marseille。

Mask 面具：隱藏部分或全部真實個性的外在形象。人往往不會意識到自己的面具，而是不自覺地選擇戴上面具。

Meaning 意義：內在的特殊含義；某事物或經驗帶來的感受或內在重要性；情感的投射性認同。為圖像和概念中有意識感知的圖案賦予價值。

Metaphor 隱喻：源自希臘語，意思是「在兩者之間傳遞」。透過類比將意義從某個經驗領域轉移至另一個經驗領域。象徵是隱喻的其中一面。

Minor Arcana 小阿爾克那：有五十六張牌，分為四種花色，每種花色包含十張牌，編號從王牌（Ace）到 10，以及四張宮廷牌。在現代的牌義中，通常指遇到的事件、情況或人。在 1909 年萊德偉特史密斯塔羅牌出現之前，這些牌很少附有場景的插圖，就算有也很模糊。

Mode 模式：在塔羅牌中，這副牌的四個單位被稱為宮廷、數字、大牌（大阿爾克那）和王牌，並根據它們在解讀中的功能分別為誰、什麼、為什麼和哪裡來區分。

Myth 神話：真實或虛構的故事，透過體現其文化理想和／或表達深刻、可普遍感受到的情感而對人們的意識產生吸引力。

Number cards 數字牌：四十張小阿爾克那牌，上面有從王

牌（Ace）到 10 的數字等級，分為四種花色（亦可參見「Pip 點數」）。

Numerology 生命靈數：研究數字的神祕意義及其對人類生活的影響。

Occult ／ Occult Metaphysics 神祕學／神祕的形而上學：神祕學意味著「祕密」或「隱藏」，指的是必須透過追根究柢來發現和揭露的知識。形而上學指的是超越有形事物的哲學。相關詞是 Esoteric 奧祕，意思是「與內在的事物相關」。它們共同暗示心靈中隱藏著知識和智慧，而且可以透過檢視而變得有意識，並在神奇地運用時創造變化。

Pentacles 五角星／錢幣：塔羅牌小阿爾克那的四種花色之一，最初由黃金黎明協會制定，用來取代金錢或硬幣的花色名稱（保羅‧克里斯蒂安在他 1870 年出版的《魔法的歷史與實踐》〔The History and Practice of Magic〕一書中也使用了這個詞）。最常與土元素相關，但有時與風元素相關。

Persona 人格面具：你向世界展現自己的公開面具。是連接自我與外界的橋梁。

Pip 點數：花色的符號（例如塔羅牌中的寶劍或聖杯，或撲

克牌中的黑桃或紅心），依頻率顯示從 1 到 10 的紙牌編號。塔羅牌的數字牌有時被稱為點牌。

Projection 投射：心理學術語，指一個人無意識地將自己不想承認的人格特質帶入他人身上。

Psyche 心靈：來自希臘語，意思是「呼吸」，因而代表「靈魂」或「精神」，表示構成人格的有意識和無意識的心智過程。心理學就是對作為心智的心靈研究。希臘神話中被厄洛斯所愛的少女賽姬（Psyche）象徵靈魂從無意識到意識，再到神聖結合的發展。

Puer ／ Puella 永恆少年／永恆少女：拉丁文「青春」的意思，榮格學派用來表示永恆孩童的原型。Puer 是情感上永遠不成熟的男人，而 puella 是女人。

Qabala 卡巴拉：參見「Kabbalah 卡巴拉」。

Quaternity 四元性：四種事物的結構分組，例如四種元素、花色、榮格的功能理論。代表整體。

Querent 問卜者：字面意思為「提問者」：解讀過程中從塔羅牌尋求建議或洞見的人。如果你為自己解讀牌卡，那麼你既是解讀者也是問卜者。如果你為另一個人解讀牌卡，你就是解讀者，另一個人就是問卜者。

Random 隨機：指人們無法提前預測的結果。這個詞經常傳達的意思是「不可預測的事件毫無意義」的假設，是相對現代的概念。

Reader 解讀者／占卜師：在解讀過程中詮釋塔羅牌的人。如果你為自己解讀牌卡，那麼你既是解讀者也是問卜者。如果你為另一個人解讀牌卡，你就是解讀者，另一個人就是問卜者。

Reading 解讀：由解讀者為問卜者（可能是他自己）詮釋牌卡，通常會搭配問題和牌卡排列的牌陣進行。亦稱為諮詢，如「牌卡諮詢」。

Reduction 簡約：一種數字簡化技法，透過將數字相加得出 1 至 9 之間的結果，將多位數字減少至個位數字。所有相加得出相同個位數的數字，都被視為包含該數字所象徵的特質。

Reversal ／ Reversed 逆位：牌卡擺放的方式讓圖像呈現上下顛倒，這樣的牌為逆位牌。逆位牌的詮釋通常不同於正位牌。

Rider-Waite-Smith ／ RWS 萊德偉特史密斯塔羅牌：指的是萊德偉特史密斯塔羅牌組，最早於 1909 年由倫敦威廉・里德父子出版，由亞瑟・愛德華・偉特（Arthur Edward

Waite）設計，並由潘蜜拉‧科爾曼‧史密斯（Pamela Colman Smith）進行藝術創作。作為第一副所有牌卡上都有代表性圖案的牌組，它已成為最具影響力的現代牌組之一。

Ritual 儀式：行動中的象徵。有意識進行的象徵性行為，目的是帶來轉化。

Role 角色：為執行某特定任務，或為了滿足某些特定期望而採取某些行為。角色的例子有銀行員、父親、學生、朋友、園丁。我們通常都能意識到自己所扮演的角色（可比較 Mask 面具）。

守護星／主星 Ruler：占星學上與黃道十二宮的特定星座密切相關的行星。

Scry 顯像占卜：通常是在半昏睡狀態下凝視某物（例如塔羅牌上的圖像、火焰，或是水或油中的倒影）來獲得預知未來的影像。源自「看見 descry」，意思是「辨識一些難以看見的事物」。

Sephira ╱ Sephiroth 質點：在卡巴拉中代表存在的十種狀態，被描繪為生命樹上的球體，神聖意識可透過這些質點下降到物質，人類意識也可透過這些質點上升至神性。（亦可參見「Kabbalah 卡巴拉」、「Tree of Life 生命

之樹」。）

Shadow 陰影：榮格學派用語，用來表示無意識自我的面向之一，它受到壓抑、否認且未實現，因而受到有意識自我的忽略。陰影特質往往會投射到他人身上，可能是「光明」或渴求的特質，也可能是「黑暗」或不喜歡的特質。

Shuffle 洗牌：弄亂牌序。這可以透過多種方式進行，包括對切洗牌（bridge shuffle）、過手（overhand）、麻將式洗牌（swirling in a pool）等。

Significator 指示牌：用來代表解讀對象（通常是問卜者）的牌卡（通常是宮廷牌，但也可以是任何牌卡，甚至是圖像）。

Snapshot 快照：用小型手持相機拍攝的照片；通常是非正式的且個人的。在塔羅牌中，這是一種心理圖像，通常包括家人、朋友或你去過的地方，以及你參與的狀況，暗示關係，並從中產生感官和情感記憶。

Somatic 身體的：屬於肉體或與肉體有關的；實體（來自希臘文 soma，意思是「身體」）。例如，心身的覺察代表知道心靈和身體正在經歷什麼。

Spread 牌陣：用於塔羅牌解讀的牌卡排列方式。牌陣中的

不同位置通常具有不同的意義，每張牌都會依據出現的位置進行詮釋。亦稱為 layout 排列。

Suit(s) 花色：小阿爾克那牌分為四組 —— 權杖、聖杯、寶劍和錢幣 —— 每組包含十張數字牌和四張宮廷牌。通常每種花色會對應四元素之一。

Swords 寶劍：小阿爾克那的四種花色之一。最常與風元素相關，但有時與火相關，很少與水相關。

Symbol ／ Symbology 象徵／象徵學：透過關聯、相似性或約定俗成而代表其他因子的事物，特別是用來代表無形事物的實物。具有情感價值，而且能夠與其他圖像結合的圖像。一種無意識的溝通方式。

Synchronicity 共時性：有意義的巧合。由卡爾・榮格和物理學家沃夫岡・包立（Wolfgang Pauli）提出的非因果原則理論，表示在某一時刻發生的一切都以有意義的方式息息相關。

Tarocchi 塔羅奇：最早用塔羅牌進行的吃墩（trick-taking）遊戲，至今仍盛行於歐洲部分地區。類似橋牌，但大牌的花色永遠固定。這個詞在義大利也用來指牌卡本身（單數為 Tarocco）。

Tarot 塔羅牌：有七十八張牌的牌組，包含二十二張大牌或

者說大阿爾克那；五十六張小牌分為四種花色，每種花色有十張編號（數字）牌和四張宮廷牌。此外，吃墩遊戲也會使用這樣的牌組來進行。

Tarotist ／ Tarotologist 塔羅學家：試圖為認真參與塔羅牌研究和實踐的人創造的通用術語。

Temenos 神廟區：聖地、區域或庭院，通常是封閉的。在榮格心理學中，這意味著對於深度轉化工作而言安全的環境。

Thoth 托特：埃及的書寫和魔法之神。1781 年，安托萬‧考特‧哥伯林最早相信塔羅牌是「托特之書」，即神祕智慧的圖解綱要。

Thoth tarot 托特塔羅牌：由阿萊斯特‧克勞利和芙瑞妲‧哈利斯（Frieda Harris）創作的牌組，於 1944 年完成。儘管主要遵循黃金黎明系統，但也有一些顯著的差異，例如國王被稱為騎士。

Transformation 轉化：顯著的變化，通常是朝向更好的方向發展。這往往揭露了無效的制約態度和反應，以便用更真實、自發性的體驗來取代。

Tree of Life 生命之樹：在卡巴拉中，生命之樹是十個質點及其之間連結路徑的排列，形成了一張神祕的創世地

圖。大阿爾克那對應的是路徑,而小阿爾克那對應的是質點。

Trump(s) 大牌:由義大利文 trionfi(「勝利」)變化而來,這是最早用來稱呼塔羅牌二十二張寓意牌卡的用語,現在稱為大阿爾克那。

Unconscious 無意識:未知的內心世界。我們無法直接意識到的心靈或個性的部分(包括記憶和原型)。無意識的資訊無法透過直接手段取得,必須透過圖像、夢、隱喻、行為等來推論。

Upright card 正位牌:一般看牌卡的方式;與逆位相反。除非另有說明,否則本書所提供的詮釋均假定牌卡為正位。

Wands 權杖:小阿爾克那的四種花色之一。最常與火元素相關,但有時也會與風或土元素相關。

Water 水:經典四大元素之一,對應的是情感。最常與聖杯的花色相關。

Western Mystery Tradition 西方神祕傳統:根據隱藏在象徵和故事中的指示,歐洲的哲學和實踐帶來透過與神性的神祕結合而實現的演變,而這些象徵和故事透過歷史的「地下水流」傳播,並整合了各種教義,如新柏拉圖主義、諾斯底主義、赫耳墨斯主義、煉金術、卡巴拉、占

星學、異教神祕學派等。

Yin ／ Yang 陰／陽：中國用語，指所有形式的二元性，特別是黑暗／光明、濕／乾、冷／熱、黑夜／白天、接受／主動、女性／男性。被描繪成一個圓圈中相等的黑色和白色部分，其中每個部分都包含其相反部分的圓點。

參考資源

書籍

Abram, David. The Spell of the Sensuous. Vintage, 1996.

Agrippa, Cornelius. Three Books of Occult Philosophy. 1531; translated by Donald Tyson, Llewellyn, 1994.

Amberstone, Ruth Ann and Wald Amberstone. Tarot Tips. Llewellyn, 2003.

Arrien, Angeles. The Tarot Handbook: Practical Applications of Ancient Visual Symbols. Tarcher, 1987, 1997.

Ashcroft-Nowicki, Dolores. The Shining Paths: An Experiential Journey through the Tree of Life. Thoth, 1997.

Barrett, Francis. The Magus. 1801; reprint: Weiser, 2000.

Batchelor, Stephen. Living with the Devil: A Meditation on Good and Evil. Riverhead Books, 2004.

Biedermann, Hans. Dictionary of Symbolism: Cultural Icons and the Meanings Behind Them. 1989; translation: Meridan, 1992.

塔羅解牌大師 21 祕技

Blakeley, John D. The Mystical Tower of the Tarot. Watkins, 1974.

Blavatsky, Helena. Isis Unveiled. 1877; many editions.

Boyd, George A. "Imagery Techniques in Psychotherapy." 1981; www.mudrashram.com/imagerytechniques1.html, 2002.

Braden, Nina Lee. Tarot for Self Discovery. Llewellyn, 2002.

Brazier, David. The Feeling Buddha. Fromm International, 1997.

Brewer's Dictionary of Phrase and Fable. Available in many editions and on the Internet.

Brown, Michael H. "Image and Symbol: A Path to the Realization of Self." www.michaelbrown.org/html/image_ and_symbol.html.

Bunning, Joan. Learning the Tarot: A Tarot Book for Beginners.Weiser, 1998.

Butler, Bill. Dictionary of the Tarot. Schocken, 1975. Calasso, Roberto. The Marriage of Cadmus and Harmony. Vintage, 1993.

Campbell, Joseph. The Hero with a Thousand Faces. Bollingen, 1947.

——.Inward Journey: East and West. HighBridge Audio, 2002.

——.Thou Art That: Transforming Religious Metaphor. New World Library, 2001.

Case, Paul Foster. The Tarot: A Key to the Wisdom of the Ages. Macoy Publishing, 1947.

Chevalier, Jean and Alain Gheerbrant. The Penguin Dictionary of Symbols. 1982; translation: Penguin, 1994.

Cirlot, J. E. A Dictionary of Symbols. 1962; reprint: Barnes & Noble, 1995.

Crowley, Aleister. The Book of Thoth: An Interpretation of the Tarot. 1944; reprint: Weiser, 1974.

Csikszentmihalyi, Mihaly. Finding Flow: The Psychology of Engagement with Everyday Life. Basic Books, 1997.

Curtiss, Harriette A. and F. Homer Curtiss. The Key to the Universe. Curtiss Philosophic Book Co., 1917. (Tarot and number symbolism 1–10.)

———. The Key of Destiny. Curtiss Philosophic Book Co., 1923. (Tarot and number symbolism continued 11–22.)

Damasio, Antonio. Descartes' Error: Emotion, Reason, and the Human Brain. Putnam, 1994.

———.The Feeling of What Happens: Body and Emotion in the Making of Consciousness. Harcourt, 1999.

———.Looking for Spinoza: Joy, Sorrow, and the Feeling Brain. Harcourt, 2003.

Decker, Ronald, Thierry DePaulis and Michael Dummett. A Wicked Pack of Cards: The Origins of the Occult Tarot. Duckworth, 1996.

Decker, Ronald and Michael Dummett. A History of the Occult Tarot: 1870–1970. Duckworth, 2002.

DuQuette, Lon Milo. The Chicken Qabalah of Rabbi Lamed Ben Clifford: Dilettante's Guide to What You Do and Do Not Know to Become a Qabalist.Weiser, 2001.

———.Understanding Aleister Crowley's Thoth Tarot.Weiser, 2003.

Echols, Signe, Robert Mueller, and Sandra Thomson. Spiritual

Tarot: Seventy-Eight Paths to Personal Development. Avon, 1996.

Farr, Florence. "Introduction" to A Short Enquiry Concerning the Hermetic Art by a Lover of Philalethes. 1714; Collectanea Hermetica,Vol. 3, 1894.

Farrell, Nick. Magical Pathworking: Techniques of Active Imagination. Llewellyn, 2004.

Feinstein, David and Stanley Krippner. Personal Mythology: The Psychology of Your Evolving Self. Tarcher, 1988.

Feldenkrais, Moshe. The Potent Self: A Study of Spontaneity and Compulsion. Frog, Ltd., 1985; revised 2002.

Frankl,Victor. Man's Search for Meaning. 1946; revised Pocket, 1997.

Gawain, Shakti. Creative Visualization: Use the Power of Your Imagination to Create What You Want in Your Life. New World Library, 2002.

Gendlin, Eugene. Focusing. 1978; revised Bantam, 1981.

Gilbert, Toni.Messages from the Archetypes: Using Tarot for Healing and Spiritual Growth. White Cloud Press, 2004.

Giles, Cynthia. The Tarot: History,Mystery, and Lore. Simon & Schuster, 1992.

Goleman, Daniel. Emotional Intelligence. Bantam, 1995.

Goodman, Felicitas D. Where the Spirits Ride the Wind: Trance Journeys and Other Ecstatic Experiences. Indiana University Press, 1990.

Gore, Belinda. Ecstatic Body Postures: An Alternate Reality Workbook. Bear & Co., 1995.

Graves, Robert. The Greek Myths. Many editions.

Gray, Eden. A Complete Guide to the Tarot. Crown, 1970.

Gray,William G. Magical Ritual Methods. Helios, 1969.

Greer, Mary K. The Complete Book of Tarot Reversals. Llewellyn, 2002.

———.Tarot Constellations: Patterns of Personal Destiny. Newcastle, 1987.

——— .Tarot for Your Self: A Workbook for Personal Transformation. 1984; revised: New Page Books, 2002.

——— .Tarot Mirrors: Reflections of Personal Meaning. New

Page Books, 1988.

————.Women of the Golden Dawn: Rebels and Priestesses. Park St. Press, 1995.

Greer, Mary K. and Tom Little. Understanding the Tarot Court. Llewellyn, 2004.

Guénon, René. "Rites and Symbols" in The Sword of Gnosis: Metaphysics, Cosmology, Tradition, Symbolism, edited by Jacob Needleman. Penguin, 1974.

Guthrie, Kenneth Sylvan, ed. The Pythagorean Sourcebook and Library: An Anthology of Ancient Writings Which Relate to Pythagoras and Pythagorean Philosophy. Phanes Press, 1987.

Hazel, Elizabeth. Tarot Decoded: Understanding and Using Dignities and Correspondences. Weiser, 2004.

Heline, Corrine. Sacred Science of Numbers. New Age Press, 1971.

Heyneman, Martha. The Breathing Cathedral: Feeling Our Way into a Living Cosmos. Sierra Club Books, 1993.

Hillman, James. Revisioning Psychology. HarperCollins, 1976.

Hopper, Vincent Foster. Medieval Number Symbolism. 1938; reprint: Dover, 2000.

Hughes-Barlow, Paul. Tarot and the Magus: Opening the Key to Divination, Magick and the Holy Guardian Angel. Aeon Books, 2004.

Huson, Paul. Mystical Origins of the Tarot: From Ancient Roots to Modern Usage. Destiny Books, 2004.

Jayanti, Amber. Living the Tarot. 1988; reprint: Wordsworth, 2000.

Jette, Christine. Tarot Shadow Work: Using the Dark Symbols to Heal. Llewellyn, 2000.

Johnson, Robert A. Inner Work: Using Dreams and Creative Imagination for Personal

Growth and Integration. HarperSanFrancisco, 1986.

——.We: Understanding the Psychology of Romantic Love. Harper San Francisco, 1985.

Jung, Carl G. The Archetypes and the Collective Unconscious (CW9). Princeton University Press, 1970.

——. "On Psychic Energy" in The Structure and Dynamics

of the Psyche (CW8). Princeton University Press, 1953; 1966.

————.Man and His Symbols. Doubleday, 1964.

————.Memories, Dreams and Reflections. Vintage, 1961.

———— .The Psychogenesis of Mental Disease (CW3). Princeton University Press, 1960.

———— .Psychological Types (CW6). Princeton University Press, 1971.

———— . Psychology and Religion: West and East (CW11). Princeton University Press, 1970.

————.Visions: Notes of the Seminar Given in 1930–1934. Princeton University Press, 1997.

K, Amber and Azrael Arynn K. Heart of Tarot: An Intuitive Approach. Llewellyn, 2002.

Kalsched, Donald. The Inner World of Trauma: Archetypal Defenses of the Personal Spirit. Routledge, 1996.

Kaplan, Stuart. The Encyclopedia of Tarot (Volumes I–IV). U.S. Games, Inc.

Kast, Verena. "Symbols in Jungian Psychotherapy." http://kitel. co.kr/~victor21/jung/symbols.html.

Katie, Byron. Loving What Is: Four Questions That Can Change Your Life. Three Rivers Press, 2002.

King, Francis, editor. Astral Projection, Ritual Magic and Alchemy: Golden Dawn Material by S. L. MacGregor Mathers and Others. Destiny Books, 1986. (Contains the Flying Rolls.)

Kliegman, Isabel. Tarot and the Tree of Life. Quest Books, 1997.

Knight, Gareth. Dion Fortune and the Inner Light. Thoth Publications, 2000.

Lakoff, George and Mark Johnson. Metaphors We Live By. University of Chicago Press, 1980.

Le Doux, Joseph. The Emotional Brain: The Mysterious Underpinnings of Emotional Life. Simon & Schuster, 1996.

Lévi, Eliphas. The Paradoxes of the Highest Science. Translated from the French by an Eminent Occultist (believed to be Blavatsky), 1922.

————.Transcendental Magic. 1855; translated by A. E.Waite, 1896; Weiser, 1970.

Louis, Anthony. Tarot Plain and Simple. Llewellyn, 1996.

MacGregor, Trish and Phyllis Vega. Power Tarot: More Than 100 Spreads That Give Specific Answers to Your Most Important Questions. Simon & Schuster, 1998.

March, Jenny. Cassell's Dictionary of Classical Mythology. Cassell, 1998.

Marson, Linda. Ticket, Passport and Tarot Cards. Brolga Publishing, 2005.

Marteau, Paul. Le Tarot de Marseille. Arts et Métiers Graphiques, 1949.

McLaren, Karla. Emotional Genius: Discovering the Deepest Language of the Soul. Laughing Tree Press, 2001.

Michelsen, Teresa C. The Complete Tarot Reader. Llewellyn, 2005.

————.Designing Your Own Tarot Spreads. Llewellyn, 2003.

Murdock, Maureen. The Heroine's Journey. Shambhala, 1990.

Myss, Caroline. Archetype Cards. Hay House, 2003.

Neumann, Erich. The Origins and History of Consciousness (Bollingen Series XLII), Translated by R. F. C. Hull, Princeton University Press, 1954.

Nichols, Sallie. Jung and the Tarot.Weiser, 1980.

Noble,Vicki.Motherpeace: A Way to the Goddess through Myth, Art, and Tarot. HarperSan-Francisco, 1983.

Opsopaus, John. Guide to the Pythagorean Tarot. Llewellyn, 2001.

Papus. Le Tarot Divinatoire. 1910; reprint: Éditions Dangles, 1993.

Parfitt,Will. The New Living Qabalah: A Practical Guide to Understanding the Tree of Life. HarperCollins UK, revised edition, 1995.

Perls, Fritz. Gestalt Therapy Verbatim. Bantam, 1974.

Place, Robert. The Tarot: History, Symbolism and Divination. Tarcher, 2005.

Pollack, Rachel. The Forest of Souls: A Walk through the Tarot. Llewellyn, 2002.

———.The Kabbalah Tree. Llewellyn, 2004.

———.Seventy-Eight Degrees ofWisdom: A Book of Tarot. Thorsons, revised 1998.

Pottenger,Milton Alberto. Symbolism: A Treatise on the Soul of Things. Symbol Publishing Co., 1905.

Regardie, Israel. The Complete Golden Dawn System of Magic. Falcon Press or Llewellyn; several editions.

Renee, Janina. Tarot: Your Everyday Guide. Llewellyn, 2000.

———.Tarot for a New Generation. Llewellyn, 2002.

Ricklef, James. Tarot: Get the Whole Story—Use, Create & Interpret Tarot Spreads. Llewellyn, 2004.

———.Tarot Tells the Tale: Explore Three-Card Readings Through Familiar Stories. Llewellyn, 2003.

Riley, Jana. Tarot Dictionary and Compendium.Weiser, 1995.

Rosenberg, Marshall B. Nonviolent Communication: A Language of Life. PuddleDancer, 2003.

Rosengarten, Arthur. Tarot and Psychology: Spectrums of Possibility. Paragon House, 2000.

Rushdie, Salman. The Ground Beneath Her Feet: A Novel. Picador, 2000.

Schore, Allan. "The Right Brain, The Right Mind, and Psychoanalysis." www.neuro-psa.com/schore.htm.

Sim,Valerie. Tarot Outside the Box. Llewellyn, 2004.

Soesman, Albert. Our Twelve Senses. Hawthorn Press, 1990.

Steinbrecher, Edwin C. The Inner Guide Meditation. 6th edition: Weiser, 1987.

Sterling, Stephen. Tarot Awareness: Exploring the Spiritual Path: Correspondences, Meditations, and Guided Visualizations. Llewellyn, 2000.

Stevens, Anthony. Ariadne's Clue: A Guide to the Symbols of Humankind. Princeton University Press, 1999.

Thomson, Sandra A. Pictures from the Heart: A Tarot Dictionary. St. Martin's, 2003.

Tipping, Colin. Radical Forgiveness: Making Room for the Miracle. Global Thirteen Publishing, 1997.

Vogler, Christopher. The Writer's Journey: Mythic Structure for Storytellers and Screenwriters.

Michael Wiese Productions, 1992.

Von Franz, Marie-Louise. Animus and Anima in Fairytales. Inner City Books, 2002.

Waite, Arthur Edward. Manual of Cartomancy (writing as "Grand Orient"). 1889; reprint as The Complete Manual of Occult Divination, vol. 1, University Books, 1972.

———.A New Encyclopaedia of Freemasonry. 1921; reprint: Weathervane Books, 1970.

———. The Pictorial Key to the Tarot. Rider, 1910 & many other editions.

———.Shadows of Life and Thought. Selwyn and Blount, 1938; reprint: Kessinger Publishing, n.d.

Wang, Robert. An Introduction to the Golden Dawn Tarot. Weiser, 1978.

———.The Jungian Tarot and Its Archetypal Imagery. Marcus Aurelius Press, 2001.

Watts-Amato, Laurie. Tarot Insights. AuthorHouse, 2004.

Welwood, John. Toward a Psychology of Awakening: Buddhism, Psychotherapy, and the Path of Personal and

Spiritual Transformation. Shambhala, 2000.

Williams, Brian. Book of Fools. Llewellyn, 2002.

——.The Minchiate Tarot. Destiny Books, 1999.

——.A Renaissance Tarot. U.S. Games, 1994.

Williams, Charles. The Greater Trumps. Bard Books, 1950.

Zain, C. C. Sacred Tarot. Church of Light, 1936.

網站

網路上有很多學習和討論塔羅牌的好地方，但網址和內容經常有變動。網路上的 tarotpassages.com 或 tarotpedia.com 是你展開旅程的好地方。

本書中出現的塔羅牌列表

Ancient Tarot of Marseilles (of Nicolas Conver) (Lo Scarabeo, 2000).

Ancient Tarots of Bologna (Lo Scarabeo, 1995).

Golden Dawn Ritual Tarot, artwork by Sandra Tabatha Cicero (Llewellyn, 1991).

Legend: The Arthurian Tarot, artwork by Anna Marie Ferguson (Llewellyn, 1995).

Liber T Tarot, artwork by Andrea Serio (Lo Scarabeo, 2004).

Medieval Enchantment Tarot, artwork by Nigel Jackson (Llewellyn, 2000).

Motherpeace Tarot, artwork by Vicki Noble and Karen Vogel (Motherpeace, 1991).

Nefertari's Tarots, artwork by Silvana Alasio (Lo Scarabeo, 1999).

Papus Tarot, artwork by Gabriel Goulinat (from Le Tarot Divinatoire, 1910).

Quest Tarot, artwork by Joseph Ernest Martin (Llewllyn, 2003).

Rider-Waite-Smith Tarot, artwork by Pamela Colman Smith (Rider, 1910).

Robin Wood Tarot, artwork by Robin Wood (Llewellyn, 1991).

Sacred Circle Tarot, artwork by Anna Franklin and Paul Mason (Llewellyn, 1998).

Shapeshifter Tarot, artwork by Lisa Hunt (Llewellyn, 1998).

Shining Tribe Tarot, artwork by Rachel Pollack (Llewellyn, 2001).

Stick-Figure Tarot, artwork by Lar deSouza (Lar deSouza, 1999).

Tarot of Dürer, artwork by Giacinto Gaudenzi (Lo Scarabeo, 2002).

Tarot of the Journey to the Orient, artwork by Severino Baraldi (Lo Scarabeo, 2002).

Tarot of the New Vision, artwork by Raul and Gianluca Cestaro (Lo Scarabeo, 2003).

Tarot of the White Cats, artwork by Severino Baraldi (Lo Scarabeo, 2005).

Universal Tarot, artwork by Roberto De Angelis (Lo Scarabeo, 2000).

Victoria Regina Tarot, artwork by Sarah Ovenall (Llewellyn, 2002).

Visconti Tarots, restored by A. A. Atanassov (Lo Scarabeo, 1997).

William Blake Tarot of the Creative Imagination, artwork by
Ed Buryn (Thorsons, 1995).

World Spirit Tarot, artwork by Lauren O'Leary (Llewellyn,
2001).

國家圖書館出版品預行編目 (CIP) 資料

塔羅解牌大師 21 祕技：獨創互動式解讀技巧，掌握
聯想關鍵詞，創造個人解牌風格（Mary K. Greer's
21ways to read a tarot card）／瑪莉・K・格瑞爾（
Mary K. Greer） 著、林惠敏 譯
－ 初版 . -- 臺北市：三采文化，2023.12
面： 公分 . －

ISBN：978-626-358-243-9（平裝）
1.CST：占卜

292.96   112018821

◎封面圖片提供：
Wonder studio - stock.adobe.com

suncolor 三采文化

Spirit 40

塔羅解牌大師 21 祕技

獨創互動式解讀技巧，掌握聯想關鍵詞，創造個人解牌風格

作者｜ 瑪莉・K・格瑞爾（ Mary K. Greer）
翻譯｜ 林惠敏
責任編輯｜ 戴傳欣   美術主編｜ 藍秀婷   美術編輯｜ 方曉君
內頁排版｜ 陳佩君   文字校對｜ 黃薇霓   版權副理｜ 杜曉涵

發行人｜ 張輝明   總編輯長｜ 曾雅青   發行所｜ 三采文化股份有限公司
地址｜ 台北市內湖區瑞光路 513 巷 33 號 8 樓
傳訊｜ TEL: (02) 8797-1234   FAX: (02) 8797-1688   網址｜ www.suncolor.com.tw
郵政劃撥｜ 帳號：14319060   戶名：三采文化股份有限公司
本版發行｜ 2023 年 12 月 29 日   定價｜ NT$550

Translated from Mary K. Greer's 21 Ways to Read a Tarot Card
Copyright © 2006 Mary K. Greer
Published by Llewellyn Publications Woodbury, MN 55125 USA
www.llewellyn.com
Traditional Chinese edition © 2023 Sun Color Culture Co., Ltd.
All rights reserved.

著作權所有，本圖文非經同意不得轉載。如發現書頁有裝訂錯誤或污損事情，請寄至本公司調換。 All rights reserved.
本書所刊載之商品文字或圖片僅為說明輔助之用，非做為商標之使用，原商品商標之智慧財產權為原權利人所有。